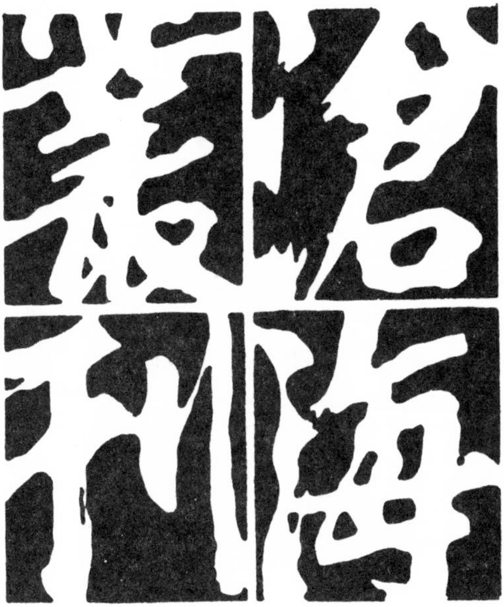

財經時論

楊道淮 著

東大圖書公司 印行

ⓒ財　經　時　論

著作人　楊道淮
發行人　劉仲文
著作財產權人　東大圖書股份有限公司
臺北市復興北路三八六號
發行所　東大圖書股份有限公司
地　址／臺北市復興北路三八六號
郵　撥／〇一〇七一七五——〇號
印刷所　東大圖書股份有限公司
總經銷　三民書局股份有限公司
門市部　復北店／臺北市復興北路三八六號
重南店／臺北市重慶南路一段六十一號
增訂初版　中華民國六十八年十一月
增訂三版　中華民國八十三年十二月
編號　E 55124①
基本定價　柒元叁角叁分
行政院新聞局登記證局版臺業字第〇一九七號

ISBN 957-19-0454-6（精裝）

增訂本序

這本文集自印行以來，已近十年了。印行之初，就有重印的打算，原因是錯字太多（我在受訓，無暇校勘）。但因絀于資力與時間，一拖再拖，以至于今。

這回重印，又增入了近年中發表的有關財稅方面的文章十二篇，約五萬字。所以這個重印本，也是增訂本。原先打算利用本年中的休假，對這本已結集出版的論文集，作一番去蕪存菁的工作，可是由于携子旅遊及健康檢查等瑣事的躭擱，終于又匀不出足夠的時間來！不得已，祇好再因循一次。希望明年休假，編印詩、詞、聯集及報導文稿時，不會再這樣匆忙才好。

這個增訂本的出版，多承　劉振強兄的幫忙編校與鼓勵，及陳鍾欽、高金展、簡楨壽、賴平和四位弟台，在百忙中，漏夜校勘，衷心至爲感激，均此敬表謝忱。

楊道淮　六十八、八、卅一、三硯齋

金序

財政爲庶政之母，而租稅又爲財政之骨幹，不僅直接支持政務之推行，間接透過國家資源之支配，亦可由而決定國家經濟之繁榮與發展。

我政府遷臺以來，銳意革新，在財政上以確立預決算制度與改進租稅體制爲基本，旁及與財政密切關連之金融制度，亦多方研究，不斷改革。其主要目的，即在透過健全之財政，促進國家經濟之發展，達成民生主義福國利民之要求。

楊君道淮，力學深思，既本其所學服務稅務機構，復能親身體驗，印證學理，不斷研究。公餘之暇，輒能就有關財政租稅金融各項問題，發爲言論，著爲文章。雖其主張不必盡爲權威之論，然其洞察竅要，與一般浮淺泛談，其可資爲學施政參考，自又不可同日而語。其既從事實際稅務工作，猶能力學不已，較時下浮滑青年之徒知貪財好貨或競獵名位，其行其志，蓋尤有足多者。

茲楊君彙其平日有關論著，刊為專集，仔細披覽，其部份題旨固已時過境遷，然大部份持久之論，猶足揣摩，故樂為之序，以介同好。

金克和 序于臺北市銀行

中華民國五十九年五月

自序

這本文集，是我二十年來在研讀財經著作及從事稅務工作之餘，就一己觀察、體驗的心得所寫成，而且是在報刊雜誌發表過的文章中的一部份。它們都是以當時財經方面的措施和現狀爲討論評議的對象，所以涉及的範圍很廣，因此，它們只有共通的主題——改進、革新，而沒有連貫的體系。故編排的方式，除了爲避免過份混雜，不便檢閱，而大別爲四個部門外，一律是按發表時間的順序排列的。

這本文集所收羅的文章，除了對我本人具有紀念意義，以及因爲它們曾是我心血和時間的產物，難免「敝帚自珍」的感情價值外，實在不敢說是著作，只不過是爲了避免散失及便於收存，所以把它編印成書而已。

還有一點，自覺値得忻慰的，就是在我這許許多多的改革意見中，也有極小一部份，已爲我賢明當局所採納施行的。如：房屋稅之正名，及一律改按現值課稅，如：綜合所得稅之被逐漸重視，及改股設課（科），如：統一發票之恢復給獎，如：稅務人員待遇與稅政風氣之被相提並論等等。當然這些意見，並非只有我個人提出過，其他學者時賢也許提的更多更早，但就是作為一個附和者，我也覺得有一份快意。

這本文集，能夠在我受訓期中，不能兼顧校勘工作的情形下，如約出版，實在應歸功於好友張有謨先生的幫忙，在這裏，我謹表示深深的謝意。

楊道淮 於臺北市國稅局

民國五十九年五月

財經時論 目次

經濟部門

金融部門

時論部門

增訂部分

財稅部門

戶稅不可廢

本省的戶稅，自民國十年（日本大正十年）開辦以來，迄今已有三十八年的歷史了。根據統計資料，證明它一直是本省基層財政的一根重要支柱。可是不幸的很，自本省光復，大陸各省人士相繼來臺後，發現了這個爲大陸各省所沒有的戶稅，便不問青紅皂白，望文生義的說戶稅是「人頭稅」，並羣起攻擊它，不斷的倡議要廢止它。不久以前來自官方的消息說，政府財政當局眞的要考慮廢除它了。並說在目前地方預算未能籌得替補財源的情況下，將先自財源裕豐的縣市試行廢止。對于這項歷史悠久本質優良而功績卓著的稅收，面臨蒙羞被廢的危機的今日，本刊基于一向立論的原則，（不阿時媚俗，不標奇立異），不能不愼重地爲它說幾句話。

綜觀反對戶稅者的意見，歸納起來大約不外乎兩大個項目：一個說它是「人頭稅」，是陳舊的，落伍的，不公平的租稅。另一個說它和許多稅收重複。現在我們就拿這兩個主要口實，來分析分析，看看戶稅是不是有如他們所指責的那麼可惡。

首先，我們來看看戶稅是不是人頭稅？「要明瞭這一點，我們必須先要搞清楚什麼是『人頭稅』？」所謂人頭稅，是以「人」爲課稅標準的一種最原始而簡陋的租稅，它的特點是：不問這個人的經濟能力如何？負擔如何？一律課以相等的稅額。因此，人頭稅是一種最不考慮「納稅能力」(Ability to pay)的租稅。它的不公平是人所共見的。世界上很多國家都曾徵收過這種租稅，我國自然也不例外。但現代國家都沒有這種租稅的原因。就是因爲它不公平。根據人頭稅的特點和概念，來衡量本省現行的戶稅，我們可以很斷然的說，本省的戶稅不是人頭稅。因爲它課稅的標的，是一個生活共同體的「戶」，而不是「人」。它課稅的多寡，是有其標準的，不但要計算這一戶的資產額（包括土地、建築物、機械器具、財產權等），和這一戶人口的各項收入（業務收入、財產收入、利息收入、薪給報酬收入等——但現行規章已免徵收入額），還規定有起徵點，和無生活能力的家屬（六十歲以上，十八歲以下及身體殘廢的）生活費的寬減。而稅額的計算，也是採用最合公平原則的超額累進計算法。這是一種合綜合所得稅和財產稅二者爲一的一種最新型的、不易轉嫁的直接稅制，和中古時代所行的人頭稅，相差簡直不可以道里計，根本無法相提並論。所謂戶稅是人頭稅的說法，不是無知，便是人云亦云的附和，而絲毫不用心思去研究。

其次，我們再來談一談戶稅和其他稅重複的問題。在沒有接觸到本題以前，我們必須先澄清對于「重複課稅」這一名詞的看法。我們敢說，祇要稍稍對租稅有一點點研究的人，都會承認，重複課稅是採行多元租稅制度之所絕對無法避免的。在這裏我們且引趙岡先生的一段話，來說明這一事實。他說：「事實上，百分之九十九點九的租稅，都是對國民所得的重複課稅，以不同的名目，不同的形式，透過不同的繳納人，對國民所得重複課稅。我們隨便翻開一本有關國民所得會計的書，就可以發現從國民生產走到可處分所得，中間在不同的階段上，減除了所有的間接稅和直接稅，這表示這許多間接稅和直接稅，都是來自國民所得，不過方式不同名目不同而已。當你從會計處領到本月份薪金的時候，你的所得在個人所得稅的名目下被課稅了。當你拿着薪水到大世界看電影的時候，你的所得便在娛樂捐的名義下被重複課稅了。當你在街上買東西的時候，你的所得又在營業稅、貨物稅、營利事業所得稅諸名目下被重複課稅了。當你的太太拿着你的薪水上菜場時，你的所得又在屠宰稅名目下，被重複課徵了。重複課稅的事，隨時隨地都在發生。」「重複課稅無法避免，也無須避免。主要的關鍵是：我們希望以什麼方式，依什麼標準，對什麼人來重複課稅。」財政部長嚴家淦先生在上月一日答覆記者關于重複課稅的問題時也說：「無論那一國家，重複課稅總是無法避免的。但是因爲重複課稅而影響了生產，那就必須考慮改善。」基于上述的認知，我們可以說，重複課稅的指責根本不能成立。值得研究的，祇剩下這些重複部份對國民經濟生活所能發生的影響。那末檢討這個問題，就不再是戶稅單方面的，而應該是多方面的了。因此這便將導引出一個錯綜複雜的大問題來了。也就不再是短短的本文所能爲力的了。但是，我們可以作一個概略的結論，便是：重複課稅的不良影響，至多祇能構成戶稅關于資產部分課稅的修正和改進，絕不能作爲廢止戶稅的理由。

我們分析過非議戶稅人士的兩大口實後，我們願意再指出戶稅的優點和它的重要性：

戶稅的優點有二：①它的課徵是衡平而公允的，因爲國民所得的最後歸屬，絕大多數是以家庭（共同生活體）爲單位的。而戶稅正是對于一個家庭的財富（資產和收入），作綜合性的估量和課徵的。因之它是最能符合民生主義的租稅精神，使國民生活趨向衡平均允的。②戶稅是富有彈性的租稅，如果戶稅資料完備，稅籍登記異動辦理良好，它的課徵不但確實可靠，而且能適應政府需要作有效的增減。這一點對戰時財政來說，更是其不可及的特長，至少在現階段我國的租稅建制之下是如此的。

至于戶稅的重要性，更是人所共知的，它是自治財政的獨立稅收，佔縣市鄉鎮預算稅課收入的主要地位。其平均比例，歷年來皆在百分之廿四以上，最高有達到百分之五十四的。因之戶稅收入，對每一縣市鄉鎮，都與其各項施政息息相關。縣市鄉鎮如沒有戶稅，一切工作將陷于停頓。所謂巧婦難爲無米之炊，如果一旦眞的廢止了戶稅，我們還能希望本省的基層行政工作，及地方政敎設施，仍會有今天這樣的良好和完備嗎？老實說，可以檢討可以廢止的捐稅在今天不是沒有，但應該裁廢的絕不是戶稅。

本刊本諸愛國熱忱，及知識責任，謹以純客觀的立場，作這樣一篇粗淺的分析，尙祈賢明當局，擇善固執。則幸甚矣。

刋於民國四十七年十一月十六日「中國賦稅」第四十一期

新年的希望——所望於預算、稅制、稅則、稅政者——

韶華易逝，又是一年。本刋發行迄今，已邁入第三個年頭了。在過去的兩年中，我們在財稅方面的進步，不是沒有，而是太少、太慢，因此年復一年的過去，而我們在財稅方面的缺失，與值得而且能够改進的地方，依然俯拾卽是，丁茲歲首，我們僅本乎本刋的一貫宗旨，提出以下五點對財稅方面的改進意見，希望政府有關當局能够在今年一年內予以實現。

第一、希望自今年起，我們的國家預算能够實實在在的表現國家的施政全貌，並且能作到實質的平衡。近代政治的特色之一，是政府的施政，要透過預算的編制來取得人民的支持，並向人民負責。所以預算是要具體地配合施政計劃的。沒有預算配合的施政計劃，是空中樓閣，徒托空言的。可是檢討我國過去的國家預算，坦率的說，至少有兩大缺點存在：①預算根本與施政計劃脫節：預算是挖肉補瘡，內容貧乏，而施政計劃則好高騖遠，無所不包，盡文字上舖張藻飾之能事。許多不必要不經濟的支出，以及粉飾門面的、形式主義的支出，都因人事、權勢，與情面的因素，而無法予以適應當前情勢需要的衡度與取捨。②預算本身有百分八十以上屬於國防費用的絕對性支出，幾乎沒有增減調度的餘地。因之，預算的審議，也就失去了它實質的積極意義，而徒為形式的完成，聊備一格而已。如果說今天的政府施政，有其可議之處，追本窮源，預算編制之未具實質意義與價值，便是癥結所在。政府今日是否確有決心在施政上作大刀濶斧的改革，可以從編製預算的態度上表現出來，祇要政府有決心認眞的編列預算，並任由立法院嚴格審議，然後嚴格執行，那末，當前施政上的許多缺失，都可由此糾正，而一新國人耳目。因此我們希望政府在卽將着手編列下一個會計年度預算的今天，拿出勇氣和決心來，考慮剔除預算中一些非官非民的機構和團體的經費，杜絕一切非必要的不經濟的支出，切實擬定收支平衡的國家預算。

第二、希望從今年起，逐漸減少對間接稅的依賴。健全的租稅制度，不僅是為了供應政府的財用，同時也該是具有平均社會財富的作用。以這個原則來衡量我國現在的租稅結構，顯然的，我們的間接稅收入占稅課總收入百分之八十以上的比例，是很不合理的。根據報章發表的統計，四十六年各項稅收，較四十五年增加了五億零五百二十餘萬元。其中貨物稅增加一四八、六一六、八七二元，營業稅增加五四、六八六、一四一元，印花稅增加四一、〇九一、〇五一元，地價稅增加八五、八三八、三五七元，港工捐增加三九、三二三、六二四元，房捐增加五五、〇四三、二六五元，屠宰稅增加一二一、五五四、六六四元，使用牌照稅增加一五、一八六、一六四元，遺產稅僅增加一、七六四、二九一元，而所得稅不但沒有增加，反而減少了七二、四二四、二七八元。這些統計數字，顯示了屬於間接稅系統的租稅在鉅額的增加；而屬於直接稅系統的租稅，反在鉅額的減少。這說明中等以下階層人民的負擔，已遠較上等階層人民的負擔日益加重。這一現象若不早日設法糾正，而任其繼續發展，加深了社會財富分配不平的距離，其潛在的隱憂，是十分可慮的。當然，此時此地，我們不能懸格太高，要求政府一下反轉這種比例，那是過分苛求，但是我們要求政府拿出向有錢人要錢的決心和勇氣，慢慢的扭轉這種不合理的比例，逐漸提高直接稅的比重，該不能說是高調。

第三、希望新的關稅稅則，能夠有進步，合理而叫人滿意的內容，早日完成立法程序，付諸實施。關稅是具有經濟與財政兩大重要作用的租稅，在經濟方面，它運用的得當，能夠促進國內經濟的安定和發展，在財政方面，它又能爲國家提供巨額的庫收。所以並世各國對于關稅都是非常重視的。我國現行的關稅稅則，早已陳舊落伍不合時宜了。尤其在實行單一滙率以後，它的重新修訂已屬迫切需要的當前急務。去年年底財政部業已透露，新的關稅稅則將於年內修正完成，呈請行政院轉送立法院審議。據報上所發表的新稅則修訂要點，爲稅目方面已較前增多，因爲由于近年來世界各國工業高度發展，許多新產品相繼應世，這類新產品在現行的稅則中多未列入，以至入口課稅時，漫無標準。修訂後的新稅則，所列稅目將達七百餘種（現行稅則所列爲六百餘種）。稅率方面：①凡屬原料、機器等生產財，以及民生必需品等類的貨品，其稅率普遍降低。

②凡屬省內能生產的貨品，且經估計其將來有發展前途，能打開外銷市場的，基于扶植省內工業的原則，對于這類貨品的進口關稅，多予提高，以資保護。③凡屬一般消耗彈性較大的貨品，修正稅率多未變動。稅則中並沒有奢侈品的分別，僅按其對于人民需要彈性的大小，而調整其稅率。其需要彈性大的貨品（多屬一般所謂奢侈品），其進口稅率多半較高。單就所透露的新稅則修訂要點來說，是合理而進步的。但是我們希望它能儘快的完成立法程序，早日公布施行。

第四、希望擬議中的稅務機構改制，能在今年實現。從而重行制定縣市稅捐處的員額編制，建立稅務人事新制度，使所有稅務從業人員，皆能納入正式組織之內，享有國家所給予公務員的一切正常待遇，以解開妨害稅政進步的死結。此一問題，本刊歷有論述，（請參閱本刊卅九、四十兩期社論）此處不贅。

第五、希望自今年起，杜絕人民除租稅正課以外的一切攤派，及變相攤派負擔。本省人民的租稅負擔，根據四十六年的統計數字，已經達到國民所得的百分之廿二，以本省國民所得的低微，此項負擔已嫌過分沈重，實在無力再有任何額外負擔。何況租稅以外的攤派是最無標準，最不公平的負擔，任何現代國家都不會允許有這種現象存在的。因爲攤派不但破壞國家預算制度和經濟統計，而且是沒有法律基礎的非法行爲。本省攤派之風非常普遍，無論窮鄉僻壤或通都大邑，都有各式各樣的攤派存在。這些「有權」攤派的機關或團體，有的是政府的，有的是非政府的，然其都敢於公然攤派，實在令人驚異其何所恃而不恐？如果不是政府眼睜眼閉，裝聾作啞，我想他們斷不敢如此目無法紀的。

以上所舉，不過是就我們所見到的許許多多急須改進的財稅方面的犖犖大者。其他如稅務法庭的籌設，舊欠稅的清理，所得稅查定技術的改良，逕行決定標準的商榷，營利事業所得稅的修正，營業稅徵課對象的變更，貨物稅的改革，防衞捐附加的裁廢，縣市鄉鎭財源的規劃等等，都未具論。一則限于篇幅，再則是因爲問題枝節，影響不大，所以才挑出這幾項關係重大而且能够作到的，作爲我們對政府的新年希望，但願不被視爲是奢望才好。

刊於民國四十八年一月一日「中國賦稅」第四十四期

光復大陸後稅制的重建

光復大陸，驅逐俄寇，是我們反共戰爭的目標，但是這也祇是我們這一戰爭的目標，而不是我們建國的目標。所以在達成戰爭的目標後，緊接着的，便該是建國工作的開始。因此在我們全力從事反共戰爭的今天，就該要時時刻刻規劃着一旦光復大陸後，必須立卽展開的建國工作。這個原則大概已是不爭之論，事實上政府亦早已在作着這項工作了。不過我覺得單單靠政府設立的研究設計機構是不够的。因爲這一工作千頭萬緒，繁難無比，我們非集中全國人才的知識智慧來從事這一工作的策劃不可。何況建國工作也和這次的反共聖戰一樣，是全民族的目標也是全民族的責任。我們似乎不應該把這項重大的責任，祇放在少數人的肩上。我們應該就自己所確知和確信的，抒陳一己的見解，然後才能够集思廣益的獲得最有效而中肯的結論。筆者基于這一認識，所以不揣淺陋，提出我對光復大陸後稅制重建工作的一些意見，藉供政府有關當局及關心國家未來稅制的海內時賢參考。筆者是稅務從業人員，這些意見，或者不無一得之愚，可補當局時賢千慮之失。

租稅是財政的最主要的支柱，它對國家的重要性，可以從財政的重要性獲得正確的說明。所謂「財政爲庶政之母」由此可見在一個國家中，財政所佔的地位如何。但根據財政的性質來研究，一般學者們都有一個共同的認識，便是財政政策「是輔助政策，它祇是政府爲履行它對人民的職責，滿足公共欲望而採取的一種手段，而非政府存在或施政的目的。」所以財政政策是要和政府主要政策配合而輔助主要政策的實行的。因此財政政策的擬定，是以國家的施政方針爲依據。其中以財政支出部門爲然。所以在大陸尚未光復，政府施政方針尚未制定宣示的今天，我們討論國家財政方面的問題，便祇能置重於財政的收入部門。租稅是收入財政的最主要一環，世界的財政學者們都認爲，以租稅爲財政中心是最穩健的政策。所以理財者，首應注意的是租稅，財政學者們極應講求的也是租稅。因爲租稅的良窳，關係整個財政的成敗，所以租稅的設施便不能不有其全盤的整體的原則和方式了。這種整體的原則和方式，便是所謂租稅制度。租稅制度既是在不背離國家施政方針的原則下以財政政策爲其依歸，在政府光復大陸後的施政方針未曾制定，財政政策無從秉承的今天，來討論租稅制度，也是爲時過早而不切實際的。是故，筆者所提出的，僅是有關建立稅制方面的幾個基本原則，並非對光復大陸後的稅制建立，謬作詳細的規劃。

爲了敍述和討論的便利起見，我把稅制問題，劃分爲稅法與稅政兩部份。所謂稅法，便是辦理各種稅務，政府和人民所依據的法律，其中包括它的本體法，和施行法；所謂稅政，便是辦理稅務的一切行政，其中包括機構組織和人事。茲就芻見所及，臚陳于後：

稅法部份

一、稅法單一

任何一種法律的施行，如果要求它能爲廣大的人民所遵守，第一個要點，便是要使它簡明，能爲大衆所瞭解。第二個要點，便是要使它能適應大衆的生活情形，而無所窒礙。這兩個要點，對于稅法更爲需要。尤以第一點，對于平均知識水準較低的大陸同胞，更有其必要。過去我們稅收方面的不能成功，雖然值得討論的地方很多，但最重要的，便是稅法過於繁雜，使納稅人無所適從，以至使人民遵守的心情發生了變化。所以我們反攻大陸後，對于稅法的擬定，必須要求其簡明。最好能行單一稅法，如今日在臺之統一稽徵條例，及日人統制臺灣時代之徵收規則（統馭國稅達卅餘種）者然。俾人民易於瞭解，而樂於遵行。

二、課稅標準切實

對于課稅標準的規定，必須要明白切實，使納稅義務人無法規避，稅務人員課徵便利。同時也要它能配合環境與政策的需要。例如過去的印花稅，劃分標準過繁，以至模稜兩可的，所在多有，徵權殊爲困難。又如遺產稅，其起徵點規定過高，在政府對人民的動產部份未能確實控制之前，專就其不動產計算，能適合其標準的，實爲數寥寥，以至徵收成績欠佳。凡此種種，在重返大陸敷治之初，釐定稅法時，皆須切實注意避免。

三、簡化稅目裁併苛雜

稅目的由繁趨簡，是世界潮流及歷史大勢所趨。因稅目過多，便不免流於苛擾，也是使人民感到繁劇及負擔過重的原因之一。因此我們對于反攻大陸後，應行開徵的稅目，必須要根據財政學理，審度國家需要及社會經濟情況，儘可能予以減少，以達到重點課稅的要求。使人民對本身的負擔，能預爲估計，而感到單純易守。法國十九世紀末葉的財政學家皮爾生（N. G. Piesson）澄清繁稅，使全民擁戴的例子，便是值得我們效法的榜樣。

四、嚴格處罰違章案件，澈底追繳滯納欠戶

繳納賦稅是國民應有的義務，也是國家對國民要求的主要貢獻。儘管政府應該力求減輕人民負擔，但爲公平起見，對于人民的合理負稅，亦不可姑息寬縱。所以對刁頑人民的逃避、偷漏、滯納、拖欠，也一定要給予適當的懲處，並切實追還欠稅不可。因爲政府非作到這樣，就不能够杜絕刁民的儌倖心理，儆戒別人的效尤。過去的稅政，對此不甚重視，懲罰極輕，以至使不守法的人，越發無所忌憚，同時也鼓勵了別人的學步。加以稅務機關無直接處罰權，一切案件，都須移送法院審理，而法院本身往往又因訟務繁重；對這類案件，便儘量推延擱置，這樣當然會使刁頑商民失去了戒心，於是偷漏滯納的案件，便日益增加，終至欲辦無力。今後的稅法，對這些刁

頑商民，一定要科以重罰，並將處分權，儘可能的（法律所許的）劃歸稅務機關，使其有權直接決定對違反稅法者的處分，交由當地警察機關執行。以重行樹立威信，杜絕偷漏、拖滯的現象，符合公平的原則。

同時，政府須在行政法院體系下設立稅務法院，專司稅務訴訟案件的審判，並爲稅務機關不當處分之救濟，以資平反。

五、重課財產所得，及不勞利得

爲求平均社會財富及負擔公允起見，對于財產所得，及不勞利得，必須課以重稅。一面防止他們利用剩餘的資產在社會製造罪惡，一面也使勞動所得及普通財產所得者，感到負稅均勻無所恚怨。此項所指尤重於豪門巨富的財產。對于他們的財產，不但要澈底調查控制，嚴防其偷漏，並應採取超額累進法予以課稅，以示公允。超額累進課稅法對于巨額的不勞利得者，亦可採行。此外，對于各種享受行爲稅，原則上亦應課以重稅，但須視當時情形之是否有利於轉嫁而定，以免妨礙刼後社會的迅速恢復繁榮。

六、放寬豁免額

現代的賦稅理論，已由利益觀念，而轉爲能力觀念。因之，國家對于界限效用最大的收入者的所得應該豁免其賦稅；以保障貧苦國民的生活。這是財政的原則，也是政府的責任。

稅政部份

一、稅務行政一元化

一稅一局固然是最不合理的，卽中央與地方的稅務機關重疊分立，也是極宜避免的。因其不但在學理上違反了亞當斯密氏四大原則的費用節約原則，事實上也會造成權責不分，衝突分歧的現象。不但浪費了公帑，也貶低了徵收的效果。所以光復大陸後的稅務機關，除事實必須由中央或省專設機構單獨徵收，乃能有效的稅收如關稅，鹽稅外，其他一般稅收，應儘量避免設立機構，一律由縣市稅務機構辦理。以收事權統一，職責專成，及人才集中之效。

二、共分稅源的採用

爲了配合上項機構統一的要求，必須要將許多適宜由地方政府辦理的稅收，如遺產稅，印花稅，綜合所得稅等交由縣市稅務機關徵課，而規定其對中央及省應繳解的成分。以使各級政府休戚相關，而達到徵權確實的目標。同時，避免地方政府對國稅輕忽，坐令良稅荒漏的弊病。

三、劃一征收時間

徵課時間的不能一致，或不能配合適當，也是使人民感到厭煩及困難的一項原因。所以對于徵收時間，也必須要使之能配合納稅人正獲得繳稅能力的時間。同時也需要顧慮到利用他們的閑暇，以免防礙他們本身的事業。這裏所謂劃一徵收時間，非謂全國一致，而係各個地區而言。因各地人民生活情形及習尙的不同，其時間自然也應有因地制宜的必要。

四、保障稅務人員職業

過去稅政情形的敗壞，及貪汚成風，其現象之造成，皆由於人事制度的未能建立，稅務人員的職業沒有保障。這裏所說的職業保障，不是說給他一個工作，使他有事做有飯吃爲已足，而是說他能够在這份職業上，憑他底聰明才智，勤奮努力，而獲得不下於社會上任何其他職業的進取機會和成就。過去（目前本省情形，亦復如是）的稅務從業人員，就因爲缺少了這種保障，所以使他們不重視職業的得失，時刻打着五日京兆別謀出路的念頭，於是對本份工作疏忽了，陌生了，甚至是遇事敷衍不求效率。下焉者更是作着非法牟利的勾當，下意識地尋求心靈上對職業前途空虛怨惡感的不正常底發洩與報復。加上待遇菲薄，不足以仰事父母俯畜妻兒，以致因家室或災病的重負，而挺身走險的亦屬事所恒有。于是彼此相效，互相激蕩，稅政的詬汚便成了社會詛咒之的，而不堪聞問了！我們重返大陸後，要想措政基於永固，策社會於治安，那末整肅吏風，澄清稅政，實在是第一件要作到的大事。所以筆者以爲建立健全的稅務人事制度，保障其職業，是絕對必須的。

以上所述，不過略就稅制中的大經大則，梗概而言。也是光復大陸後，敷治之初，推行稅政，必須立即要做到的一些要點。至于如何在刼後的大陸調查財富，尋覓稅源，以建立賦稅基礎，及釐定合理稅率等，容當另文詳論。因前者的施行，要待政治穩定以後，始可着手；而後者的決定，亦須視當時的財政需求爲如何，及社會經濟情形所允許的程度爲如何而定。在此筆者擬附帶一提的，便是租稅配合財政（預算）的要求一點，似乎有其斟酌的餘地。現代國家的理財觀念，已不是量入爲出，而是量出爲入的了。這確有其不可搖撼的道理存在。因爲一個政府的財政（預算）虛糜無度，固然有害於國民經濟，但一味撙節開支，亦非正確的理財之道。撙節是有其一定範疇的，亦卽是對浪費而言，超越這個範疇，便會陷政府於毫無作爲的境地，也非近代福利政治的要求所許。當然大陸光復之初，創痍滿目是民間的現象，而百政待舉又是政府的急務，在這兩者之間，如何使之調和允當，是一項大題目，非本文這樣簡略所能析述明白。但是我們必須牢牢把握的原則，便是審愼的觀察國民所得分配的狀況，針對所得最高部份的國民，增闢新稅，或調整稅率，以旺裕庫收，甚至發行強迫公債都不失爲良法。但附加推派發行的故事絕不可行。「以賦稅爲財政的中心，是最穩健的政策。」我們必須時時記住這句中外財政學家所一致公認財政名言，離此一步，必非國家之福。

刊於民國四十八年一月十五日「中國賦稅」第四十五期

論廢止營利事業所得稅

上月廿八日，省臨時議會第三屆第四次大會，通過省議員賴森林先生一項建議，要求政府廢止營利事業所得稅，而將各營利事業分配予股東之利潤，併入個人綜合所得稅中課征。賴議員並解釋稱「如果廢止營利事業所得稅，除可使廠商資金籌措方式完全改變外，並可減少稅務上之困擾，使生產事業得以步入正途；政府之稅收，則可在個人綜合所得稅上加強課征，予以補救」。

對於賴議員這項建議，我們認爲是值得重視值得研究的。近幾年來，由於各先進國家租稅制度的影響，無形中使國人普遍產生了一個不太健全的觀念，就是認爲直接稅優於間接稅。尤其是直接稅中的所得稅，更被捧上了三十三天，認爲一切租稅都是不好的，唯有所得稅才是十全十美的進步的租稅。當然，我們也承認直接稅優於間接稅的原則，但是它的優良並非具有不分時空的絕對性，明白一點說，就是直接稅尤其是所得稅，並非不論在同一地區的任何時代，或同一時代的任何地區都是優良的。換句話說：所得稅的優良與否，要看它被採用的那個環境（卽時空因素）的情形如何才能決定。因爲所得稅優良品質的所以被世人確認，是因爲它具有兩點特性：一是它能够實現量能課稅的目的，符合社會正義原則；一是它稅收確實而富有彈性，能够適度地提供政府在財政上的需要。但是它這兩點特性的有效發揮與被掌握，卻不是一蹴可幾的，而是要經過若干時間和相當財力去慢慢培植逐步成長而被收穫的。並且所得稅也有它的缺點，它的缺點正好也是根源於上述它那點被舉世認爲最優良的特性——量能課稅。因爲量能課稅，從經濟理論的觀點來看，它是正義的，公平的；可是從經濟成長的觀點來看，它卻是阻礙的破壞的。它這兩項缺點之所以使人陌生，所以不被人重視，是因爲它發祥地的國家，或它現在盛行的國家，都是經濟高度發達的社會，他們所被困惱而急需解決的難題，是財富分配的不均，所得稅正好符合他們的需要，它既可直接地向經濟上的強者要錢，又可以透過支出，間接的扶助經濟上的弱者。這種抑富濟貧平均社會財富的功用，對他們來說是遠較維持或加速經濟發展的功用爲重要的，所以他們對於所得稅在經濟成長上的阻礙與破壞的弊病絲毫不予重視。可是在經濟尚未發達的落後地區來說，普遍的貧窮才是當前的大病與極待克服的難題，相形之下，平均社會財富的要求，顯然地應列爲次要。因此，對於所得稅的功能和作用，落後地區的人便不該人云亦云地隨聲附和，而必須面對實際情況作一番精密的考量了。基於這種態度，而且絲毫不爲先入之見所囿地來分析觀察所得稅對我們所身處的這個經濟社會所可能發生的諸般影響，而得出來的純客觀的結論，恐怕是會使我們非常失望的，雖然我們尚沒有足夠的資料來有力而淸楚地顯示出我們這一看法的正確性，但是我們可以舉出其簡明易解的事實來支持我們的臆斷。

前面說過，所得稅具有阻礙和破壞經濟成長的缺點，但由於行文之方便，我們不曾進一步說明它如何會阻礙和破壞經濟的成長，現在我們就來把這點闡述明白，誰都知道所得稅是採用累進稅率，對所得愈高者課稅愈重，因此它打擊了人們營利的動機，削弱了投資的誘因，阻礙了資本的累積。經濟的發達，最主要的便要有大量的投資，任何經濟開發計劃，如果沒有足夠的資金投入，其計劃是絕不能完成的。那麼資金的來源，除了仰給於可靠的外來投資，便得設法促使本身的資本形成，並加速其累積，才能蔚爲大用，所得稅既阻礙了資本的累積，當然就破壞了經濟的成長，這道理是淺而易見的。但是，我們是不是爲了要使我們經濟發達，便放棄所得稅呢？我們的意見卻又不然，說到這裏，便該歸結到本文的正題了，我們同意賴森林議員的建議，廢止至少是修正現行的營利事業所得稅，而保留綜合所得稅並加強其征收。因爲我們雖然急需要資本的加速形成和累積，但我們也不願爲了加速資本累積促進經濟發達，而在這過程中造成少數資本家，使貧富懸殊，留下資本主義社會的病根。我們要走的路是：一面要培養企業資本的成長與累積，使它爲發展國家經濟造福全民而用；一面又同時抑制個人資本的增加，保持社會財富分配的合理。爲了前者，所以我們要廢止營利事業所得稅；爲了後者，我們主張加強綜合所得稅。因爲這樣可以使企業經營的利潤在作爲再投資時，不被削減，以扶植社會資本的成長；而作爲盈餘分配時，則列入個人所得，而課以累進的綜合所得稅，使之不能累積。

最後我們要趁這機會一提的，便是純從財政的立場來衡量，現行的營利事業所得稅，也是弊多利少。今天本省所有的租稅中，要以營利事業所得稅的稽征手續最爲繁瑣困難。因之用人特多，稽征費用浩大而又糾紛迭起，弊竇叢生。但其征收成績，就與其稽征費用的比例而言，卻遠落在其他各稅之後。因之我們認爲卽便爲了庫收的一時無法彌補不得不繼續征收，其課征對象與核算方式，也需要重作通盤的檢討和根本的改革。

刊於民國四十八年二月十六日「中國賦稅」第四十七期

契稅及木材貨物稅存廢之商榷

據聞財政部賦稅研究小組中，有人建議廢止契稅。又據三月十七日報載，經濟部工礦及農林兩計劃聯系組日前會商決定，建議政府免除木材內外銷之貨物稅，使木材之內外銷路，獲得轉機。至於因免征木材貨物稅後，政府所減少之稅收一億二千萬元，將以增加木材之產銷，及整理林場積材，推展木材外銷所獲取之利益，以爲彌補。

這是近半個月來有關稅政的兩大消息，值得我們重視和研討，本刊茲就此兩項問題。提出我們的意見，用以抛磚引玉。

古代政府之征稅，目的全爲財政，所以對於租稅之存廢取捨，完全着眼於收入的豐嗇，很少顧及其影響與作用。降及近代，由於財政學的闡揚發明，政府對於租稅的課征，雖仍以收入爲主要目的，但已非唯一目的，而必須將其對於國計、民生、社會、倫理的諸般影響，置諸首要考慮的地位，以爲設廢取捨的依據。所以近代國家，對於任何一種租稅的創設與廢止，必須要從以下三方面的分析考量來抉擇取捨：第一、它對於國民經濟結構，成長與繁榮的作用爲如何？第二、它對於社會正義，生活規範，善良習俗的影響爲如何？第三、它對於國家財政的貢獻爲如何？能夠客觀而理智地從這三方面的分析出發，以衡平公正地決定一種租稅的創設或廢止，不論在理論上與實際上大致都會是妥適允當的。明乎此，我們再來研討契稅與木材貨物稅的存廢問題，便不至漫無準標可循了。

首先我們來討論契稅，契稅很早便出現於我國的歷史上，遠在東晉卽有買賣文券，率錢一萬，輸官四百的定制（買三賣一，見隋書食貨志）。元朝有契本稅。清初有契尾錢，凡置買田房產業者，必用官鈐契紙，按產價（銀）每兩輸官三分。契尾交受業者收執，契根則存置官府，以資查核防杜揑造。乾隆十二年更詳定契尾格式，如不依制請黏契尾，一經告發，卽以漏稅之例論罪。清末於宣統三年度支部奏定契稅試辦章程十二條。民國肇建後，有契稅條例的頒行（民國三年），以後歷有修訂，以至今日。這是契稅在我國歷史上沿革的梗概。我們爲甚麼要這樣略述一下它的沿革呢？因爲我們要借此說明一點，便是契稅在我國的征收，是法律上的公證意義，重於財政上的收入意義，瞭解了這點史實，對於若干着眼於歷史傳統而主張維持契稅的說法，便有了有力的反駁理由。因爲關於不動產的產權取得與移轉，在現行民法（物權）與土地法中均已另有登記程序的規定，契稅的法律公證意義，早不存在，亦卽早已拋棄古代征收契稅的意旨，而爲一種純租稅性的賦課。我們現在要支持它繼續存在，必須除此以外，另覓適切的理由。例如契稅的征稅觀念因行之已久，已深入人心，易於征收一點，便是較具現實意義的理由。

現在我們再根據前面所說的取捨租稅的三原則，看看契稅是宜存宜廢，顯然的，契稅是一種很平庸的租稅，它除了能提供一點財政收入的貢獻以外，對於一二兩點，可以說是雖無好的作用，亦無顯著或巨大的不良影響。至多衹能說它增加置產者的負擔，阻礙產權的移轉而已。至於它對於財政收支的貢獻，根據以往的征收實績，四十六年全年是三千四百六十餘萬元，四十七年上半年是二千一百三十餘萬元，在國家總收入的比重上，可說是微乎其微。卽令廢止征收，政府每年減少的收入，連帶征的三成防衞捐在內，亦不過四五千萬元。衹是值得重視的是：契稅爲縣市收入的地方稅，在地方收入不足，財政基礎尚欠穩固的今天，遽言廢止，似乎亦非其時。因此，我們主張暫仍維持其存在，等待地方財政獲得改善之後，再行廢止。但是對於現行契稅條例中許多缺點和不合理之處，如鄉鎮公所監證費的取消，稅率的降低，（按現行稅率加監證費及帶征防衞捐已高達百分之三點六至百分之八點八，實嫌過重）稽征手續的簡化，申報、答辯，及行政救濟制度的增列，滯納金之加重，罰則之改進等，自須卽作通盤的檢討與修正。

其次，我們來討論木材貨物稅的存廢問題。貨物稅在我國雖然歷史悠久，但木材課稅起於何時，尚未能考，禹貢管子諸書雖有山林川澤之利的記載，但不能斷爲木材課稅。清末創辦厘金，百貨抽厘，是爲木材課征貨物稅的濫觴。鼎革以後，於民國廿年裁撤厘金，改征統稅，似亦未及木材，抗戰軍興，以軍需浩繁，乃於卅二年三月開征竹木統稅，旋以木材不適宜課征貨物稅，估課不易，流弊叢生，復於三十四年元月廢止。以後直至四十三年七月修正貨物稅條例時，始予增列開征。因當時政府財政支絀，爲求彌補預算差額，復鑒於本省盛產木材，於是不遑他顧，倉卒開征。殊不知木材之性質特殊，幽谷深林，控制匪易，抑且木材之產銷亦無集中的場區，加以民有林部份，零星散漫，查榷征收，曠時費事，因之稽征費用浩大，得不償失。又木材出場之檢尺工作，事實必由林政機關辦理，稽政人員但可核對驗印，無法重予複檢。蓋以搬運、場地、人手俱有不可克服之困難。但若如此而發生違章案件則又職責難明，糾紛不已。僅就稽征手續一項而言，木材貨物稅就非改弦易轍，根本更張不可。如果我們再以前面所述的取捨租稅三原則來衡量木材貨物稅，很顯然的，它又是不利於國民經濟的成長與繁榮的，因爲木材是主要建築材料，而經濟成長與繁榮的先決條件，便是民生的安定。年來本省因人口激增，居室不敷，以致房荒嚴重，政府倡導輔助國民建屋尚且不遑，更何能征收木材稅，以加重建材成本，增加國民建屋的困難。木材爲造紙原料，而紙張本身也是課征貨物稅的貨物，對紙來說，木材稅是重複課征。紙是傳播文化增進國民知識的工具，其本身既已課稅，原料卽不該再課。何況木材之課稅，無形中阻滯了本省一切建設事業的推進，也阻滯了木材的銷路，使貨棄於地，造成經濟上一大無可補償的損失。因此我們認爲如果林政機關確能以整理積材，增加產銷，而彌補因停征木材貨物稅致減少的國庫收入的話，木材貨物稅實在已沒有存在的理由了。萬一不能廢止，我們希望，至少能將木材貨物稅委託林政機關就配價中代征。雖木材之負擔如故，但至少可以省錢省力，並減少對林場的苛擾與損害。

刊於民國四十八年四月一日「中國賦稅」第五十期

如何解決當前的財政問題

時序已進至五月中旬了，一個新的預算年度行將開始。對於這個卽將來臨的新預算年度，瞻望其財政前途，我們仍然是深懷憂慮的。記得今年一月三日陳兼行政院長辭修先生在新年團拜中，以及後來在二月一日和工商界領袖座談時，都曾一再強調過「平衡預算爲當前首要任務。」並說：「如果預算不能平衡，就算那一方面做得好，都會使全部失敗。……政府的施政，決不好大喜功，一定按照人力、財力，和物力配合運用，我想再有半年努力，國家的預算便可以接近平衡了。」現在半年的時間眼看就要過去了，我們的國家預算已被「努力」到「接近平衡」了嗎？這問題的答案，也許是肯定的，但我們卻很難承認這是政府努力的成果。因爲如衆週知的，這種接近平衡的基礎是建立在預定於下月中旬問世的四億短期公債之上的。如果說這就是政府在財政上的努力，未免要使人啞然失笑。我們無意在此褒貶發行公債政策的得失，我們祇是覺得橫亘在我們面前的財政難題，是不能就這樣避重就輕地敷衍過去的。我們必須認眞地堅定地面對這些難題，實事求是地想方法解決它才成。

當前財政的難題是什麼？陳兼行政院長看得最爲眞切，他最近在立法院第廿三會期第一次會議上所提出的施政報告，曾有過精密的分析，他說：「當前財政所面臨的問題是：一方面對於必須做的事，我們要努力去做；另一方面，對於財政收支我們也必須力求接近平衡。……爲了兼顧這兩方面的需要，我們對於預算的分配，必須打破兩種不好的習慣，一是祇顧局部需要，祇知自我第一的本位主義；一是樣樣都有，事事都做，求完全，重形式的表面主義。今後我們在行政上必須考察國家的整個需要與長遠利益，確切的決定輕重緩急，對於急要和重要工作，一定要集中財力去做，至於非急要和不重要的工作，可以緩辦者緩辦，可以不辦者不辦。……平衡財政收支，當仍不外開源節流，就開源而論，最有效與最可靠的辦法，仍爲切實整頓稅收。……當前的實際情況，開源固然重於節流，但節流實急於開源。」從陳院長這段關於財政部門的施政報告中，我們可以看出，我們當前所面臨的財政問題是如何盤根錯節地難以用局部的改革來尋求全面的解決。因此，我們的對策，也必須是面面俱到的。陳氏的報告，雖也是着眼於財政的全局，但失之於太原則化，不免令人有不着邊際之感。本刋謹茲以陳氏的原則爲核心，推闡出來以下四點較爲具體的意見，用爲解決當前財政問題的要點：

一、在收入方面，我們認爲整頓稅收不必過份置其重點於直接稅，而忽略了對國家財政貢獻最大的各種間接稅。相反地，以我們當前的財政處境來說，我們似應以間接稅爲現實稅制的重心，在這個原則下尋求有效的分配國家資源，尋求人民負擔公平合理的方法。如果我們認眞地在這方面努力研求，我們以爲在達成財政目的以外，同時兼顧其經濟與社會的目的，並非絕無可能。況且我國當前的處境是在備戰時期，租稅是以達成財政目的爲第一要義。誠如嚴家淦部長日前所說的「租稅之課征，以財政目的爲首要，任何租稅制度，均須以滿足財政需要爲第一前提。當前國策爲反共抗俄復國建國，租稅必先充分適應施政需要，然後始能考慮其他問題。我們今天需要建立以直接稅爲中心的稅制，但此種稅制之建立必須長時期的努力，而非咨嗟所能立辦。今後相當時期內的稅收來源，主要仍不得不仰賴間接稅者，其故在此。」執是之故，我們實在不該將稅務方面的人力物力，和智力集中於直接稅部門，去追求一個未可幾近的遙遠的希望。何況直接稅的功能，對我國現階段的經濟社會，是否利多於弊，還是大成問題的呢？

二、收入方面除了積極整頓稅收外，對公營事業以及公產的監督和整理，也應當詳密檢討，切實的改進。現在本省主要工礦產業的生產價值，民營方面雖已超過公營，但公營事業所佔比重仍近半數。現在部份公營事業雖有若干盈餘繳庫，但其人事的膨脹，財力的浪費，以及企業精神的喪失，和生產效率的低落，已是公開而普遍的事實。爲了減輕財政負擔和彌補財政赤字，對於若干經營不善或不經濟的公營事業，應當嚴予整頓，或考慮開放民營，以導引民間游資進入產業正途，排除經濟上的浪費和阻力，兼能符合自由經濟政策的旨趣。公產方面，目前仍有許多山林及公有土地爲政府或事業機關所有，而任其荒蕪未予開發利用的。若能利用社會上的剩餘勞力，儘速整理墾殖，既可增進國民就業，又可創造土地的生產利益，使人力物力均得充分發揮，對經濟和財政將有莫大裨益。

三、在支出方面，我們充分而絕對地擁護陳院長「節流實急於開源」的說法。根據歷年的事實，在稅收和公賣收益方面，每年除達成其預算數字外，常有巨額超收，無奈支出方面每年所追加數字更大，於是不但抵銷了這些超收和收益，還造成了連年的預算赤字。所以我們希望主管預算的財政和主計部門，今後必須要堅守立場，破除情面，對於一切粉飾太平的不太必要的支出，要大刀濶斧的予以削減。莫說我國今日的財政是如此艱窘，卽便是富甲全球的美國，對於節約也是極爲重視的。今年元月九日，美國艾森豪總統向國會提出的國情咨文中，曾有過下面的幾句話：「我們可以支付我們所顯然需要的每種事務，可是我們不能容許作一分錢的浪費。我們必須嚴格的去考察政府每一項支出，否則就會危害到我們國家的前途。節約是使我們國家賴以強大的特質之一，我們現在怎可漠視它？」富如彼邦，猶然重視節約如此，我們的廟堂之士，對這番話該如何自省而自愧啊！其次，對於追加預算，除因軍事緊急支出及不可預知的重大災變所必須的費用外，應絕對不准追加。卽使其自行籌有財源亦不允破例。

四、在支出方面，我們必須絕對地作到與貨幣發行斷絕關係。因此，一個健全而獨立的發行制度，是我們必須迅速建立的，我們一定要切實做到，不因財政上的需要而增發一元通貨，才能杜塞赤字預算的心理因素。當收入暫時不能因應支出時，財政當局可以用短期國庫券以爲調劑。必如此，國家財政才能在制度上獲得安全的保證。

原則的正確，往往因方法的錯誤而全盤失敗；唯有正確的方法，才能保證正確的原則，獲致完全的成功。願政府三復斯言。

刊於民國四十八年五月十六日「中國賦稅」第五十三期

略論稅務機構改進方案

省財政廳長陳漢平氏，本月一日下午列席省議會，就省府委員會通過設置稅務處一事提出報告，陳廳長說：「省府稅務處之設立，旨在加強稅務工作，使國省稅地方稅有所劃分，卽將成立的稅務處，係隸屬財政廳的幕僚機構，由財政廳第一及第六兩科合併而成，不設人事及主計等室，其編制在擬訂中。」陳氏又說：「稅務處成立後，國省稅與縣市稅將分開主辦，同時各縣市稅捐稽征處亦將以某一兩課辦理國省稅，另以一兩課辦理縣市稅，這是第一個步驟；第二個步驟，就是由財政廳提出修訂財政收支劃分法意見，呈請中央修改後，完成立法程序。是項修訂之原則，乃使縣市有獨立稅源，不再與國省共分。修訂後之財政收支劃分法公布後，縣市稅由縣市政府財政科辦理，國省稅乃由稅捐處辦理。至此，稅捐處乃改屬財政廳。」

陳氏這一報告，已將卽將付諸實行的稅務機構改進方案，勾玄提要地繪出其清晰的面貌了。

這一醞釀多年再三研討的稅務機構改制案，已不再是朦朧的揣想，而是即將見諸行動的事實了。我們在欣慶之餘，仍不免爲此事定案之遲緩，而致以輕微的遺憾！

對於此項改進方案的本身，我們是表示贊成的。但在改進方案以外，我們尚有若干補充意見，希望當局能夠一併採納實行，使稅政痼疾，一舉消弭，則改制之功，乃更見其大。

首先，我們要表示贊成的，就是改進方案的最後一步，使各縣市稅捐稽征處直隸於省財政廳，專負國省稅稽征之責。要說明我們贊成的理由，必須要先明瞭現行稽征機構隸屬於縣市政府的弊害。關於這方面，我們可以分作三點來說明：㈠現行制度，稅捐稽征處名義上是隸屬縣市政府的一個單位，但人事與業務，則受財政廳的調度監督與指揮，而經費收支則又列入縣市總預算，隸屬關係既難明確劃分，糾葛纏夾，事屬難免。因而兩姑之間難爲婦，稅捐處處境之尷尬，眞是一言難盡。㈡稅捐處既屬縣市級機構，自應同受縣市議會之監督，並須列席議會備詢。這原是民主政治的常軌，惟本省民主政治尚在學步階段，議員素質及其對議會政治之理解與認識，難免不盡理想。因而以私爲公，甚而循私悞公的，所在多有。於是稅捐處在這種複什錯雜的地方議會人士牽制下，左右爲難，公私交敝。㈢近代稅務工作，非有專門學養者絕難勝任，而稅捐處因屬縣級機構，其處長僅屬薦任官階，限於編制與官等，難以網羅優秀人才，影響稅政之進步甚大。這三點弊害，都可由改隸省財政廳而自然消失或解決。因此，我們贊成這項改隸。

其次，我們要表示贊成的，便是改進方案對統一稽征制度的繼續維持。本省之統一稽征國省縣稅，始於光復之初，當時曾奉行政院核示「財政整理原則」規定所有國稅概由省代爲徵收，採用特別預算制度。負責經征的機構爲各縣市稅捐稽征處。民國四十年，立法院通過「臺灣省內中央及地方各項稅捐統一稽征條例」，使國省縣稅之統一稽征，由行政命令之委託，而正式成爲法定方式。此一條例沿用及今，迄未廢棄，亦卽本省之實行國省縣稅之統一稽征制度，已達十四年之久。其所以能歷久不變，實在是這項制度的本身，確有其不容否定的優點存在：第一、機構單一，任何納稅人但知認定稅捐處爲其盡納稅義務之唯一政府機關，卽不致弄錯對象，而往返奔波，或因不明稅制，無所適從，而至索性逃漏悞觸法網。深合便民之旨。第二，統一稽征則人員集中，便於適應各種稅捐之季節性的淡旺情況，作機動的調配與靈活的指揮運用。既能節省財力，又能克赴事功。第三，便於稅務資料之蒐集、管理、通報、分類、整理、歸戶與應用。確實掌握稅源，充裕庫收。第四，機構簡化，管理一元，經費節約，符合最少征收費用原則。統一稽征既有此四大不可企及的優點，做任何反對理由，皆不能動搖它的繼續存在。這項改進方案的最後一步，雖是將縣市稅交由縣市政府財政科接辦，但事屬迫不得已，並非統一稽征制度之毀棄。因爲稅捐稽征處直隸省級，縣市政府及議會自不能對它再有監督質詢之拘束與影響，若仍由稅捐處代征縣市稅，則縣市立法財政當局必難有效掌握地方財政，以配合地方建設。而稅捐處又有勢非改隸省級不可之原因，兩害相權取其輕，是以乃局部修正統一稽征制度，而求兩全。故改進方策對於今後國省稅之統一稽征，仍予繼續維持，我們認爲這是極爲明智的。

最後，我們來談談我們在改進方策以外的補充意見，這也可以分作四點來說明：㈠改隸後的稅捐處，必須按照其實際所轄稅區的業務情形，重行擬定其人員編制，務使其所需用的人員，都是編制內的正式人員，現有的臨時編制及臨時人員，應予以甄別留用或裁汰。㈡健全稅務人事制度，務使廉能在位，忠勤有獎，任用要以操守、能力、學能爲唯一標準，必須摒絕八行書及拜官私室的劣風，而以考試鑒其才識，以考核察其爲守。使升遷有制，賞罰無私，然後便能收人才漸進之效。稅政的清明，才可計日以見。㈢建立稅務人員退休制度，一則以汰弱留強，促進稅務人事的新陳代謝；一則以安年事漸高的稅人之心，使其盡忠職守，免除老之將至的恐懼，而滋生非分之想。㈣提高稅務人員待遇，改善稅務人員生活，使無溫飽之慮，然後臨之以嚴刑，警之以峻法，恩威並濟，則好惡之心人皆有之，誰還願隳敗名節，而挺身走險呢？總之，雖制度盡善，法令盡美，仍不足以顯改革之功，負責執行制法之人，才是決定改革成敗的關鍵所在。

刊於民國四十八年八月一日「中國賦稅」第五十八期

論營業稅的改進要點

據報載：財政當局已決定改進營業稅的課征，其改進的要點是：①免征製造商、批發商營業稅，而提高零售商營業稅稅率，一次課征，以免逐層課稅，使物價逐層擴張，增加消費者負擔，以及減少逐層課稅之煩。②國內營利事業，在國外沒有分支機構者，僅就其國內部份之營業額課稅，國外部份，則免予課稅。③國外營利事業，在我國沒有分支機構者，應就其在我國部份課稅，其未設分支機構或無代理人者，應免予課稅。④取銷原有之行商營業稅。⑤批發商應開具三聯式統一發票，違者賠繳營業稅，並予處罰。⑥合作社免稅範圍，比照所得稅法之規定，俾昭一致。⑦政府機關及公營事業自辦之員工福利社免稅，但嚴格限制其不得對外營業，違者處罰。

考我國營業稅的舉辦，始於民國二十年，當時是爲籌補裁撤厘金後，各省財政上的困難，與貨物稅誕生的時代背景完全相同。不過前者屬地方，後者屬中央而已。開創迄今，將近三十年，已蔚成省財政主要支柱，尤其在土地稅議論劃歸縣市的今日，營業稅所擔負的省級財政使命，更是益形重要而艱巨。但是，因爲營業稅課征的範圍寬廣，對象普遍，所以內容複雜，纒夾紛歧的問題，也就特多。儘管其稅法頻頻修正，更有司法判例，行政解釋的補罅塞漏，仍難以適應時代，以致紛爭訾議，層出不窮。現行的營業稅法，是民國四十四年十二月三十日修正公佈的，施行及今，才不過三年半光景，可是如今又在醞釀着要作根本的修正了。據年來報章雜誌上所發表的專家學者們的議論，對於現行營業稅，大致有以下三點聚訟紛紛莫衷一是的辯難，這些問題是：

(一)已繳納貨物稅的廠商或生產者，自設門市部，出售其產品，是否應課征營業稅的問題。

(二)不分頭盤商、中盤商、零售商，凡經交易一次皆須課稅，以至貨價因之逐層滾轉遞增，消費者負擔，且構成重複課稅，浪費稽征機關人力物力的問題。

(三)行商的課稅，以及行商的解釋與適用的問題。

對於這三項複雜錯綜牽扯頗廣的問題，本刋不想陷入大家已經爭執得迷離撲朔的「八卦陣」，弄得欲出無門，我們祇客觀而冷靜地，綜合各方面不同的意見，予以磋研斟酌，經過一番衡度取捨後，我們的意見是：

第一、已納貨物稅廠商，自設門市部，經售其產品，依法衡情，都是不應再課征營業稅的。

不論他是批發或零售，是三聯發票或二聯發票。因為：依法，是要依據經過立法程序，制定公佈的法律，不是行政法規或解釋令。任何行政規章或解釋令，與法律本身牴觸的，都是無效。從這個基礎上，來看已納貨物稅廠商銷售其產品，應否再課營業稅的問題，已走法有專條明令免稅，毫無疑義了。主張課稅者的依據，是行政法規或命令，有欠妥適，已不待辭費。衡情貨物稅廠商負稅之重，遠非一般營業行號可比，若再在貨物稅的沉重負擔外，重與一般商號同等負擔營業稅，事理的不平，極其顯然。因此，我們不主張再課營業稅。不過我們的主張祇限於已納貨物稅物品的本品，其經過加工變形的，不在其內。

第二、營業稅的傳統，是對營業行為課稅，凡有營業行為，不論其為批發、中盤、零售，都是課稅的對象，理論上，這是無可非議的。但是假如為了避免物價的滾轉遞增，以至加重消費者負擔，而改行一次課征，無論是專向批發商課稅，或專向零售商課稅，在不影響庫收的原則下，我們認為都屬可行，不悖於原則。不過兩者既是在原則上沒有輕重優劣的分別，那麼我們就必須在稽征技術上，考量其利弊得失。據省建設廳最近的統計，全省計有公司三千餘家，工廠二萬家左右，商號十五萬五千餘家。其中絕大部份都屬零售商，批發商僅佔總額十分之一強，如果改為專向批發商課稅，則納稅單位將減少十分之九，亦卽稽征機關的查征業務將減少十分之九，從而節省的人力物力，可以想見。若將這些節省下來的人力物力，移用於其他稅收，或集中加強對營業稅的整頓，其收效之宏，也一定是十分可觀的。反過來，如果改為專向零售商課稅，雖納稅單位也將減少十分之一，但零售商一般規模均較批發商爲小，而且會計制度不够健全，甚至連賬簿也沒有，與批發商的課稅資料齊全（如海關進出口資料，銀行結滙資料等），且多掌握在政府機關之手，實在不可同日而語，是以查榷稽核之難，必千百倍於批發商，所以納稅單位雖略有減少，而其征課業務的繁重，轉將更勝於前。況且征榷爲難，不僅難望稅負的公平確實，易滋紛擾，而且必然是逃漏成風，使稽征機關，疲於奔命，結果還是得不償失。根據這種考慮，我們是贊成專向批發商課稅，而認爲專向零售商課稅是行不通的。

第三、對於行商營業稅的課征，依照現行稅法規定，凡未辦理營業登記的個人或團體，祇要其營業行爲或營業收入取得，在我國境內，都要課稅。包羅太廣，以致糾紛迭起，如外國航空公司外國輪船公司在臺賣票，一向均拒繳行商營業稅，拖延已達數年，尚未解決，卽是一例。其他類似情形尚多。關於這一問題，本刋以爲這不是是否應課行商營業稅的原則問題，而是行商範圍必須明確界定的問題，祇要把行商定義弄妥適了，一切紛擾便都可迎刃而解了。

本刋基於上述的見解，對於報章透露的營業稅改進要點中，未變更已納貨物稅廠商經銷其產品免征營業稅的規定一點，認爲是非常明智的。對於改進要點之②③⑥⑦甚表贊同。對於要點之④，認爲是矯枉過正，大可不必。而對於要點①，則期期以爲不可，這點卻正是改進方案的根株所在，我們希望財政當局更爲周洽博採，審愼將事，切勿草率決定，自貽伊戚。

刋於民國四十八年九月一日「中國賦稅」第六十期

論新近修定的海關進口稅則

全國瞻目的修正海關進口稅則，業經立法院於上屆會期中完成立法程序，並經總統公佈實施了。新修訂的進口稅則，將原列進口貨品目十六類，歸併爲十四類，另增加人造纖維、合成纖維及其製品一類，刪除品目四百十四項，新增品目五百三十四項，共爲十五類七百七十一號一千零九十八項。無論就稅則分類、順序、文字及稅率等言，均較舊稅則爲進步合理。雖然據財政當局估計，新稅則實施後，關稅減少將年達六七千萬元，然因其所加於國內經濟的有利影響，未來的繁榮與將導致的進口增加，必能彌補此項一時的損失而有餘。大體說來，這次進口稅則的修訂，政府和立法當局都表現得頗能順應輿情，接納衆意，所以從全局着眼來評品新稅則，我們認爲它是能够令人滿意而且適合當前需要的，關稅課征的影響是多方面的，它一方面要顧到國內工業的發展，一方面又要顧到消費者的負擔，同時，還要顧到對國家財政所擔負的責任，如果我們要求它這樣面面俱到地無偏無廢，不祇是近乎苛求，恐怕簡直就是不可能的。雖然如此我們仍然不能放棄求其接近理想的努力，雖一絲一毫也不能。因此，我們願再提出以下三點意見寄望有關當局注意，檢討，與採納：

第一、用關稅的課征來遂行保護國內工業的目的，在產業落後的我國來說，這個原則沒有人會反對。但保護的程度，必須是透過精密的計算而作成的。例如要保護某種工業，必須先以國內的技術水準，原料價格，生產設備等求出某種工業的生產成本，再參照國內工業利潤情形，加上合理的利潤，作爲該工業應被保護的限度。如果其產品被保障的售價超過了此一限度，政府就不該犧牲消費者的利益來保護它的浪費或厚利了。這是極其淺顯易知的道理，但卻是保護關稅的精神所在。否則，便是盲目的保護，或不科學的保護。我們這次修訂的稅則，把卡車底盤的稅率由百分之二五提高到百分之五○，把人造棉的稅率由百分之一四○降低到百分之八○，我們知道政府與立法當局所以對這兩項爲社會所必要的物資的稅率，仍予維持如此的高度，是旨在保護國內這兩項尚在幼穉階段的產業的發展。但我們並未見到任何方面有必須訂定這樣稅率方足保護的詳細說明，我們希望有關當局檢討一下，如果沒有經過精確的計算，而是任意折衝決定的，那麼便該尋求所以補救之道，如果確有所據而作的決定，也該留心時代的進步與經濟環境的變遷，隨時檢討其是否妥適？而作合宜的更張，貫澈保護的初衷，使無害於國家整體經濟的興榮與成長。

第二、我們知道關稅納稅額的確定，是依據兩樣東西，一樣是完稅價格，一樣是稅率。因此，儘管稅率訂得如何合理，如果所依據的稅價不合理，則稅額負擔仍然是不會合理的。所以在這次海關稅則修訂之前，工商貿易界人士，多寄望政府能夠一併將海關完稅價格的計算列入改進的考慮，規定出一個簡易明確的計算根據，以杜絕訾議，紛爭與流弊。可是非常遺憾，政府對此一意見並未予以考慮。

按現行海關完稅價的計算，是以「輸入口岸的躉發市價爲準」，以臺北關言，卽爲基隆市的躉發市價，這種採用當地批發市價的標準，看來似最便捷，實則並不簡單，因爲躉發市價的採認，其條件應該是自由而公開的市場的平均市價，在目前我國來說，這種市價是不可能有的，因爲我國的外滙和貿易以及物價都是實行管制的。然而我們的海關，現在仍然是以這個價格爲準，依規定，如果輸入口岸無躉發市價可採，得以國內其他主要市場（如臺北市）的躉發市價作爲完稅價格的根據。如果國內市場皆無此項市價，那麼才能以起岸價格（卽貿易術語的CIF）加二成作爲完稅價格。也就是說：我國海關對於完稅價的計算有兩種：一種是當地平均躉發市價；一種是起岸價格加二成，而以前者爲優先。實際上，因爲並無嚴格規定，所以適用上便顯得漫無標準。如果依據這兩種標準計算出來的稅價大致接近倒也不生問題，偏是兩者的結果大爲懸殊。於是輕重准駁之間，便不免有人事情面，甚至利誘來參與決定了。更爲嚴重的是同爲躉發市價，亦有因人因時因地的參差，設若商人因採價過高，申請複查，動輒便要十天半月不能提貨。在這期間，貿易商不僅要賠累利息棧租，還要額外的花費時間和金錢，來往奔波於北基道上，甚至因而延悞了貨物交割的期限，就擱了市場的供應，坐失了季節性銷售的良機。因此，訂定一項簡易明確的計算完稅價標準，不祇可以便商除弊，而且可以暢裕物資的供應，有助物價的安定。至於採擇什麼標準，各方幾乎一致認爲以採用起岸價格加成計算爲簡單明確而合理。政府如果恐懼稅收會因而減少，不妨加多其成數，這樣商人可以自行計算其稅額，在貨物進口時，事先準備現款尅日繳稅提貨。這樣豈不是官商兩便，弊絕風淸的良法？政府當局如何見不及此？

第三、我們擬順便一提的是海關緝私工作的亟待加強。這點雖與本文主題無關，但卻是今天海關稅務的一大隱患。過去是因爲稅則不合理，以大衆必需品爲奢侈品，課以高稅，乃致走私猖獗，如今稅則修訂後，大都調整合理，本源已淸，亟應加強緝私工作，一則是以裕國課，再則也是保護正當商人。希望賢明的財政當局迅採有效措置，杜塞偸關漏稅的風氣。

最後，我們希望政府從此堅定信念，以海關稅則作爲獎勵工業和限制消費的唯一手段，切勿再假手其他方面的管制或禁止來遂行保護政策。因爲採取後一方式的保護，不僅窒礙了自由經濟價格機能的發揮，而且使消費者毫無選擇的餘地，反而消失了被保護工業求生存圖進步的惕勵，使保護的結果與保護的目的背道而馳。雖然說我們仍有矯正的機會，但時間的虛擲，卻是我們所經不起的啊！還有，時代是在飛躍的進步，經濟情況也在不斷的變化，海關稅則的修訂必須是經常要作的工作，俾能適應需要促成進步。其穩定期間以不短於二年不長於五年方爲恰當，有關當局不可不察。

刊於民國四十八年十月一日「中國賦稅」第六十二期

回顧與前瞻

今天是四十九年度的元旦，也是本刊問世的三週年紀念，歲月奔逝之無情，河山破碎之依舊，感念國步之維艱，盱衡世變之方殷，際此新年亦未免萬憂俱集，百感交縈！本刊旣忝爲財稅學術界之一員，自應仍本一貫初衷，就財政方面之往事前程略抒所見：

就過去五年的財政實績來說，我們的財稅工作是有相當良好成就的。但這些成就，都被其他各種因素的發展所抵銷了！因之，我們目前的財政處境，其艱難困窘，亦仍依舊，不僅毫無改善，而且是荆棘載途，危機四伏！五年來，全國的稅課收入，已自四十三年的四十億一千七百萬餘元，增加到四十七年的七十億一千五百萬餘元，增加比率達百分之七五弱。但五年來，各級政府的支出，卻自四十三年的五十一億一千五百萬餘元，增加到四十七年的一百零三億一千六百萬餘元，增加比率超過一倍以上。在這樣龐大的支出壓力下，新臺幣的發行額，也跟着膨脹了。五年來，新臺幣的發行額，自四十三年的九億六千五百萬餘元，增加到四十七年的一十九億六千九百萬餘元。其增加比率，恰好亦達一倍有奇。通貨發行增加，物價焉得不漲？於是物價指數，也自四十三年的六一二．五九（以三十八年六月幣制改革時爲基期），上升到四十七年的八五六．二三。上漲率約爲百分之四〇。物價之所以未能伴隨着通貨的發行額作同一比例的上升，其原因一半是因爲部份物價由政府控制，及國民所得分配不均，社會購買力相對低落的緣故；另一半是因爲通貨的發行增加，並非完全由政府支出的增加，也有一部份，是爲了因應工商事業的發展，爲週轉所必需。所以並不發生刺激物價的作用。但是我們仍然不能忽略了五年來各級政府歲出，激增一倍有奇的可怕事實。如果我們不能設法有效的扼止這一趨勢，那麼，不僅我們在財稅方面的一切努力，將逐漸被抵銷無餘，而且必然要影響到我們工業建設的賡續進展，甚至要摧毀掉十年來全國上下辛苦經營，及友邦協助所建立的社會經濟基礎。我們現在必須先弄清這五年來公共支出增加一倍的內容，然後才能設想其改善的方法。根據統計數字來分析，我們發現，五年來，中央的歲出，自四十三年的二十九億六千五百餘萬元，到四十七年，已激增至六十六億七千九百餘萬元，其增加率達到百分之一二五強，亦即增加了一又四分之一倍。省的歲出，祇自四十三年的八億六千餘萬元，增加到四十七年的一十三億四千六百餘萬元，其增加率僅爲百分之五五強，亦即增加了半倍多一點。縣市鄉鎮的歲出，自四十三年的一十二億八千九百餘萬元，增加到四十七年的二十二億九千一百萬餘元，其增加率也達到百分之七八。亦即增加了四分之三倍有餘。從各級政府支出歷年增加的速率與幅度來看，顯然的，中央政府除四十五年度增加較少外，其餘各年度，增加率均在百分之二〇以上。而省級的支出，除四十五年度因省府疏遷關係，支出較上年度增加百分之四十四以外，其餘各年度的增加速率，都很緩慢，四十六、四十七兩年度，且較四十五年度爲少。由此可以證明，省級財政負責當局近五年來對預算的制定與執行，都很嚴格而負責。（以上所舉各級政府支出數字，係剔除省預算中協助及補助支出，而使之歸入實際支出者歲出額內的支出淨額）祇是因爲中央政府預算的巨幅擴張，使國家歲出總額不斷膨脹。換句話說，五年來國家總支出的平增一倍有餘，其主要原因，是由於中央歲出日益龐大的結果。所以我們要想改善目前國家的財政狀況，中央財政負責當局必須有決心從預算的擬定執行方面着手不可。我們這一論點，即使從各級政府五年來支出數額與國家總支出額的比例來看，也是如此的。四十三年度國家總支出額爲五、一一五、六〇八、〇〇〇元，其中中央支出爲二、九六五、八九六、〇〇〇元，占總額百分之五七．九八，這是五年中最低的一年。以後逐年遞增，到四十七年就升高到占總額（一〇、三一六、八一五、〇〇〇元）百分之六四．七四了！省級的支出，以四十五年度爲最高，占國家總支出額百分之一八．五，這是因省府疏遷的原因。四十六年以後的比率，便有顯著的下降趨勢，四十七年省級支出，僅占國家歲出總額百分之一三．〇五，還低於四十三年的百分之一六．八二。縣市鄉鎮級支出，占國家總支出額的比率，也呈逐年下降趨勢，其中以四十四年度爲最高，亦僅占總額百分之二五．八五，四十三、四十五兩年比率，與此相仿，四十

六、四十七兩年度的比率，都祇在百分之二二左右。於此也可看出，要想扼阻國家總支出日益膨脹的趨勢，也惟有自中央政府的支出着手，方見其功。反過來，如果我們從收入數字方面來觀察，我們卻發現，五年來，省級負責統一稽征的各項稅捐，其增加的幅度，卻比中央負責征收的各項稅捐所增加的幅度爲大。五年來，中央征收的稅捐，增加了百分之五〇強，而省級征收的稅捐，則增加了百分之九五強，幾乎增加了一倍。

根據以上的析述，可見近五年來，省級的財政，在陳漢平廳長的領導擘劃下，已穩健地日趨坦途，而且還能勻其餘力，以支持中央及縣市鄉鎮的建設和施政。如果沒有省級財政的健全和進步，我們實在不敢想像，這五年間兩次四年經濟建設計劃能推行到如何程度？當然，省級財政也還有其不盡理想之處，如間接稅收入的比重過大是。但這一則是直接稅尚在建制階段，再則因決策之權，仍操於中央。省在推行方面，年來的改善與進步，已是有目共覩的事實。所以目前財政上的隱憂，主要還是來自中央，尤其在面臨美援將逐年削減的今日，我們實在不能再因循自誤了。我們知道，近幾年來我們獲得經援的數額，每年平均近一億美元，折合新臺幣就達三十六億元之巨，如果美援採逐年削減的方式，每年削減三分之一，三年後全部停止，我們要想在美援停止後，財政經濟上不生重大影響，則在今後三年當中，我們必須每年要有一十二億元新臺幣的財源來抵補這項差額。可是就現行的租稅結構及國民所得負荷的程度來衡量，要想在稅收上籌得如此巨款，恐怕是絕無可能。因此，除了精簡機構，停辦不急之務，大額削減非生產建設性的預算外，則唯有洽請友邦共同負擔我軍費之一途。何去何從，尚希當軸諸公早定藎籌。

刊於民國四十九年一月一日「中國賦稅」第六十七期

欣聞財務法庭即將設立

一項包括設置財務法庭條款的「財務案件處理辦法修正案」，業經財政部與司法行政部會同擬具，呈經行政院院會通過。據悉，此一辦法將於下一會計年度開始之七月一日起實施。屆時，醞釀已達四年之久的財務法庭，將分別在臺北、臺中、高雄三市之地方法院內設立。司法行政部已就此事，下令臺灣高等法院積極着手籌備，俾便準時實施。這在我國財稅制度上，是一件大事。儘管此一專門負責審理財稅案件的法庭，究竟應隸屬於司法審判系統，抑應別立於行政審判系統，方符法制，尚有爭議。但鑒於歷年來稅務案件之積壓與處理之欠當，對於財務法庭之亟宜設置一點，可以說是政府民間的一致企求。正因爲朝野上下對於它的設置，矚望如此殷切，所以對於它設置後，能否爲財稅案件之審理獲致理想的功能績效，各方更寄予無限的關切。基於這一觀點，我們在獲知財務法庭設立有期的消息後，欣喜之餘，仍不免有所懸慮。現在距離財務法庭的正式設立尚有兩個半月之久，我們願意提出我們所引爲懸慮的幾點，以及我們的意見，藉供財政司法兩部參考：

首先，我們引爲懸慮的，是財務法庭的法官人選問題。修正後的財務案件處理辦法第二章關於設置財務法庭的諸條條文，均屬有關其人員配置，職掌及編制方面的規定。對於該法庭法官（推事）的任用資格及其遴派方式，並付厥如。對於這一點，我們不認爲是擬具草案的財政司法兩部的疏忽。也許這正是兩部留作從長考慮或變通辦理的餘步。我們知道，財務案件：所以必須設置獨立的法庭負責審理，不祇是因爲案件繁多，法院原有的法庭不勝負擔。如果僅僅因此，那麼擴大法院原有組織增加推檢人員便是，何必要費如許周折，設立財務法庭呢？所以如此，實在是另有其更重要的原因，這原因就是因爲財稅案件不同於一般法院原所掌理的司法案件，法院組織法第一條便明定其所掌理的案件爲：「法院審判民事、刑事訴訟案件，並依法律所定，管轄非訴事件。」如果加以清析的分解，則法院的職權是：①審理民事案件。②審理刑事案件。③依法管轄之非訟事件。其裁判之對象，爲司法法規義務之違犯者。其處罰之依據，爲司法法典所規定之刑罰。而財務案件之制裁對象，乃財稅法規義務之違反者，其處罰之依據，爲各種財稅法規所特定之罰則。財稅法規是行政法之一，故財稅法規所定之義務，是行政上的義務。違反此項義務所爲之處罰，爲行政罰。行政罰與司法罰有異，因此，我們覺得，如果讓現在一般法院的司法官擔負這項屬於行政罰範疇的財稅案件的審理工作，恐怕難於勝任，而且還將分歧百出，對於各方矚望設置財務法庭的原意，難免背謬之處。因爲司法官們過去在法律學校所攻讀的，主要爲司法法規。在私法實體法方面，爲民法親屬、繼承，及商事等法。在公法實體法方面爲憲法、刑法、國際公法及私法等。在程序方面爲民刑事訴訟法及執行法等。至於行政法規之財務法規，如各種稅法及有關經濟、財政、會計、審計等之其他學科，多未涉獵。而財務案件所適用之法律，爲有關財政經濟之種種行政法規，故在處理財務案件時，必然難望其一如處理民刑事案件之運用自如與中肯允當。何況，稅務案件之審理，有時尙需輔之以各種稅務實際經驗之衡量，這在一般司法官們，更是難能了。針對上述這些困難，我們主張財務法庭法官（推事）的選派，不一定限於具有司法官資格的人才；最妥適的人選，是自現任實際稅務工作人員中，物色曾經受過法學教育，或兼通會計審計學術的薦任職以上人員充任。至少是每一財務法庭的推事中，必須有具有上述資格的推事若干人。以他們實際從事稅務工作的經驗與法規相融洽，然後援法斷案，方不致失諸偏頗乖悞。獨立設置後的財務法庭，其審判裁決案件，不僅關係國家的行政與司法威信，對於國家財政庫收影響更巨。所以其法官人選，不能不從多方面作最愼重的考慮。所謂好的開始是成功的一半，財務法庭的設置，在我國係屬首創，其所給予人們的初始印象，關係其未來成敗至大。所以其人選的物色不能不格外審愼，切不可掉之以輕率。否則，其後果是難以補救的。

其次，我們所懸慮的有二：①財務法庭設立後，恐將助長稅捐稽征機關怠於自行催征淸結之風。目前本省每年財務案件之多，已經超過全省各地法院每年受理民事案件三倍以上。將來財務法庭成立後，稅捐機關更將事無鉅細，凡屬欠稅違章案件，一應皆以移送法院了事，對財務法庭勢將無力負荷，而被迫草率裁決結案。因此我們主張應制定一項得爲移送法院之標準，不及此一標準者，規定須由稅捐機關自行依法淸結，不得移送法院。以減輕財務法庭之負荷，使得逐案仔細推詳。②稅務案件之裁定執行，必須迅捷爲之，有時稍一延宕，可供執行之財產卽行消失隱匿。因此我們主張應卽制定財務案件強制執行法，規定在財務法庭內設置財務執行處。使裁定與執行合一，並特准不必由申請人提供擔保，卽可核准執行，俾迅赴事機，確保庫收。（按：現行財稅案件之執行，係由法院民事執行處代辦。）

財務法庭之設置，爲整頓稅收之當前要務，希望財政司法當局俯順輿情，博採衆議，審愼將事。稅政前途幸甚。

刋於民國四十九年五月一日「中國賦稅」第七十四期

戶稅問題的再提出

臺北市上年下期戶稅原應於三月間開征，這是曾經明文規定的開征日期，今年卻因爲市長的選舉，稅捐處主辦單位在開征準備工作已接近就緒的時候，突奉令延期至本（五）月一日開征。爲的是當年黃啓瑞先生競選臺北市第三屆市長的時候，曾以停征戶稅爲其競選政見之一，然因戶稅乃本省基層行政所賴以維持的主要財源，所以黃市長雖然在第三屆市長競選中獲得勝利，而榮登臺北市長寶座，但其停征戶稅的競選諾言，卻始終因省財政當局之以全局爲重，未敢遽言停廢，而便成了「空頭支票」。今年又是選舉年，黃市長爲了避免引起選民們舊話重提，影響選票，因之而延期至選民們投下其神聖的一票後再行開征。其處境與用心之良苦，亦頗令人同情。然而也由此使我們設想到這項多年來被各方訾議詆毀的稅，現在也該到了非正視之並予以根本解決不可的境地了。我們總不能讓這項非征不可的稅，永遠這樣偷偷摸摸藏頭露尾的「混」下去，我們之所以說它非征不可，是因爲它全年的征收實績數達二億元新臺幣以上。除臺北市外，本省絕大多數的市鄉鎮預算，都依靠它作爲平衡的法碼，缺之不可。我們之所以說它「偷偷摸摸」，臺北市的事實，便是最好的說明。我們之所以說它「藏頭露尾」，是因爲它在統一稽征條例上，雖有其法律地位，但其本身卻並未經正式立法，所以並無基本法可資遵循。有之，不過是省頒的行政規章而已。我們之所以說它「混」，是因爲它並不能被認眞作強力的稽征。稅政機關發出稅單後，祇有希望納稅人「量賞」，不敢催也無法催。因爲稅譽壞了，大家對它沒有義務感，納稅人都抱持觀望的態度，甚至乾脆拒絕繳納。所以戶稅的歷年征績，成數最低。以首善之區的臺北市而言，不過能實收二三成而已。像這樣不死不活的稅，還要讓它苟延下去，我們的政府和議會，都會無以自解的。因之，本刋乃再度提出這項舊而彌新的問題，希望能由本刋這次的提出，而終於覓致一項解決的途徑。

戶稅爭論至今，已經從一個應不應該征的理論問題，而演成能不能停征的事實問題了。所謂能不能停征的問題，便是停征後它所留下的兩億餘元的收入空額如何塡補的問題。對於這個問題，各方提出的解決辦法，有以下四種：①增加大戶所得稅，或開辦特種過份利得稅。②提高地方稅課的地價稅、房捐及使用牌照稅等稅率。③修正戶稅征收辦法，規定：如縣市政府對鄉鎮自治經費已有着落，便得提經縣市議會通過，停征戶稅。④開辦財產稅，代替現行的戶稅。在這四項辦法中，我們贊成第四項，卽開征財產稅以彌補戶稅停征後所短少的財源。我們所提的理由如下：

一、增加大戶所得稅或特種過份利得稅，在正處戰時的本省來說，是有其意義與作用的。但是，目前所得稅尚在建制期中，歸戶工作距離實際尚遠，大戶捕捉不易。所以增加大戶所得稅，不僅難期公允，而且更將加重逃漏及申報不實之弊，影響建制工作甚大。至於特種過份利得稅，我國雖曾在抗戰期中一度舉辦，但而後卽迄未恢復。蓋過份利得，多源於時局驟變與通貨膨脹，以今日之本省言，過份利得絕少存在。開辦此稅，不涉苛擾，便將得不償失。所以這兩種方法都是行不通的。

二、提高地價稅、房捐稅率，亦不可行。因爲它們的稅率現在已經不輕，逃漏滯納之風，已經很盛，如再增加稅率，恐怕又是得不償失。至於使用牌照稅，如汽車之類，雖然提高稅率，亦不虞其逃漏，但其目前稅負，係照其原稅率加五倍計征，另帶征百分之五十防衞捐，及公路季捐等。其每年負稅已屬相當沈重，若再加稅，恐將有礙交通事業之發展。

三、修正戶稅征收辦法，准地方政府視其財力豐嗇，自行決定征收與否。此固有因地制宜之利，然就全省而言，顯然有失公平。蓋富裕地區如臺北、高雄等市，其稅源豐富，自可停征戶稅。而貧瘠地區如澎湖、南投、臺東等縣，則因其稅源缺乏，勢必永遠倚賴征收戶稅維持。豈非使貧者愈貧，而富者愈富？這與政府之力求全省各地經濟生活均衡發展的旨趣，顯屬違異。所以此一主張最難爲人接受。何況此一改變，僅爲遷就少數地區之特殊情況，於戶稅本身之法律地位，並無任何改善。

基於上述，可知這三種解決停征戶稅的方法，都屬窒礙偏頗，缺乏可以採行的適當性。唯有第四種方法穩妥踏實，極具實行價值。因爲現行戶稅，係對不動產及機器等從價課征。就其本質言，已接近一般財產稅模式，如仍沿用舊日戶稅名稱，不僅易滋誤解，招致鄙睨，且亦擬於不倫。爲了綜覈名實，及重建稅譽，正名爲財產稅，實在最爲相宜。且歐美各國的地方政府，多有財產稅之征收，亦有成規先例可資參酌仿行。我們正宜透過立法方式，充實及矯正其內容，使之無悖於現代經濟生活之理想而又能恰如其分地補足地方政府因停征戶稅所損失的財源。就久懸不決的戶稅問題而言，這一解決方式，本刊認爲是可能發現的最佳途徑了。

最後，我們猶須一言者，如果我們的意見能爲財政當局所採納，我們希望由戶稅蛻變而成的財產稅，至少要注意到這三點：第一、依公司法組織的營利法人應予免稅，以免防害其資本累積。第二、提高起征點。目前戶稅的起征點，定爲六千元，未免過低，就今日本省經濟水準言，至少非達四萬元以上，實不足以言財產。第三、應以共同生活的「戶」爲單位，合併其家屬名下的財產累總計課，以防其分割逃稅。

孔子說：「必也正名乎，名不正則言不順。」戶稅之正名，其此時矣。

刊於民國四十九年五月十六日「中國賦稅」第七十五期

對於倡行中的青色申報制度的意見

最近中國租稅研究會諸先生爲健全所得稅制，簡化稽征手續，鼓勵商民守法，增進征納雙方的互信與合作，創議仿戰後日本實施的「青色申告制度」，推行「青色申報制度」於我國。這實在是一項極具時代意義與實踐價值的創議。大凡對於我國近年來租稅情況稍有瞭解的人，無不爲征納雙方之互不信任，與從而滋生的種種流弊懷憂抱戚，惶惶無已！現在能有一項用制度來保證忠實的課稅辦法，以怯除雙方的疑忌心理，不論對征稅的政府機關或對納稅的商民來說，都是毫無疑問地被歡迎的。儘管如此，但是它對我國來說，畢竟是個陌生的，嶄新的東西，雖然它在日本實施的情形非常良好，但由於社會習俗、道德、心理，以及經濟制度，財稅法規等種種條件之不同，在他國能推行良好的制度，未必就能原封不動地移植於我國，而期望它發生相同的結果。何況這一制度的實行，關係我國稅政前途至爲深鉅——它將是決定我國所得稅的稽征，能否由查定制度進步到申報制度的關鍵所在。基於這種理解，所以筆者贊同租稅研究會諸先生的審愼態度，一面要致力於彼邦此制度的研究與分析，一面更要廣泛徵求意見，以便集思廣益，務期擇人之長，補我之短，提供政府當局作爲採納施行的參考。筆者基於此同一態度，提出個人的看法和意見，以就敎於財稅界先進之前，亦所以拋磚引玉之意也。

第一、關於「青色申報制度」的推行範圍，筆者認爲應暫以課征營利事業所得稅的企業且實施健全會計制度者爲限。至於綜合所得稅，因其查定的重點在於所得來源資料的蒐集，雖亦可實行青色申報制度，但其實施辦法，應與實施於營利所得稅者不同。目前營利事業所得稅的查征，政府雖歷年來皆竭全力以赴，仍然是弊竇叢生，苛擾備至，成爲各方詬病的焦點，也是稅政刷新的死角。所以辦好營利事業所得稅，是稅政的當務之急，也是朝野的一致呼聲，我們之所以要倡議實施青色申報制度，也正是因面對這項急務束手無策，而別求其所以矯正改善之道。所謂備多則力分，我們爲了集中力量作重點使用，所以開辦之初，範圍不宜太大，俟行之有效，再逐步推廣。我們必須以全力達成實施青色申報制度的初步成功，然後才能保證它會有被廣泛採用的前途。不具有健全會計制度的企業，其申報數字的眞僞，測定困難，所以在實施之初，亦不宜列爲推行對象。

第二、凡屬前條範圍內的企業，自願申請爲青色申報單位的，稽征機關檢查其會計制度後，認爲確合要求者，卽予核准，不必追溯其以往的表現爲如何，以示與人爲善。惟其結算申報書，必須經登錄有案之會計師負責簽證，方爲有效。稽征機關於接獲此項申報書後，應照其中申報額認定，發單課稅。但爲愼重起見，每年應以抽籤方式抽出此項申報單位中十分之一的企業，澈底查核其賬目，如經發現有故意匿報、短報情事，除補征應課稅額並加征十倍之罰金外，負責簽證之會計師，視情節之輕重，停止其執業若干年，或撤銷其登錄，甚至得追訴其詐欺的刑責。至於故意匿報短報其所得額的企業，除永遠撤銷其青色申報單位的資格外，其負責人及主辦會計人員，應受共同詐欺罪的裁判。該會計人員並不得再在原服務的企業供職，及在其他企業擔任會計工作。

第三、因爲青色申報單位的企業會計人員，關係此一制度施行的成敗至大，所以申請爲青色申報單位的企業，其主辦會計人員必須通過稽征機關與會計師公會合辦的一項會計能力測驗，並列名於此項申請書，註明其年籍及會計能力測驗合格證字號。至於資格，則不必限制；訓練更無需要。但應就實施「青色申報制度」的意義、要點，及其本身所負的責任，予以書面的說明，或予兩三日的座談方式的講習，俾其得以認識與瞭解。

第四、爲配合此一申報制度的推行，有人主張，同時移植日本的稅理士制度於我國，對於這項擬議，筆者則認爲是不切需要，無視事實現況的淺薄之見。因爲：①日本之所以要在會計師之外，別創稅理士制度的原因，是由於他們國家的經濟繁榮，會計師人數不多，且都有更好收入的業務可做，不必兼辦稅務服務工作。②日本的稅理士雖接受委託代辦納稅手續、代塡各種稅務書表，但他們並不想負任何實際責任。所以稅理士所必須具備的學識能力，其標準可以不高。這兩點在我國來說，都是與實際現況相距很遠的，關於前者，我國現在已經登錄執業的會計師，已超過工商社會的需要，大多是業務淸閑，正好借重他們的才識能力，兼辦稅務服務工作。關於後者，在我國推行靑色申報制度之初，必須要有會計師共同負責的簽證，才能加強其可靠性。如果竟以此項責任重大的工作，委之於學驗能力與資格俱不逮會計師的代書之類人物辦理，實在是不很妥當的。因爲他們未必重視他們自己那份職業資格的取得，與職業聲譽的維護。爲了眼前的實利，他們可能會罔顧其他，這對我們的建立申報制度工作，是會有莫大妨害的。如果我們提高他們的學力和資格標準，使之與會計師相等，那又何必另起爐灶，別樹一幟呢？

上述四項，是筆者對於施行靑色申報制度問題有關實體方面的意見，此外，筆者還有兩點非實體方面的意見，也一併陳述於次，備供參考：①該項施行辦法，必須經立法程序正式立法，不可以行政命令行之。因爲該一制度的施行必然將對商民及企業的自由，加以若干限制與妨礙，若不經正式立法，則有背法治精神與憲法常軌。況且該一制度的施行，有賴司法機關援助之處在所難免，不經正式立法，必多窒礙掣肘之處。②該項制度的命名，稱「靑色申報制度」，固屬新穎，然而此一名稱，頗難顯示其實際意義，所以筆者認爲，不若命名爲「榮譽申報制度」或「誠實申報制度」，較爲貼切而易於索解。

芻蕘之見，未敢必當，尙希海內先進敎之。

刋於民國四十九年十一月一日「中國賦稅」八十五期

獎勵投資條例對租稅的影響

改善投資環境以加速經濟發展，年來已被朝野一致瞭解爲當前我國經濟上的首要課題，也是未來國家存亡榮辱的關鍵之所繫。行政院於年前提出了加速經濟發展的十九點計劃，確定了加速經濟發展的藍圖。接着又在美援會下成立工業發展投資研究小組，由該小組經半年時間的研究，制定了獎勵投資條例草案卅五條，送請立法院審議。現在這項獎勵投資條例，業經立法院於八月卅一日三讀通過，完成立法程序。該條例已將十九點加速經濟發展計劃中的八點內容列入。所以此一條例的實施，非但足以表示政府對於加速我國經濟發展已深具決心，同時也是以具體的法律履行了我政府的諾言，對於美援的爭取亦將大有裨助。

獎勵投資條例的主要內容是在改善投資環境，使若干現行法律中妨礙投資及資本形成的條文暫時失效，俟條例施行期滿（至民國五十九年底）再行自動恢復效力，所以就其他各種有關法律說，獎勵投資條例是臨時性的特別法，其作用在於迅速地變更若干種法律的原有規定，在短期內完成有利投資的法律修正手續，以避免逐一修正有關法律的費日曠時，緩不濟急，所以制定這項臨時性特別法的獎勵投資條例，實在是一次踏實而簡捷的作法，值得稱道。

全文卅五條的獎勵投資條例中，就有二十條是有關稅捐減免的規定，所以要說這項條例是以限制凍結現行若干稅法，以求獎勵投資作用的發揮爲其主要內容，也未爲過。在這些有關稅法中，因該條例之實施而影響最大的，莫過於營利事業所得稅。諸如：①該條例將合於其獎勵標準的生產事業的營利事業所得稅，免稅期限由三年延長爲五年（第五條）。②該條例將生產事業的營利事業所得稅及其附加捐總額限定爲不得超過其全年所得額百分之十八（第六條）。③該條例規定自民國五十年一月一日起，生產事業利用其當年未分派之盈餘，擴充其生產或服務用的機器設備，而未超過其當年所得額百分之廿五者，免予計入其所得額課稅（第七條）。④該條例規定生產事業轉投資於國內，其他非免征營利事業所得稅之生產事業，其營利所得免計入其所得額課稅（第八條）。⑤該條例規定，講買其他營利事業所發行的股票、公司債，或政府公債。持有滿一年以上，其出售時所得之收益，免計入其所得額課稅。如有損失：則准自當年所得額內扣除（第十條）。⑥該條例規定生產事業依公司法規定，發行超過票面金額之股票，其所得溢價作爲公積金時，免計入其所得額課稅（第九條）。⑦生產事業因購買生產用之機器、設備，而發生之外幣債務，得就該項債務每年之餘額，按年度結算時外滙率折算，在當年盈餘中提列不超過百分之七之外債債務兌換損失特別公積金。此項公積金亦准不計入所得額課稅（第十二條）。惟該條未明定所購置之生產用機器設備應屬自用方可享受此項優待，似屬文字技術上一小疏忽。設若將來實施時，有狡黠之徒利用此一漏洞，進口機器設備後，轉售圖利，而自身復能享受外幣債務兌換損失公債金免稅之優待，雖非本條例立法原意所許，然法無明文限制，將何所據而糾正之？願主管當局早作明確解釋，以杜日後紛擾。⑧該條例規定：以民國五十年一月一日爲基準日，本省各營利事業應按政府公佈之物價指數，辦理資產重估值（第十三條），以糾正其賬面價值與實際市價距離過巨之缺點，俾使其每年按資產額計算之盈利，接近正確，避免虛盈而實虧的結算與租稅負擔。這樣一來，全省工商企業的資產額在重估值後，必然將全面的增加，相對的，就是營業所得額的全面減少。在工商事業來說，這是使租稅負擔更爲公平合理的作法，但是在政府來說，營利事業所得稅收入必將因而全面減少。

以上所舉，是專就關係營利事業所得稅而言。其用意非常明顯地，是在鼓勵和優待投資及資本的累積，似已毋庸再爲申述剖析了。尤其令我們欣慰的，是該條例所規定的各點，也正是本刊年來對營利事業所得稅所持的改革意見。卽使未盡相同，至多也祇是程度上的距離而已。除關於營利事業所得稅部份外，該條例所規定的減免稅捐範圍，還有：①個人購買合於經濟部規定標準的基本金屬、機器、運輸工具、化學肥料、石油等製造工業的股票，或三年期以上的記名公司債，其價款得自其綜合所得額內扣除，不予課稅（第十四條）。②個人在辦理儲蓄存款業務之金融機構存入二年以上之整存或零存整付之定期存款，其利息所得免課綜合所得稅（第十五條）。③以外銷或勞務取得外滙收入者，其全年結滙所得總額，得扣除百分之二，不計入所得額課稅（第十六條前款）。④營利事業之外銷營業額免課營業稅（第十六條後段）。⑤停征證券交易稅（第十七條）。⑥生產事業由國外輸入之自用生產機器設備，其進口稅捐得自開始生產之日起分期繳納（第十八條）。⑦國外書立之憑證、貨物收據及證券買賣單據免納印花稅。除借貸質押欠款契據及債券分別採定額或比例購貼印花稅票外，其他各種單據暨資本賬簿，悉按定額貼花，且普遍減輕其稅負（第十九、二十條）。⑧營利事業在國外分支機構之營業額，不計入總機構營業額課稅。在我國境內未設分支機構或代理人者，其營業額免納營業稅（第廿一條）。⑨生產事業供直接生產使用之不動產，其契稅減半征收。其自用之機械器具免征戶稅（第廿二、廿三條）。

綜合上述，可見這一條例之通過施行，對於稅捐的影響，實不啻一次全面的修正，舉凡稅捐方面對於便利投資，儲蓄及資金之正常流通有所貢獻的，都大致作了明確的規定，但是財政當局為支持這項改善所忍受的犧牲，也是相當鉅大的。據財政部嚴部長說，在該條例實施的第一年（民國五十年），政府稅收的減少估計約為一億五千萬元，實施的第二年（民國五十一年），政府稅收的減少估計將達五億元之巨。二年以後，由於獎勵投資著效，經濟發展的結果，財政收入才可能漸趨好轉，在財政境況如此艱難的今天，財政負責當局能夠接受這樣一項對本身職掌極為不利的改革，而寄望於未來的好轉，其眼光、器局與謀國的忠藎，是令人敬佩的。也是多少年來，財政界所罕見的賢明作風。因之，在獎勵投資條例通過後，我們於慶幸我國經濟將由茲發軔，振翮翺翔之餘，更不禁深爲財政界這一觀念與作風的轉變而三致欣慰之忱。我們相信，祇要各級財稅工作者都能一心一德悉力以赴，未來兩年的財政局面，將不致一如我們今日所設想的艱難窘迫：因爲有很多稅收如：土地稅、地價稅、房捐、綜合所得稅、遺產稅等，如果能銳意經營整頓，都是會大有起色的。

刊於民國四十九年十一月一日「中國賦稅」第八十五期

請恢復統一發票的功能

據各報透露，財稅主管當局爲確實掌握稅源，減少逃漏，正計劃恢復統一發票的中獎辦法，並將此項中獎辦法列入營業稅法的修正中，以期通過立法程序，成爲正式法案。此外，並擬將免用統一發票店戶的標準，由現行每月營業額不滿三萬元的規定，提高爲每月營業額不滿四萬元。但願這一傳聞中的計劃，不僅是確有此事，而且還是表示財稅當局具有再行借重統一發票，以爲公平課稅強化稽征的工具的打算。因爲這一打算非但會有豐碩的實效，對於獎勵投資條例實施後，財政方面艱難歲月的渡過，具有宏偉的貢獻；更爲重要的，是基於它而達成的稅收實績，是公平的、合理的。在政府實施租稅配合經濟，以完成本省工業起飛準備工作的現階段，還有什麼租稅政策，能以捕捉逃漏稅源，以彌補減稅損失的作法，更爲値得讚美鼓勵的呢？因此，當我們獲知財稅主管當局有加強推行統一發票制度的意圖時，我們的興奮簡直非言可喻。

統一發票制度是民國四十年政府實施稅制改革時所首創。同時因有統一發票制度的推行，而改營業稅爲自動報繳，並降低其稅率，減輕商人負擔。實施以後，成效卓著，稅收激增，成爲是次稅制改革的一大成就。在統一發票推行之初，曾有小店戶免用的規定，但其時免用之小店戶爲數極少，後來因有大商號混迹其間，乃有按營業額之多寡，統一規定免用標準。這項標準以後又逐漸提高，於是便逐漸縮小了統一發票的使用範圍，也大大的削弱了以統一發票爲測量所有營業人交易額的標準性。由於小店戶日益增多，終於使使用統一發票的商號在全部課征營業稅的營業單位總量上，由大多數而變爲極少數！於是，使用統一發票的商號因有統一發票的控制，營業額隱匿困難，其營業稅負担，也就較能接近確實。而免用統一發票的「小店戶」，反倒祇要負擔遠較其本身實際營業額應負稅課爲輕的定額稅課。相形之下，使用統一發票的商號不僅怨尤不平，而且在營業競爭上，其處境亦遠不若「小店戶」的優越。於是使用統一發票便成爲一種桎梏，而迫使其使用者萌生了處心積慮必欲去之而後快的意圖。於是在他們的鼓動慫慂下，第一步，於四十五年十二月經前省臨時議會第二屆第五次會議通過取消了統一發票給獎辦法，復經省府會議通過自四十六年七月一日實行，免除了購買人索取統一發票的顧慮。使他們獲得了祇要避開稅務人員的眼睛，統一發票可以愛開不開的有利環境。但畢竟還有被查察的危險，於是第二步，他們又完成了前省臨時議會第三屆第一次會議通過要求省府廢止統一發票辦法的決議案。並於前省臨時議會內組設廢止統一發票專案小組，期以制統一發票於死命而後已！在這個時候，凡財稅界有識之士，無不爲統一發票的命運，及其有關稅收的前途揑一把汗。本刋曾在這一段逆流洶湧的時期，連續發表陸國慶先生「當前營業稅課征方法之商榷」（四十七年六月一日）一文及「統一發票絕不可廢」（四十七年七月一日）「加強統一發票革新運動」（同年八月一日）「營業人購買證取消以後」（同年八月十六日）等社論，竭力鼓吹統一發票的存在價值與必要，且力排衆論，要求改進加強。所幸我賢明的財政當局未爲遊說所動，堅決表示「在沒有比這一制度更能控制稅課前不能輕予廢止」，方才平息了這一風潮。但是統一發票制度經此打擊摧殘後，便奄奄一息，及今早已失去了它昔日的光彩了！不想事隔兩年後的今天，重又聽到了要加強統一發票制度的計劃，能不令人感慨振奮，欣然色喜嗎？

從上面陳述中，我們不難發現，統一發票制度創立之初，所以能卓著績效，是因爲它提供了一個普遍的公平的有效的測量應負稅課的營業情況的工具。所以它能爲營業人所歡迎採用，後來它之所以日趨沒落，終於爲營業者所排拒，則是因爲有部份，甚至是大部份的營業者，逸出了所衡量的範圍，失去了它的普遍性；以及在其衡量範圍內的營業者，也因爲沒有購買者索取發票的外在控制，而失去了它的公平性。於是狡黠者逍遙度外，公然逃稅，而無所制約；誠信者相形之下便自覺甚爲吃虧。到此地步的統一發票竟變成一種製造不公平的制度了！又豈能怪人指責怨尤呢？如今財政當局若要加強統一發票制度，重現它昔日的光芒，這沿革利弊是不能不重視的。所以我們認爲恢復中獎辦法固然是必要的有效控制方法，但更重要的還是恢復它的普遍性，不使任何營業者脫出它衡量的範圍以外，所以我們不但反對提高核定免用統一發票的營業額標準，而且根本反對有免用統一發票的小店戶存在。我們的理由是：如果大家希望政府的課稅公平合理，那麼大家就沒有理由反對使用統一發票。雖然它也許是比較麻煩一點，但是以些許的麻煩，換得一個共同得以信賴的課稅依據，豈不是十分值得嗎？至於說有些小店戶或攤販之類的營業單位沒有能力開統一發票，我們頗不以爲然。因爲本省教育普及，文盲極少（不到百分之五），大凡有能力經營一個店舖或攤位的營業人，百分之九十五以上都能開立發票。況且，現在被核定爲攤販或小店戶的，它們實際的營業情況，並不次於正式門面的商號，甚至還有過之。如臺北的後車站、圓環、萬華、高雄的五福四路、臺南的西門路等地攤販，每天做上一萬八千的交易，眞是平常得很。他們負稅輕、開支小，因之成本低、利潤厚，卽使其售價較正式商號爲低，仍然能賺錢。在這種不公平的競爭下，同一行業的正式商號，自然要吃虧得多。所以我們主張所有營業單位，包括固定的攤販，一律使用統一發票，不得例外。至於肩挑負販引車賣漿之類的流動攤販，及家庭副業式的香煙攤水果攤，估計營業在起征點以下的，其攤面貨品價格在若干元以下的，乾脆准予免稅，以卹民艱。

如果統一發票能循這樣的途徑加強推行，卽一面擴大其使用範圍至包括所有營業單位；一面以中獎來鼓勵購買人索取發票，以現款獎金來鼓勵檢舉漏開，再輔之以宣傳與稽查，則統一發票必能再度成爲課稅合理而可靠的依據。不僅營業稅將大有起色，便是其他與之有關的所得稅、筵席稅，亦將裨益非淺。有人說：現在稅率過重，商人如不逃稅，便無法生存。即令此話屬實，那也應由減低稅率來改善，而不能以眼睜眼閉的默允逃稅來彌縫此一缺陷。因爲這樣是不能使稅負公平的。

刊於民國四十九年十二月一日「中國賦稅」八十七期

財稅改革十論

一、財稅問題的癥結所在

第三任　總統副總統已經於上月廿日在臺北市中山堂宣誓就職了。這在我國憲法史上是一個新階段的開始。同時，我們也希望這是我中華民國歷史新章的發端。所以我們對於第三任總統的就職盛典，由衷地萌生了「周雖舊邦，其命維新」的期待與祈求。基於這一理念，展望未來的六年，我們卻是憂慮的惶恐多於希望的興奮！爲什麼？因爲要談建設工業，安定民生，其先決條件，便非有一個由健全的租稅體系所支持的均衡財政不可。然則這個先決條件，不僅是現在所不存在的，而且在可得預見的將來，也是極少希望能被建立起來的。這樣說，未來對於我們不是漆黑一團的絕望景象了嗎？是又不然。因爲這項先決條件的不存在與不可能建立，是就過去和現在我們的理財方法和理財態度而言，如果我們能摒棄這些方法和態度，一個適合我們當前經濟環境與其發展所需要的健全租稅體系，和均衡財政是有被建立起來的可能的。至少，在假以年月的努力後，我們是有機會幾近這個理想境地的。因此，我們認爲過去若干年來，我財政當局所持取的理財態度和方法，是演成今天財政困局的癥結所在。同時，也是梗阻着我們追求均衡財政的主要障礙。那麼，被我們所歸責的這些理財態度和方法是什麼樣子的呢？要說明這一點，得先搞清楚我們目前財政困境的具體現象如何？

如所週知的，我們目前最主要的財政困難是逐年歲出的鉅額膨脹遠超過歲入的增加，以至入不敷出的差額，年復一年的擴大。民國四十二年是我國自開國以來國家財政景況最爲良好的一年，那一年國家的歲入爲一、八八二、二四四千元，歲出爲一、八九八、一二四千元，兩比不敷一、五八八千元，還不到百分之一。可是自此以後，便每況愈下，到四十七年，國家歲出已膨脹達六、六七九、二四五千元，五年間，增加達三倍半之鉅。而歲入方面雖也激遽上升，但終難望歲出之項背，四十七年度的國家歲入爲五、八八四、五四九千元，兩比不敷達七九四、六九六千元（包括列入中央預算的省協款公賣利益與防衞捐）。四十九年、五十年度之國家歲出總額，因手邊缺乏資料，無從獲悉。但據估計，當在八十億元左右。不敷差額至少在八億以上，因預算赤字如此之龐大，以至很多當前的要改急務，便都不得不任其拖延遲誤。此其一。

其次，我們目前財政上的另一項主要困難，是租稅的負荷，似乎已達到國民負稅能力的極限，甚至已侵害到國民經濟的成長與發展，而構成扼阻本省經濟迅速邁向工業化途徑的一大障礙。近年來，這種呼聲不僅是時有所聞，而且是分別自工商界、學術界、輿論界不斷地鄭重地甚至集體地向政府提出。我們同意他們的看法，同情他們的呼籲。但設身爲政府着想，我們能讓政府怎麼辦？稅課收入是國家歲入的主要支柱，佔國家總預算百分之七十五左右，減稅嗎？拿什麼來彌補支出的差距？不減嗎？又無以適應促進經濟開發的需求！何況，經濟的成長也就是直接爲未來的財政開拓佳境呢。正反兩面似乎都有堅強的理由，令人有顧此失彼難於委決之感。其實這種困境是我們自己一手造成的。姑置歲出之膨脹是否皆屬必須於不論，單就歲入的內容說，稅課收入中佔百分之八十的間接稅，便是造成今天財政上如此束手縛足的艱窘處境的眞正原因。此其二。

以上概略說明兩點，便是我們今天財政困難的具體現象。而造成這現象的原因，前者是淵源於理財的態度；後者則導因於理財的方法。當然，態度與方法之間，亦有其互爲因果的關係，很難截然劃分的。

在私經濟中，理財的態度有賬房式的與企業家式的兩種分別。賬房式的理財態度是不過問收支是否適當？是否必需？以及其因果關係，利弊影響。其職責祇在於承財東之命，作奉命唯謹的出納執行。最好的賬房先生，亦不過是在頭寸的調度上，使財東的支付命令，獲得最愜意的肆應而已。他並不承擔實際盈虧的責任，當然更不負責其財東營業的最後成敗消長。因爲賬房先生與其財東的關係，祇是基於一定報酬的取給而發生的僱傭關係。至於企業家的理財態度，則與賬房先生大異其趣。他不僅要過問每一筆收支的是否適當?是否必需?而且要高瞻遠矚地研究其收支事項的因果關係,利弊影響。他雖然也得承董事長之命,但並非「聽話」式的唯命是從。他要從全盤的、永久的、企業利益觀點出發,去考量命令執行的後果,以決定其是否執行,及執行的程度。因爲他是向企業本身負責,要向全體股東交代的。他不僅承擔實際盈虧的功過,也負責產業經營的最後成敗。他們雖然也可能是基於報酬的取給而發生的僱傭關係,但是在道義上,他具有高度的責任感和榮譽心。他的去留取決於他底見解與計劃,是否被尊重與實行,而不斤斤於職位的保持。更休想他會以「多磕頭少說話」來爭寵固祿了。

這兩種理財態度,前者在昔日獨資經營的工商業界頗爲常見。持此種態度服務人的,亦很能獲得僱主們的歡心與讚賞。降至今日,近代化企業興起後,這種缺乏自主精神與責任感的賬房先生便被時代無情的淘汰了。繼之者則爲企業家的崛起,因爲惟有他們的理財態度,才能適應民主化企業的要求。私經濟如此,公經濟亦然。公私理財雖有其相異之處,但其原則是相通的。近若干年來,我國政府的理財者,多的是賬房式的理財人物,而絕少企業家式的財政家!尤其是在政府支出的方面,這一點表現得最爲酷似!這便是近年來政府的支出逐年激增的根本原因。

至於前面所說由於間接稅在稅課收入中所佔比例過大,以致使政府稅收陷入加減俱屬不能的處境,是導因於政府的理財方法。這一點較易明瞭,毋須多所辭費。因爲間接稅易於征收,取財便捷,其缺點乃在其前進則削弱消費能力,而後退則增加生產成本。兩者都不利於產業的發展。稅輕時其弊不顯，稅重時其害立見。而直接稅則反是，因負稅係根據其能力，所以最具彈性，雖多取之不爲虐。然其缺點，則在於辦理不易，收效緩慢。理財者若非本乎創業精神與負責態度，當然不願致力於這吃力難見功的稅制。這雖屬理財方法的欠當，但本質上是與前述的理財態度有其因果關係的。所以我們認爲今天財稅問題的癥結所在，是植根於理財者的態度。根株不變，則一切枝枝葉葉的修剪，都將難期實效。

二、如何建立以直接稅為重心的租稅體系

上期本刊曾就當前的財政危機，指出其癥結所在，並從而說明當前財政危機的構成，是由於近年來中央政府支出之毫無節制地膨脹所直接造成的。這一期本刊擬再就收入方面來分析當前財政危機之構成的原因。根據若干民間財經性刊物的統計，國民租稅負擔（包括專賣收入）佔國民所得的百分比，四十一年爲一九．四四%，以後便逐年上升，近年來已高達二四%以上，較諸最富庶的美國國民租稅負擔，也毫無遜色。就憑這樣重的租稅負擔，已足够使我們的經濟發展一蹶不振了，更何況在這樣重的租稅負擔中，直接稅的比例，卻在相對的直線下降呢?!根據統計，四十一年直接稅佔稅課及公賣收入的百分比爲一七．九四%，是民國以來直接稅在國家財政上扮演着最重要角色的一年。四十二年下半年以後，它又每況愈下了！近年來又已降到一二%左右。這一轉變是與目前的財經現況關係極鉅的。爲什麼近年來市場上一片淡風，生意人普遍爲交易清淡

發愁？而少數豪紳富賈依然是建大厦、營別墅，歌舞徵逐，嫖賭逍遙，享盡人間榮華之樂呢？道理很簡單，這便是近年這種以間接稅佔百分之八十爲內容而高達國民所得百分之廿四的租稅負擔所造成的畸形現象。因爲我國國民所得低微，百分之廿四的租稅負擔，對一般國民來說，剩餘的所得除了購買生活必需品以外，再不可能有其他雖然正當但並非必要的消費能力了。在這種情形下，市場交易自然是日漸清淡。但是對富人來說，其租稅負擔雖然與一般國民相等，但對其所得來說，則微不足道，所以他還有足够的財力去炒地皮，擺排場，甚至賭梭哈，玩女人！如果目前佔國民所得總額百分之廿四以上的租稅負擔，有一半以上是來自直接稅，那麼情勢就兩樣了。因爲那樣就表示國民租稅負擔中有一半以上是按各人的收入多寡來差別課征的。另外不足國民所得百分之十二的租稅負擔，才是按各人消費的形態平均課征的。這樣的租稅負擔，雖然也會削弱國民的消費能力，但絕不會有今天這樣的嚴重。因爲富人的負擔雖然加重了，但對其正當消費能力影響至微；而窮人的負擔減輕後，其消費能力，則相對的增加了。如此，不僅可以使目前的市場景氣好轉，而且對於政府因支出膨脹所需要增加佔國民所得百分之二左右的稅收，亦就不至於絕不可能了。因此，我們認爲解開目前財政危機的死結，在節流方面，需要中央政府拿出勇氣和膽識來對其支出作合理合法的大力削減；在開源方面，則需要政府拿出決心和毅力來積極加強直接稅的課征。

我們在這裏所說的直接稅，不是包括着地價稅、土地增值稅、田賦、房捐乃至戶稅等對於財產直接課征的租稅在內。我們所說的直接稅是狹義的直接稅，亦卽直接對所得課征的各種分所得稅、綜合所得稅與遺產稅等是。不過其中的營利事業所得稅就現行的課征方式來說，我們是主張減輕或改革，而不主張加強課征，以期減少其對經濟成長的阻礙。

「建立以直接稅爲中心的租稅體系」，這句口號我們聽了將近十年了，豈奈主持國家財政大計的袞袞諸公，壓根兒就沒把它當作事兒在辦，因之十年的光陰彈指逝去，而直接稅的近況則「依然故我，乏善可陳！」這是單獨的就其個體來觀察，如果從整個租稅體系的盛衰消長去看，直接稅反倒有着每況愈下的趨勢。其原因何在？是財政當局不瞭解直接稅的財政功能與社會意義，因而忽略了對它的成長與期望？這話也不盡然，現任財長嚴靜波先生對於財稅學識的修養就是我們素所激賞與敬重的當代財政界要人之一，但不容否認地，他似乎不曾爲實踐其學識和見解而盡過最大的努力，他祇是拿前述的那句口號作爲財政政策的禪偈而已。好像一位大祭司在向其渴望卽登天國的徒衆歌頌那渺不可期望的境界，是如何輝煌幸福，並代爲祈求早升天國一樣，他祇是給予了人們一個永遠遙遠的希望而已。連他自己也不會有過如何幾近這個希望的安排和佈置。如果你問急了他，他會理直氣壯的說：「直接稅制度之建立，非咨嗟所能立辦」。問的人對這句話必將啞口無言。因爲這句話的本身是對的，不僅直接稅制度如此，凡百其他制度亦莫不如此。問題是在「咨嗟」一詞能否形容十年這樣長的時間？「咨嗟」所不能立辦的事，十年時間也不能辦成嗎？淸季末年，爲平抑革命怒潮，而頒定憲法大綱，宣布籌備立憲，預定期限九年，國人斥之爲虛誑。以一個數千年傳統的帝王專制政體而蛻變爲君憲共和，其中應行改革更張之事何止萬千？九年之期若拿建立直接稅制的這個譜來衡度，那不是太長，而是太短。可是竟不獲國人諒解，終於武昌兵起，清社遂屋。這個比喻，是說明十年或九年的時間是不能說成「咨嗟」的。直接稅之所以不能濟事，制度之所以還停滯在草創之初，原因不是「火候」不到，年限不足，而是不曾認眞的去辦。

在我們瞭解直接稅所以建制遲緩的原因以後，我們便不難對症下藥了。這劑藥方是什麼呢？開出來實在沒啥稀奇，那就是「積極的去辦」。祇是這帖丹方只當口號喊仍然沒用，必須要以行動來實踐，方見其績效。否則，再過十年，或廿年，如果不曾予以有效的策劃和有力的推動，直接稅情況的蕪萎孱弱，仍將一如今日，而毫無起色。謂予不信請拭目共待之！

三、如何加強直接稅的稽征

我們必須積極加強直接稅的課征，使之擔當今後國家收入的主要支柱，否則，我們的財政經濟便不再能保持目前這個小康局面於不墜。這在過去容或是一個空泛的理論問題，大家對它並無切膚之感，如今，它已是如此具體地使我們感覺到它實在已經成爲一項必待解決的現實問題了。因爲間接稅這樣亙幅盲目的擴張，一面剝奪了社會大衆的消費能力；一面又加重了工商業底製造與販賣成本。前者使市場蕭條；後者則迫使物價普遍上漲。兩者都將不利於經濟的發展。抑有進者，物價的上漲，將進而迫使政府預算赤字的加大，政府預算赤字的加大，復回過頭來要求稅課收入的增加，稅課的增加，又煽動物價上漲。這樣互爲因果，循環相激地惡化下去，所謂國計民生，所謂經濟前途，還堪設想嗎？在這方面本刊過去指陳已多，現在不擬再作進一步的分析申論了，這一期祇想就如何加強直接稅課征一點，提出我們的看法和意見：

第一、應以推行綜合所得稅爲建立直接稅制的骨幹：目前拿營利事業所得稅爲推行直接稅主要對象的作法，是一項取巧的錯誤的決定，必須迅速糾正。至少也該畀予綜合所得稅與營利事業所得稅以同等被重視的地位。因爲最能充分發揮直接稅量能課稅的優點，體現公平、正義、確實、彈性等租稅原則，而又能符合我國防止個人財富過分集中的國民經濟政策，同時也不致削弱投資興趣，妨害資本累積，阻滯經濟開發的租稅，是綜合所得稅，而非營利事業所得稅。道理是綜合所得稅是以個人爲課征對象；而營利事業所得稅乃是以經營營利事業的機構爲課征對象。就我國目前經濟形態來說，經營營利事業的機構，雖然也有個人獨資經營的，但大規模的營利事業則絕大多數是公司組織合夥投資的。也就是說，其所得是爲一羣人或幾個人所共有的。在這種情形下，營利事業機構的所得，就不如個人所得那樣更能正確地表現其負稅能力了。何況公司或合夥經營的營利事業的所得，如果不作爲紅利分配的話，正好是我們要鼓勵其作爲再投資用途的資本累積，如何能予以課征超額累進的租稅，以削弱其累積的效果呢？如果其作爲紅利分配的話，我們仍可歸入其股東或合夥人的個人綜合所得予以課稅，而不虞其逃漏。因此，如果我們能把綜合所得稅切實辦好，它不僅在財政作用上能夠圓滿地代替營利事業所得稅的貢獻，而且在經濟作用上又能夠避免營利事業所得稅的不良影響。簡言之，營利事業所得稅雖有其利，也有其弊，而綜合所得稅卻是有其利而無其弊。所以我們一直是主張應該以辦好綜合所得稅爲建立直接稅制底骨幹的。這是一項基本的觀念，如果不能端正這項基本觀念，則一切努力都將白費，正如射擊者弄錯了標靶一樣，將徒勞無功。

第二、綜合所得稅的課征，是一項極其繁什複雜的工作，是一項需要高度行政效率與高度管理技術的工作，在現行的稅捐機構組織中，主辦綜合所得稅的，是由縣市稅捐稽征處內的一個股負責。股是課以下的一個業務單位，股長是由課內資深的稅務員兼任，是一個有其名而無其實的頭銜而已。換句話說，這位被稱爲股長的官兒，是於法（組織法）無據，不經銓叙的黑官，而非皇皇明令的政府命官。以這樣一個虛有其銜的股長（實際祇是稅務員）所負責掌理的一個課級以下的業務單位，如何能擔當一個縣市全體人民的綜合所得稅的調查、登記、歸戶、計課等繁雜什百倍於其他稅課的工作？這非僅是組織太小，人手不足，更重要的是它底階級太低，難以網羅才幹之士，任此繁鉅。今後，如果我們能夠認清辦好綜合所得稅是奠立國家財經基礎的百年大計，那麼我們就必須給予它一個合法的重要地位，一個合理的有力組織。我們主張在各縣市稅捐稽征處內設置一個課主辦綜合所得稅，並在財政廳或未來的稅務處設置一個科或組爲各縣市稅捐處綜合所得稅課的上級主管機構。最好是在縣市稅捐處設置副處長，使之兼任綜合所得稅課的課長。

或使專負綜合所得稅這一部門業務的責任。我們之所以作此主張，是因爲綜合所得稅要想辦好，必須其各項所得資料正確，其各項所得資料，如房屋、土地、營業、業務、利息、薪資等所得資料的主要來源，要靠其他課股的適時供應，與迅速通報。這項內部聯繫的密切配合，是需要較爲崇高的權威予以支持，方能有效的。

第三、關於辦好綜合所得稅所必須採取的措置，除了對其組織作根本的變更以外，我們主張還應有兩項特殊的配合措施．㈠仿照美國內地稅務局成例，設置情報單位，或與國家情報機構如司法行政部調查局簽訂合約，負責或接受委託對申報不實的納稅義務人的所得資料之調查與追踪。此項辦法在建制之初，尤爲必要。卽令辦案費用超過所能收到稅款的十百倍以上，也應在所不惜。因爲這是從心理上杜絕逃稅的企圖，也可收「懲一儆百」之效。如能一開始就能偵辦一兩位當代名流社會大亨（他們在現在，多半是不繳綜合所得稅的）收效當更宏偉。㈡規定金融機構必須負責抄送存戶名單，如拒絕抄送，或抄送不實，得以協助逃稅，訴請法辦。情節重大的「累犯」，應予勒令停業，以堅決貫徹此一必要措施。

第四、屬於直接稅範疇內的另兩種稅：我們的主張是：㈠各分類所得稅，如薪資所得稅、利息所得稅應將其起征點提高，以符實際。至於營利事業所得稅，似應予廢止，至少應修改現行的稅法，使公司組織的營利事業，年終未分配盈餘免稅。對於工商企業的資產額，應予現值估計，以免虛盈實虧，負擔不當稅課。㈡遺產稅應全部劃歸縣市所有，提高起征點及喪葬必須費用標準，以期合理而便加強稽征，俾充裕縣市財源。另外，應開征贈與稅，以杜生前分析財產企圖逃脫之路，刪除死亡前五年內分析之財產仍應課稅的武斷規定，減少紛擾。

我們確信，如果政府有決心加強直接稅的稽征，上述各點主張都是必要可行，而且能够行之有效的。

四、貨物稅的檢討與建議

上兩期的本刊已就直接稅方面的問題——包括直接稅建制遲緩的原因，及今後努力的方向，提出了我們的看法和建議。自這一期開始，我們想談一談關於間接稅方面的問題。提起間接稅，第一個被人想到的便是貨物稅。雖然目前被列入政府公賣（實際是專賣）制度下的菸酒，以及由政府直接經營的鹽，在本質上也是屬於間接稅的範疇，但在這一篇短文中，我們無法接觸得那麼廣泛，我們祇能以這有限的篇幅，概略地指陳關於發生在現行貨物稅稽征情況下的一些較大的應興應革事宜。

撇開租稅理論及其經濟影響不談，專就租稅課征制度而言，貨物稅制度及其稽征情況是相當良好的。這當然得歸功於財政部負責規劃貨物稅建制工作的若干專家學者們的高瞻遠矚與顧慮周詳。至於擔當實際推行工作的省縣級負責機構，可以說表現平平而已，甚至還有不少地方作得輕率、偏頗、燥急，卻又搔不到癢處，更無實益之可言。例如不久以前，因財政部下令恢復使用完稅照通知聯，被解釋爲全面恢復報驗制度，因而釀成應課貨物稅廠商及其公會的羣起反對，以及輿論的交相指責，便是顯例。就這一件事而言，部令原意在加強縣市稅捐機構的聯繫與通報，以圖控制運銷，防止偷漏，其作用在於稽征機關的主動查驗，不料竟被誤爲全面恢復進貨廠商的自動報驗，病商擾民，莫此爲甚！所幸財政部能夠從善如流，即時予以糾正，否則，其後果及影響是不堪設想的。最近又發生了一件類似上述苛擾情形的事件，正在商民間滋生着反感與不滿，那就是省財政當局於上月十一日下了一紙通令，說是爲防止化粧品查驗證的流用套用，規定自七月一日起，各化粧品廠商領用查驗證時，要由稅捐處主管單照部門指定專人加蓋冠以縣市別的駐廠員號碼章戳後，發交駐廠員加蓋品名等級章戳，再行核發廠商貼用。這一規定，已由各縣市稅捐處遵令實行了。可是事實上各縣市稅捐處因人手不足及化粧品查驗證使用數量浩鉅，加蓋駐廠員號碼戳的工作，主管單照部門無力辦理，大多數都是要領用廠商派人到稅捐處自行加蓋。於是無形中增加了化粧品廠商的人力負荷。這一規定之不合理尤不祇此，如果它確有必要，即使耗費人力，乃屬不得已之事，廠商亦無話可說。事實上要防止查驗證流用，祇要於查驗證核發時監蓋品名等級章戳並嚴令駐廠員不得流用，否則須連帶負責便可以澈底杜絕了。因爲各廠商產品皆有其專用的牌號品名，查驗證既經加蓋品名章戳後，其他廠家便不能流用了。依現行規定，廠商領用查驗證時須由駐廠員即時加蓋品名章戳，因之，並無流用之可能。唯一可能的就是駐廠員之間的流用，如果嚴令課以駐廠員互相流用查驗證的刑責，除非駐廠員存心犯法，便不會有流用情事。

如果政府竟認定駐廠員都是敢於存心犯法的，那麼何事不可爲，又何止流用查驗證之一端？基於這些事實的瞭解，可見加蓋駐廠員號碼戳記的規定，除了苛擾以外，別無是處。並且還造成商民對貨物稅惡劣的印象，這種事情恐怕還不勝枚舉，實在值得重視與檢討。

其次，我們要談到的是貨物稅駐查人員的編制問題，這是一件似乎荒唐得令人難以置信的事。貨物稅駐廠稽征制度，自四十四年度恢復以來，如今六年了，而在這一制度下被任用的爲數僅達三百人左右的駐查人員，卻一直是頂着所謂「臨時編制」的帽子，不能享有一個正式公務人員所應享有的權利，如銓敍、考績、晉級……等。在這些駐查人員中，開始時幾乎全部是大學專科或高商畢業經政府考選就業的學生，與他們同校同居畢業而又同時分發的同學，現在都早已是編制內人員了，祇有他們因就業時被分派的單位不同，迄今仍作着黑「官」，揆諸情理，實屬不平？再就國家體制言，要說貨物稅是臨時性稅課，一年半載便告取消，其工作人員自宜採用所謂臨時編制，一俟主辦事務結束，此項人員卽行裁遣。事實上，貨物稅不僅不是臨時性稅課，而且還是國家財政的主要支柱之一，而爲它工作的人員卻都是臨時編制，這在恢復制度之初，以立法程序遲緩，難期配合實施，不得已而臨時之，固亦未可厚非；如今恢復舊制已達六年之久，而駐查人員之編制，其臨時也如故，寧非咄咄怪事！抑有進者，由於貨物稅駐查人員的編制，未曾法律化，其任使派用，亦無標準可循，正好給有志奔營與有權施予者開了方便之門，但凡力大才小無法適當位置的傷殘老弱或臨時人員中的「人才」，都向貨物稅人員中一塞，好在這項工作是少長咸宜的。數年來經此「去菁存蕪」兼收併蓄的結果，如今的貨物稅人員陣容，眞是龍蛇並處，應有盡有！制度之良窳，法規是建構，運行這建構的還是人。貨物稅的稽征情況，不想日新日進則已，如果還想百尺竿頭更進一步的話，這一人事的基本缺點是不能不迅謀糾正的。關於這件事，我們認爲迫在眉睫而不能因循再拖了。

除了人員編制問題，貨物稅制度的本身亦有不少缺點，其中最爲各方所詬議的，便有應稅貨物的選擇與稽征方法兩項。關於前者，雖其選擇多有未當，但在目前國家財政的緊迫要求下，亦確有其不得不然的苦衷。但是我們總希望有一天國家財政境況能够稍稍好轉，到那時我們希望財政當局能將若干妨害國家經濟建設阻滯文化傳播的貨物稅，如木材、水泥、紙張等稅目取消，並減低若干與國民經濟生活息息相關的物資的貨物稅稅率，如棉紗、火柴，俾使貨物稅以間接稅的形式而着重於直接稅優點的發揮。基於這項原則，就現階段言，我們主張應該研究開征若干種富有人家的享用器械和本省使用普遍而又易於課征的物品貨物稅，如電唱機、收音機、電風扇、脚踏車、縫紉機、食品罐頭……等，如成績良好，可按照這項增加收入的比例，核減水泥、木材、棉紗、火柴等稅率，用變換收入來源，以解除其對國計民生的不利影響。至於稽征方法，首先應該檢討的便是報驗問題。雖然現在規定應該報驗的地區，祇有臺北、基隆、高雄三市，但其對於商民的苛擾依然很大。因爲商人的報驗，往往很難迅速獲得查驗，以致曠時費日，貽誤商機，增加糜費。何況就民主精神言，貨物出廠繳納稅捐後，人民義務已盡，政府不應再額外課以負擔，其理至明。稅務機關為防止逃漏，儘可主動查驗，人民實無法再行報驗義務。報驗也者，實在是殘餘的官治主義意識底產物，在民主政體下，應否允其繼續存在，頗有商酌餘地。其次應該檢討的是查驗證的使用問題。因為查驗證的貼用，不僅繁瑣不堪，而且其流弊也很大，現在使用查驗證的有火柴、飲料品、化粧品及電燈炮等小件頭貨物，其中除電燈炮外，其他三項似乎皆可考慮就其原有包裝，如化粧品飲料品的瓶蓋，火柴的盒套等製定納稅標幟，由政府製造後售予廠家使用，售價中除工本外另加稅金。這樣一則可以減少廠家多一套手脚的人力浪費，再則也可以使效果更為確實。雖然其施行方法還須從長計議，但其原則應該是值得採納的。

以上所陳，雖然沒有引經據典的學理闡釋，也沒有統計數字的分析引證，但卻是些踏實而具體的意見，我們虔誠默禱，希望都能獲得有關當局開誠的重視。

五、菸酒公賣制度的檢討

菸酒公賣事業的收入，是我國目前財政上最重要的一根支柱，歷年繳庫的公賣利益，平均約佔國家總收入百分之二十左右，其地位之重要，凌駕於任何稅收之上。因此，研討國家當前財政問題，便不能忽略了菸酒公賣事業這一關係重大的環節。雖然臺灣菸酒公賣事業的經營一直是成效卓著貢獻宏偉的大規模公營企業之一，但是仍難免有若干值得重新檢討與改革改善的地方，比如：①人員的冗濫，就四十四年該局發表的人數統計看，該局暨其所屬機構，計有職員二二七八人，工人七五八四人，員工的比例爲一與三之比，這與一般公營事業機構員工比例（一比六）比較，職員人數超過一倍，若與民營企業機構的員工比例相較（如唐榮鐵工廠爲一比廿一），其懸殊更大，何況其工人人數就已經相當宂濫了。據富有經驗的該局工作人員很保守的估計，該局各製造廠場的現有工人裁遣半數以上，仍將絲毫無礙於目前生產情況的維持，於此可見其員工浮濫之甚了。②物料與產品的浪費，也是該局的一大缺失。但凡非官式參觀過該局各製造廠場的人士，無不爲那種浪費事實而驚歎。就這兩點，就足以構成一個企業經營的致命缺陷了。不過，在這裏我們必須申明的是，這些缺陷乃是若干年來政府用人政策及公賣制度本身的流弊所累積而成的現象，是不該由任何負責的個人來獨承其咎的。因爲該局雖屬一個公營的企業單位，但它卻依然保持着一個行政機關的體制，而且是一個隸屬於省政府的三級機構。於是前幾年舉辦的大專高職畢業學生分發就業有他的一份，退除役官兵輔導就業也有他的一份。再加上府會部廳半公半私的推薦人員，亦公亦私的安置親信，它都得應承買賬。而推薦安置來的人，不一定都能合乎它的需要，派上用場，眞正要用的人才還得再去物色，於是乎該局人員便與時俱增日益膨脹了。這是它人員浮濫的病因。至於浪費呢，也是種因於其體制，因爲它既是一個行政機構，也就擺脫不了衙門化的傳統積習，浪費掉的資材是公家的，誰也不樂意去多管閑事，招惹是非。何況它的員工都自視爲拿薪水過日子，按時上下辦公的公務人員，對於事業的盈虧，因無切身利害關聯，所以漠不關心，當然更不會去注意如何撙節浪費，增加收益了。因此，要想這一個國家財政最大支柱的菸酒公賣事業，能夠百尺竿頭更進一步的獲致更滿意的成果，就必須就其體制本身作適當的調整更張。本刊對於此一課題，持有兩項改進意見：第一、改組菸酒公賣局為菸酒產銷有限公司，脫去其行政機關的外衣。在總公司之下，劃分為生產，配銷與原料供應三大系統。歸併同一地區性質相同的單位，以精密分工，統一用料，使資金、技術、勞力、機器等都能作最經濟的運用，不僅可減少浪費，降低成本，且可提高品質，增加產量，開拓外銷。另在總公司下設立品種研究改良機構，俾集中人才，經費，作分門別類的精深研究，以免力量分散，難見事功。此外如品質檢驗，亦應由總公司統一辦理，以免分歧。但可視事實需要派員駐廠負責。第二、改組後的菸酒產銷公司應直隸中央政府財政部，一則以擺脫其過多的上級階層的羈絆，再則以符合憲法的精神，三則使其每年解繳的公賣利益，直接歸入國庫，不必經省府轉手，徒使省預算虛額膨脹，而貽人以省府置地方建設於不顧，而以鉅額協款撥補中央的錯覺。

以上這兩項意見，並非我們僅有的意見，而是我們就維持現行的公賣制度而設想出來的意見。我們另有一項很大膽但卻自信值得提出來就教於讀者諸君的意見，那就是放棄現行的公賣制度，將菸酒公賣局及其所屬分支機構的產業設備分別出售民營，而以課征菸酒貨物稅方式維持現行公賣制度所提供的國庫收入。因為目前公賣局每年繳交國庫的公賣利益，雖然平均皆能達到其銷貨總額的百分之五十五左右，但這正好是應該課征的菸酒貨物稅的應收稅額，而不是因事業經營所獲得的利潤。雖然其另有繳交省庫約達其銷貨額百分之十的營業利益，算是賺得的盈餘，但就其資產額及營業額觀之，就十分平常了。這在其他公營企業還能說得過去，而在由行政權力排除競爭，實行獨占的公賣事業就未免難於叫人滿意了。如果我們把它開放民營而就廠征稅，一面既可以確保庫收的不致減少；一面又可以收回這筆鉅額的資金，投入其他亟待政府創辦或投資的，有助於我國加速經濟開發的重工業，或竟以之彌補政府年來財政上的鉅額赤字，以穩定通貨，使政府得以大膽地從事健全金融政策的推動與改革。這對國家經濟前途的嘉惠，也將不在前者之下。祇是公賣制度的觀念已經深入人心，其貢獻的宏偉，使命的重大，更使人有不敢輕言廢棄之感，其實這都是導自心理的看法，而非基於科學的看法。雖然我們沒有精確的計算支持這項意見，但我們相信這個原則是值得考慮與研究的。質之高明不知以爲然否？

六、當前稅務行政的綜合檢討

最近一位工商界的知名人士，在本市一家晚報上發表談話，說如果目前的稅務行政能夠獲得改善，即稽征手續的簡化辦事效率的提高，則其對於本省工業處境的好處將遠較減免若干捐稅更爲鉅大。這位人士的談話，確實值得我們財稅當局以及全體稅務從業人員切實的檢討與認眞的反省。爲了幫助稅界朋友的檢討與反省，本刊特提前發表這篇社論，提供我們的一得之愚，希望能有助於對當前稅政弊害的客觀瞭解。

稅務行政一詞，包羅極廣，舉凡有關稅務稽征的法令規章、機構組織、制度程序、人員態度、辦事風氣，都無一不包。對於這樣一個大問題，要想條分縷析綱舉目張的逐項臚陳，則至少非數萬言莫辦。因之，我們祇能選擇其中若干較爲重大的問題作原則性的指陳與評述。

首先，我們要指出的是稅務人員的風氣及其工作態度問題，這是近年來被社會各方面指責抨擊得最多的一項，也是不容否認或故作漠視的一項事實。我們不祇一次的說過，人的作爲是決定任何法規章制成敗的最基本、最主要的一項因素，不論制度本身如何良好，法規意義如何盡善盡美，如果適用這法規，推行這制度的人，一味倒行逆施，曲解妄爲，這項制度，這項法規，不僅難見其利，反會立顯其害。具體的事例太多了，我們似乎不必再引證什麼，想來願意面對事實的人，都會承認的。那麼如何才能使橫亘在稅務方面的這項人的問題，獲得改善呢？第一、要改善稅務人員待遇，使能安心工作。第二、要改善稅務人事制度，使才能之士，不虞進取無路，而自甘暴棄。祇要能作到這兩點，稅務人員的工作情緒便會大大的提高，對於職掌責任便會由衷地敬謹從事，那麼存在目前稅務界的不良態度和風氣，必能迅速改觀而日臻良好。可是這兩點說來簡單，但卻是一件牽涉極廣也極少有希望被根本治療的痼疾。其實它的本身並非眞是痼疾，而是就現時政府作爲的觀點來看，是如此而已！

其次，我們要指出的，是稅務法令的繁多與混亂。據統計，目前稅務方面的法律條例及征收細則等多達三百萬言左右，如再加上有關的規章與解釋令，總數恐已逾五百萬言！如此五花八門卷帙浩繁的稅務法令，莫說納稅人不能明瞭恪守，卽使稅務人員也難於通曉其適用取舍。甚至連精研稅法的專家，或裁決稅務案件的法官，如非借助於手邊的法典，也絕不可能運用嫻熟，處置得當。造成此種現象的原因，固甚複雜，然而主要的約有下列四點：①基本法精神常爲未經周詳斟酌的解釋令所破壞，以致支離破碎，矛盾百出。②稅法雖已修正，但其征收細則並未同時增刪，以資適應，致不能貫通一致。③各種法規條文詞意模稜籠統，致貽執行者太多的自由裁量空隙，於是參差迭出，糾紛無已。④解釋令前後不同，適用爲難。稅務法令本身如此，如何能要求執行者不偏不倚，毋枉毋縱?!至於納稅人能不動輒得咎，就更屬難能了!!爲今之計，唯有儘速整理修訂法令，務求化紛歧爲統一，化繁瑣爲簡明。撤銷所有解釋令而使之溶化消納於稅法或征收細則之中，俾便記憶與適用，刪併重覆，去蕪存菁，詞意則力求通俗，條文則力求明確，使能一目瞭然。而後印訂成册，人手一帙，則征納雙方俱知所本，爭議糾紛訛詐勒索，必將不禁自絕。

再其次，我們要提出的，是稅務機關與納稅人之間的互不信任問題。這一問題的形成，由於稅務法令所造成的誤會占一半，由少數稅務員吏所造成的惡劣風氣亦占一半，這兩項因素的激蕩滋醞，積年累月以至今日，便形成了上述這種牢不可破的互不信任的心理。一時要想使之轉換變化，幾乎是不可能的事，但這一心理的存在，阻礙稅政的刷新進步，又是非常鉅大，因之我們必須另外尋求一種能够使之迅速轉化的途徑。關於這一途徑的選擇，有的國家採取稅理士制度，有的國家採用稅務律師或會計師的制度，前者如日本，後者如美國和香港。無論稅理士、稅務律師或會計師，其作用祇有一個，那就是使他居於納稅人與稅務機關之間，作爲一個互信的中介或橋樑。有了這個互信的橋樑作引接，便可以使征納兩方所失去了的互信重行建立連接起來。因之我們建議政府當局在整理修訂稅務法令的同時，制定稅務會計師法頒佈施行。不過應該注意的是，必須在開始時嚴格而謹愼的審核其人選，然後擇一、二地區先行施行，俟行之效果良好，再行逐步推廣。有了這項稅務服務行業以後，征納多方必將從而減少很多紛擾與纏夾，對稅務行政效率的提高，與稅務風氣的改善，其效果是最可以想見的。

最後，我們要提出的，是若干稅目宜於放棄或改制。現行的租稅體系中，有少數稅目，雖收入不多，但瑣碎異常，抑且對社會經濟的運行甚爲不利，如印花稅便是。印花稅不僅類別繁多，使人有動輒得咎之感，而且在現代經濟社會普遍使用金融票據以代替貨幣的趨勢下，印花稅更構成了一項重大的阻礙與妨害，對工商業之繁榮極爲不利。因之我們主張將印花稅廢止，而將其稅額併入營業稅課征。其他如戶稅宜正名爲綜合財產稅，重行厘定其課征對象，防衞捐宜正式立法確定其合理的內容與稅率等，都會對於稅政的澄淸與革新，具有鮮明的效果。

以上四點，如果能够一如我們所設想的圓滿地做到，我們相信，我們的稅政必將積弊盡除而面目一新。如果仍有其不能盡愜人意的地方，我們想，那就該是稅務行政以外的原因了。

七、如何調整各級政府之財政收支

在我們粗略而扼要檢討過我國當前財政方面的收支問題後，現在我們擬再提出一個財政方面的重要課題，來和讀者諸君共同研究。這就是各級政府間的收支劃分問題，也就是各級政府在縱的財政關係上彼此間權責分配的問題，對一個近代國家來說，中央政府的強而有能固然重要，地方政府也同樣的需要有作爲，能辦事，才能够興利除弊，造福地方，推行政令爲民服務。所謂「財政爲庶政之母」，我們要想各級政府都能各就所司，善盡職守，那麼各級政府的財政就必須要都具有配合其政務設施的能力，這樣才能說是健全的財政。準此以觀，我們現在各級政府的財政情況，我們想大家都會不加思索地回答，我們各級政府，除省級財政勉強足敷支應外，中央及縣市鄉鎭的財政每年都是入不敷出，差距驚人，尤以近年來的鄉鎭與若干縣市爲然。中央收支之不能適合，係另有其原因，非關收入的短少：而縣市鄉鎭財政的連年赤字，則可強半歸責於各級政府間財政收支劃分之不當。最近省議員朱萬成先生在本省議會提出質詢說：「近年來除臺北市外，各縣市預算均無法編成，完全要省府補助才能勉強應付，長此以往，究將如何支持下去?!再加上省縣財稅收入之分配，與從事支出的劃分總不能加以明確規定，遇着若干建設支出，總是讓縣市自籌若干才予補助，以致更不能平衡。」周主席在答覆朱議員的質詢時說：「省府對此問題非常重視，正採取下列措施：①訂定縣市自治事項與委辦事項劃分方案，以明確規定省與縣市間的支出範圍。②研究修正財政收支劃分法，將省與縣市財政收入重新加以調整。」朱議員周主席這一問一答正好是切中時弊地指出了一個當前財政改革的正確方向，也就是本文所要申論的主題。

現在各級政府間財政收支的劃分，係根據民國四十年五月經立法院通過施行的財政收支劃分法。這項劃分法除沿襲了卅五年七月頒行的「財政收支系統法」的一般規定外，便是創立了由省統籌分配稅款的特例，使省級財權空前龐大，上下兩級政府都得仰其鼻息，賴其財力的分潤與支持。這在當時確也是配合政治形勢的權宜措施，一方面有不得不然的苦衷，一方面也許是不曾料到這樣偏安踽處的局面，會繼續如是之久，所以對於縣市鄉鎮的自治財政未作周詳合理的安排。如今此法實施已近十年，不僅政治形勢頗有變遷，當年的收支劃分多有未盡合宜之處，抑且在政府銳意建設臺灣，目前尚未反攻大陸的現階段，地方建設與自治事業的加強，尤非現行的法定財源所能充分滿足。所以現行的財政收支劃分法應作適時的修正，以配合新的情勢，實在是順理成章毋庸瞻顧的事。這次見到周主席在省議會中的答覆質詢，更使我們相信這項對基層政務影響至巨的法案必將提出修正，祇是時間問題了。但是，究竟目前有些什麼不正常不合理的情形，須待修正呢？本刊謹提出下述兩點，藉供當局參考。

一、各級政府預算之虛額膨脹，互相矛盾按理上下級政府間之以盈補虧、互相調劑，原屬正常，但應該是被補助的一方既受補助，卽無力再給補助者以補助才是。可是我們現在的事實則非是。以四十七年度中央決算爲例，一方面既列協助收入一億三千餘萬元，一方面又列有補助支出四億一千餘萬元；而省決算卻又列有協助中央支出十四億一千餘萬元。不僅彼此間一收一支之數不符，而中央預算竟同時列有補助支出與協助收入，令人如墜五里霧中，難於索解。又如四十九年度省預算支出總額爲三十五億八千餘萬元，而實際省級本身支出，不過十三億七千餘萬元，餘廿二億餘萬元則列爲對中央的協款及對縣市的補助。這樣各級公庫間之解繳款項，政府間之賬務處理，其不便可知。何不將其中實已爲中央所有之公賣收益部份，乾脆由省預算中剔除，列入中央預算？蓋每年省級解繳中央的協款，就是菸酒公賣的繳庫利益，在省認爲這是協款，在中央則認爲這是本身的收入，此卽在中央與省關于協款部份收支數字不符的原因。如改列爲中央收入，名實卽符，解繳手續可免，賬面數字亦不致虛額膨脹，預算之分析、統計，亦更爲簡易明確。一舉而兼有數得。

二、統籌調度與統籌分配，毫無實益，徒足敗壞政風，妨礙地方自治事業的發展：所謂統籌調度，就是要省政府以承上啓下的中間地位，執行三級政府收支的增損與調度，期使有限的財力集中作重點的最經濟的運用。所謂統籌分配，則爲統籌調度政策的延長。卽是將縣市收入的一部份，撥歸省府，作爲補助過份貧瘠縣市之用，以期各縣市經濟之平衡發展。可是實行以來，一切都走了樣，所有理想都未能體現。倒是本省的地方自治事業，因爲沒有獨立的縣市財政的支持與配合，十年以來，成就之微，不足數道。因爲縣市的建設甚至政務經費都大部份仰賴省級的補助，每屆年度終了，地方首長，每以晉省活動爭取下年度預算的補助金爲籌編本縣市預算的要着。於是奔走請託便在所難免。加以省預算的補助支出數額有限，在各縣市競相要求下，省府主管部門如何斟酌各縣市的實際需要，以確定其應分配的比額，實在是戛戛乎其難。如果僅憑爭取者的強弱、主觀的好惡，以憑空臆斷，不祗是糾紛迭起，而且也流弊滋多。這是就省府言，就縣市來說，他們對於這項由省統籌分配的收入，究竟本身能得幾何？一無把握，因之少數貧瘠縣市的預算常不能在年度開始前適時編成。今年便有若干縣市是如此的。爲矯治上述種種弊端，我們建議在修正財政收支劃分法時，應將若干稅源較豐之稅課如土地稅、遺產稅等全部劃歸縣市；另將原屬縣稅的使用牌照稅改爲省稅。因爲車輛道路之使用，係屬全省性質的，基於受益原則，使用牌照稅宜爲省稅，以便統一稽征，統一查緝，杜絕逃漏。經此改變後，如統計顯示縣市鄉鎮的收入，仍不能自足，應恢復戶稅按收入額課稅的規定，仍與綜合所得稅分段徵收，以充裕縣市鄉鎮財源。縣市財政經此調整後，除二三貧瘠縣份如澎湖、臺東、花蓮等縣外，其他縣市應自求預算收支之平衡。省對此二三貧瘠縣份之補助，應以地方建設之專案預算爲限，至於一般政務經費，仍責其自籌。這樣才可一掃過去依賴爭取省款補助之弊，而各爲其地方建設發展而努力，實現地方自治財政獨立的理想。

至於支出方面，問題不若收入方面，這樣錯綜複雜，同時也限於篇幅，不能多所辭費。但望政府能切實按照財政收支劃分法的規定辦理，凡係上級政府委辦的事項，必須事先劃撥經費，否則下級政府得以無此預算而拒絕墊款辦理。爲求劃分更爲明確起見，由省府制頒省縣支出劃分標準，自屬更佳。

總之，各級政府間財政收支範圍之改革與原則，已經無可再拖，我們竭誠希望中央及省財政當局尅日會商，擬定修正草案，送請立法院審議，並敦促於下次會期中完成立法程序，俾於明年度付諸實施。則中央財政得以強化，本省的地方自治事業，也可以名實相符了。

八、亟待決心改革的預算問題

預算是近代民主政制下的產物，在古代「朕卽國家」、「率土之濱莫非王土」的帝王家天下時代，預算根本沒有存在的價值或必要。因爲皇帝可以予取予求，愛花就花，沒有任何限制他的權力和法律，除非他是懍於祖宗家法、聖賢之道，或是天意示警，而自動的節制，否則，他一年要花多少錢，就祇有任他底高興，無所謂預算，亦無從預算。朝廷的財政官署，如戶部、內府……等，不過是他私人的大小賬房而已。在民主時代的今天就不然了，政府這一年要花多少錢？爲的是要辦些什麼事？如何個花法？都得先送給代表人民的議會去討論審核。議會認爲不當花的，就得剔除，因爲錢是他們出的。否則，人民可以拒絕納稅，因爲他們不同意那樣個花法，或者是認爲花那筆錢對於他們沒有利益。如果政府認爲那筆錢非花不可，就得運用種種方法去說服他們，要求他們同意。預算通過後，政府照案執行。等到執行完畢，還得再向他們（議會）報賬（提出決算），讓他們看看有沒有陽奉陰違、執行不忠實的地方。這便是預算制度的精義所在。看來似乎很簡單，但卻是民主政治的根基所繫。基於這樣的瞭解，來看我國今天的預算問題，我們覺得最根本的一項缺點，便是我們的各級代表人民審核政府預決算的議會機構，不曾盡到認眞審核的責任。其他一切缺點都是枝節。

我們知道，近幾年來的我國預算：較諸在大陸時代的任何時期都有進步，但仍然有許多衆所共見的缺點存在：如收支不平衡的缺點；如支出浮濫，不切實際，甚至是根本不必要、不應當的缺點；如執行不嚴格、不忠實的缺點等。沒有一點不是可以由議會的認眞審核和嚴格監督，便能够澈底糾正的。現在我們且就以上所列舉的三點，逐一分析，申論於次：

一、預算不平衡問題

這裏所說的不平衡，就是收入不足，支出過多的不平衡。在這種情形下，祇有兩條路可走，一條是開闢財源、增加收入；一條是削減支出、緊縮開支。前者如開辦新稅、增加稅率、發行公債；後者如停止不急之務、裁減人員、剔除浪費。兩者總該擇一而行，或分頭並進，務使達到眞正的平衡，才可以通過執行。可是歷年來我們的代議士諸公總是眼睜眼閉的虛應故事一番，然後舉手通過，任其過關了事！其預算差額之存在如故，虛糜浪費及不當不急之支出如故，人員冗濫亦如故！於是政府在開源既有所不能的情況下，便祇有透過種種方式增發通貨，此即十年來幣值日貶的原因所在。推源溯本，政府固難辭其咎，然而代表人民控制政府錢袋的議會，也不能說完全沒有責任。

二、支出浮濫及不當支出問題

我們的預算雖然連年都不能平衡，但是支出部門中，卻連年都存在着許多不應當或不必要由國庫支出的機構或業務的鉅額經費。也有些經費是正當的，但其支用數額已逾越適當的標準，顯屬浪費浮濫的。有責任審查核實的各級議會，雖明知其實際用途和實際需要，卻也裝聾作啞，任其巧立名目、虛擬捏報，而不聞不問。退一步說，即使在審查預算時，未能發現其中隱密罷，在審核決算時，難道還不能發現？既經發現，竟沒有勇氣制止、糾正，這樣的人民代表，還能說不算虧負選民付託，有瀆其神聖職守嗎？

三、預算未被忠實而嚴格執行的問題

有很多機關常將名爲業務科目的經費，流用到其他非屬業務的出支方面。還有些工程機械或產業的養護和維持經費，開始時需款較巨，以後便該逐年遞減的，但卻每年照列如故，給負責機構開啓浪費流用，甚至朋分之門。也有些計劃業經變更或中途停辦了，而其預算經費卻仍照常動支。尤其令人痛心疾首的是許多機關首長的個人應酬交際開支，乃至公館的日常雜用，也由事務人員公然爲之支領機關經費，列入報銷！至於年度結束時，有經費節餘的機關或單位，不將結餘經費依法繳回公庫，而想盡方法於短期內全部花銷的，更是司空見慣了。凡此種種，都是預算執行的不嚴格和不忠實。這固然該由政府的主計部門負擔主要責任，但握有事前審查事後審計權的議會亦不能說沒有責任。

綜上所述，具見今天我國財政境況的艱難，實在非盡關乎庫收的短絀與預算制度的不良，其中預算的編製、預算的審議、預算的執行、預算的監督等之未能負責盡職，也是造成今天財政上艱難局面的主要原因。現在有人提出改革預算制度，推行績效預算的意見，行政院並擬爲此而設置預算制度改進委員會，進行研究如何逐步推行了。我們認爲這種意見，有好高騖遠、不切實際、標新立異、附庸時髦的嫌疑。所謂績效預算（Per Formance Budget），又稱計劃預算，或工作預算，其內容係明確地顯示政府爲完成計劃中的工作，或提供預期的服務，所需要的成本（費用）。所以又可名之爲成本預算或明細預算。其主旨不過是在便利許多政務設施的成績與效率的比較，以供行政首長、立法的議會與納稅的民衆瞭解，這些支出項目所將爲他們獲致的利益和服務，究竟有多少？多大？而後加以選擇取捨而已。這在我國來說，不是說不需要這樣的預算制度，而是說它的陳義過高。我們今天預算上所亟待改革的缺點，用不着什麼績效預算，就憑傳統的費用預算的功能，如果能够認眞踏實而正正當當的推行，便能够完全矯正與廓清而有餘了。誠如 Phipi P. V. Baczkowski 先生所說：「費用預算原始設計的目的，是在防止經費的濫用，但它現在仍然是能很好的履行這個職務。」我們又何必非待績效預算制度的推行呢？反之，如果我們並無改革的誠意與決心，則績效預算也不能幫助我們的。那又何必增人設事，徒費公帑呢？

九、如何改善稅務風氣

在本刊財稅改革十論之六「當前稅務行政的綜合檢討」一文中（本刊第八十一期），我們曾提到改善稅務人員待遇及改善稅務人事制度乃是今天改善稅務風氣的不二途徑一點，祇是因爲該文是在全盤檢討當前稅務行政上的缺點，所以對於此一問題，祇能略作提示，而語焉未詳。但是鑒於此一問題關係特別重大，於是乃決定另成專文詳爲闡述。

我們知道，近年來稅務風氣的敗壞，已經成爲社會各方面經常訴詈抨擊的焦點，這是毋庸否認，也不必隱諱的事實。對於這種風氣負有實際責任的，是省級的財政廳，而非中央的財政部。因爲自共匪竊據大陸，政府遷臺以來，全國祇剩下臺灣一省，中央及地方稅收工作，在實施統一稽征的制度下，已完全集中在本省財政廳所監督指揮下的各縣市稅捐稽征處，所以稅政的良窳，省財政廳可以說是責無旁貸的。省財政廳對於本省稅政工作，如果不想刷新改進則已，若作此想，便必須從澄清及丕變稅務風氣着手不可。至於如何澄清及丕變稅務風氣？這是需要有一套有效作法的，那麼究竟應該具備些什麼內容，才能成爲有效的作法呢？本刋同人謹就多年來與基層稅務從業人員接觸過從中所體驗到的認識，提出以下三項正本清源、澄清稅務風氣的治本之道：

甲、改善基層稅務人員待遇，安定其生活

今天稅務風氣的敗壞，其內容一是貪汚舞弊，一是辦公缺乏效率，根本原因都是由於收入非薄，生活上的必需供應不能獲得，因而沒有心情去公正勤奮地專心致力於本身的工作，於是辦公效率便不可聞問了！另一方面，是部份人員家室重累，生計艱難，被迫在操守與生活不能兼顧的絕境中，放棄了操守，而選擇了生活，起初，這部份人員爲數極少，但是由於他們的生活水準頓然提高，生活窘狀驟然改善，於是此行彼效，淘淘焉舉世皆然矣，貪婪之風與待遇菲薄，如影隨形，往史如鑑，昭然在目，祇是發展到後來，受賄不再是爲了求生，而是視之爲當然，便會腐蝕掉一切典章制度與道義尊嚴了！如今，我們已經到了這種地步，貪污與求生已經很少連帶關係了，這是愈演愈烈的結果，卻不能據以否定其造因是由於待遇，所以解鈴還須繫鈴人，維今之計，惟有改善稅務人員待遇，再輔以其他措施，稅務風氣才可逐漸澄清丕變。至於如何改善稅務人員待遇，我們建議：①制定稅務人員俸給法的單行法規，提高稅務人員的現金給與。②普遍配給稅務人員宿舍，和制定服飾發給制服及加強其他福利措施，以解除其生活上巨大的負擔。關於前者，也許有人認爲那是全國一致性的，不可別開特例。可是特例是已經存在的，如目前美援及金融機關人員的俸給便是，他們所據以開創特例的理由，對於稅務人員同樣的適用，何況提高稅務人員俸給，以改善稅務風氣，早就是各方面特別是工商界人士的一致要求和主張呢？本刋願意在這裏強調制定稅務人員俸給法，不僅是改善稅務風氣的根本方策，同時也是促成稅務人員專業化的不二法門。

乙、調整稅務機構編制，强化陣營

稅務風氣敗壞的另一原因，是縣市稅捐機構裏充斥各種名義的額外人員，他們的給與更少，生活既不能維持，升遷進取，又復毫無希望，因之他們視職位如鷄肋，但求敷衍搪塞，得過且過，無心認眞工作來克盡職守，隨時都在騎馬找馬，作另覓枝棲的打算，一個機關充滿了這些五日京兆心理的辦事人員，其風氣效率便可想而知了，所以改善稅務風氣的第二項要務，便是要調整稅務機構的編制，使必要的工作人員，全部納入編制，使他們享有同等的待遇與權利，如果稅務機關目前現有人員個個都能發揮其工作能力，專心致力於其業務職掌，稅務工作效率，必將較目前提高若干倍，而查征不實與欠稅之風，亦必隨之減少甚多。

丙、拔擢優秀人員，鼓舞工作情緒

近七八年來，本省稅務從業人員，在心理上充滿着一種悲觀、頹廢、消沉與牢騷的情緒。尤其是有器識、有作爲、有學養、有抱負的中下級幹部爲然。因爲他們眼見着多少年來，稅務界絕少有憑才具能力而獲得升遷的事例，有之，亦不過三兩輩習於把結逢迎甚至賣友求榮的油頭粉面人物，而且他們還大多是拜官公堂、謝恩私室的。如果你不此之圖，而又沒有假之以力（人力），結之以財的辦法，便永難望有出人頭地的一日，這種認識與理解，使他們對於前程的憧憬漸趨絕望了，因之他們頹喪，因之他們牢騷，要想改變他們現在的觀念，使之奮發盡職，必須有一兩件公開、公平、公正的人事措施，使之一新耳目不可。這種措施，如果能够形成制度，持之以恒，那麼萬千稅務人員將從而獲得鼓舞與激奮，對於工作之開展，稅政之刷新，其功效與裨益，是無可估計的。

試想，在上述三項都做到了以後，一個稅務工作者有了安定的生活，有了足够其善盡仰事俯畜的職業收入，如果他好好的幹，積有年資或著有成績，他便會有逐步晉升的機會，人性都是向上的，如果他生活有了憑藉，前途有了希望，他還會冒坐牢失業的危險，去胡作非爲或怠公懈職嗎？稅風敗壞是人爲的，人的問題解決了，風氣自然會隨之變好，我們不能相信稅務人員中會有那麼多不顧名節，自甘墮落的人。祇是在於主政當局有沒有革新的決心與氣魄耳。願主政當局拿出勇氣來，以刷清「三害」「五害」的惡名。

十、改進稅務機構，迎接稅政新局面

曾經一度決定在今年七月一日正式成立的省稅務處，後來因省財政廳長易人，而擱置了下來。大家原以爲在新廳長視事後的第一次稅務會報結束後，這件本省財稅界的大事！該會有個分曉了。不料稅務會報閉幕迄今又已一月有餘，關於稅務處的成立與否，仍然消息沉沉。看來這件醞釀經年，幾乎呼之欲出的「稅務處」，也許會胎死腹中，永遠成爲方案中的名詞了。對於稅務處的設置，本刊自始卽認爲無關宏旨，不甚切要的。所以本刊對於成立稅務處的擬議，從未爲文鼓吹，也從來未贊一詞。觀乎本刊去年八月一日出版的第五十八期社論「略論稅務機構改進方案」一文，便知本刊所贊同的，祇是件隨稅務處的成立而同時付諸實施的本省稅務機構改進方案，而非稅務處的本身。因爲我們認爲，由現在財政廳第一、六科合併而成的稅務處，旣不具有獨立的經費和人事，仍然是一個財政廳的幕僚單位，與四十五年以前的財政廳第一科性質職權完全一樣，僅僅祇名稱不同而已。我們實在看不出經這樣一變後，對於稅收或稅政會有什麼好處?!如果稅務處的設立就這樣無限期的擱置下去，我們也毋寧是深爲贊許的。但是我們卻認爲同時也擱置了縣市稅務機構的改進方案而大不謂然。因爲本省稅務機構的組織，十年來不曾有過變動，但十年來，不僅本省社會的經濟情況有了顯著的變遷，同時，稅收稅政也伴隨着發生了鉅大的差異。以十年前設計的稅務機構組織，來因應今天的稅務工作，實在有很多地方難以作適當的適應。最具體而顯著的事實有三：

一、本省實施地方自治後，縣市議會的成立，對於隸屬於縣市政府的縣市稅捐稽征處，固然發生了有效的監督作用，但同時，也由於本省推行地方自治未久，人民民主認識不够，因之議員素質良莠不齊，少數利用議員身份企圖枉法循情者有之，假藉議堂公器以洩私人怨憤者亦有之，對於稅務工作之執行，窒礙掣肘束縛至甚。又因稅務工作具有招人怨惡的本質，對於稅務人員的攻訐詆譭，易於獲得盲目的支持，卻難於獲得社會理性的平反。所以使負責統一稽征國省縣稅的稅捐處置於縣市政府所屬之下，不僅對於稽征業務頗多妨礙，對於稅務人員也因經常要忍受橫遭無端之攻擊，而使其辦事的心理與情緒，影響很大。

二、十年來，本省人口增加了四分之一以上，加以工商業的繁榮，稅務案件較十年前增加了不下一倍，而各縣市稅捐處的編制員額依舊，於是各稅捐處由於業務的增加與人手的不足，便不得不在編制員額之外設法增加工作人員。這便是各稅捐處臨時額外人員膨脹的根本原因。其中尤以臺北市稅捐處爲最。此外，自四十四年起爲加強貨物稅的稽征，恢復駐廠員制度，嗣後復擴大貨物稅征收範圍，又增添了駐廠員的名額，這先後增設的貨物稅人員，六年來一直是以臨時編制人員名義配屬在各稅捐處工作。他們由於名份未定，與臨時額外人員同樣不能參與年終考績及享有公務人員正常升遷的權利。尚有少數縣市，對他們持有歧視及給予不同的待遇。這非僅使這些人員工作情緒低落，亦且爲人事制度增加了割裂紛歧處理爲難的毛病。凡此種種，都有待稅捐處編制的重行釐定，以求得合理的根本解決。

三、十年前，我們租稅收入的重心，主要是放在間接稅方面，雖然那並非政府的政策，但無可否認的那是事實。因爲當時的直接稅，尤其是所得稅，都還在草創階段，無法擔負國家財政上的重大使命。十年後的今天，雖然所得的收入，在全部稅收的比重上，並無起色，但是政府決策當局已一再強調要建立直接稅爲今後國家租稅的重心，而所得稅的制度，無論是在法律方面，計稅方法方面，也都有了很多良好的改進，可以說已具發展的基礎。加以各方人士的督促，今後稅務工作的加強，將必然的以所得稅爲重點。可是所得稅的稽征，是一項繁難複雜，而且須具有若干專門知識方能勝任愉快的工作。以今天的稅務從業人員素質來說，能够符合這一能力水準似尚不敷需要。爲了要開啓我國所得稅的新紀元，網羅具有此項能力的人才，加入稅務工作，也是非常必要的。那麼網羅之道，除了合理的改善稅務人員的待遇以外，提高他們的職級，也是必要的。然而今天的稅捐稽征處是一個縣市政府的二級機關，其處長任官不過薦任，其屬下員司如何能提高到能以名位羸人的地位呢？所以修改稅捐處組織規程，改變其地位，乃屬必要的步驟。

基於上述的理由，我們認爲現行稅務機構的隸屬體系及其編制組織，實在非通盤檢討改進不可。本刊茲針對前列缺點，並綜合歷年各方面意見，提出八項改進要點，藉供當局作爲研擬改進的參考：㈠維持現行國省縣稅統一稽征的優良制度。㈡各縣市稅捐稽征處直隸於財政廳，而爲省府派駐地方辦事的省屬三級機構。經臨各費悉列省總預算。㈢修改稅捐稽征處組織規程，按實際需要重行核定其員額編制，並提高其處長及屬員的官等。㈣各稅捐處所有編制外之臨時編制及額外人員，予以納入正式編制或予裁遣。俟後除因臨時公務需要，僱用眞正短期的臨時人員外，不得再有任何名義的額外人員。㈤現由地方財政機構兼辦稅捐稽征工作的澎湖、陽明山二縣局，應予設處，以劃一體制，而專責成。避免職權的混淆纏夾。㈥各縣市稅捐處分課多寡因等級而異的現制，不合專業分工的原則，應予放棄。業務繁簡不同，機構大小有異，原屬正理，然祇以能配置員額的多少爲其區別，設課任事，旨在專業分工，便於指揮監督，不可以分課的多少來顯示其機關的規模。㈦秘書室、稽查室、違章審理室、業務檢查室、資料室、公共關係室，都是今日稅務機關所不可或缺的一環，應予明令設置，並統一其組織，俾得發揮功能，裨益稅政。㈧試行副主管制度，以分主官之勞，而利工作之督導。

我們認爲，稅務機構的編制體制，經過這樣全盤的改進以後，不僅地位超然，面目一新，其組織機能，亦將更爲靈活緊湊。加以員吏的振作，情緒的昂揚，如再能配合其他稅務方面的改革，那麼一個蓬勃的稅政新局面，必將從而誕生。

本刊自七六期開始撰述財稅改革十論，迄本期已撰述蕆事，其動機係鑒於連年財稅陣營之消沉萎靡而適省府局部改組，財廳易長之際，有骨梗一吐之感；而其目的無非在這堅苦的環境之下，應從財稅方面加以改善，俾使財稅之自給，庶可有利完成反攻復國之大業，書生報國，卑之雖無高論，仍望當軸有以度之。

連載於民國四十九年「中國賦稅」第七十六至八十七期

稅務人員特考的困惑

財政部商請考選部舉辦的五十年度稅務人員特種考試，已於本（八）月十八日在臺北師大附中及省立一女中兩校舉行。據說此次稅務人員特種考試是財政部爲了「針對目前各稅捐稽征機關人手缺乏的迫切需要，及提高稅務人員的素質」而特別舉辦的。在特考前夕，財政部官員還特別表示「凡參加此次特考經錄取及訓練合格者，將全爲各稅捐稽征機關編制內的正式人員，其官階將按高普考合格之規定辦理銓敍。」該官員又強調說「稽征機關爲配合財政部此次舉辦特種考試之計劃，將予擴張編制，以容納錄取人員並派任工作，是以此項特考，爲目前省屬各稅捐稽征機關編制外人員的空前良機，希望各該額外人員抓緊機會，俾得納入編制。」上述這些報導和談話，在一位對目前財稅界人事情形毫無所知的人看來，一定會覺得財政部爲了充實財稅幹部眞是求才若渴，尤其是對於財稅人員的遴拔任用，皆能一本大公無私的原則，經由掄才正軌，委託國家考選機關舉辦特考，以期公平衡選眞是難能可貴之至。然而我們十年來一直與財稅圈內接觸，且對過去以及目前財稅界人事情況略有所知，對於上述那些報導和談話，不免感慨萬端而困惑無已！何以故？試分析之。

第一、要說目前各稅捐稽征機關的人手缺乏，實在距離事實太遠，甚且是適得其反的。老實說目前各稅捐稽征處之所患是人員太多，而非太少，頂多只是內部單位間的分配不均，調度欠當而已。且不要說臨時僱員與臨時造單員的人數驚人了，就是經由正式考選分發，在各稅捐稽征處充任臨時編制駐廠員、稅務員、屠宰管理員，和審核員的大專學校畢業學生，轉業軍官，前工礦，農林公司轉業職員等，就達一千七百餘人之多，要說是人手不足，必須要擴大編制去另行延攬人才，爲什麼不先把他們納入編制，畀予正用？老是讓他們這樣臨時下去，不能參加每年的考成考績，不能享有公務員任用法所賦予每一公務員的積年升級的權利？使他們徒有公務員之名，而無公務員之實呢？

第二、如果說目前各稅捐稽征處的現有人員其才具學識不合所需要的人才的標準，所以要舉辦特種考試，這也與事實不符。因爲上述這些臨時編制人員當年之獲任斯職，大多數也都是經由特種考試（如大專及高職畢業學生就業考試，退除役官兵轉業考試）甚至高普考試及格，正式分發任職的。既是同樣經由相等或相當考試合格，其學力，在理論上自是不相上下。如今忽然覺得需材孔亟，自應儘先就已得之材任使，何以又要再辦考試去選拔相同資材的人員，而將已有的一批相同資材的人員棄置不用?

根據財政廳答覆兩位高考財政金融人員考試及格現職爲委任或相當委任人員已達七年之久的稅務人員，要求提升爲薦任職務的公文說「查各縣市稅捐處委任以下人員參加高考及格者及轉業軍官中參加特考甲級及格者達數百人之多，調整薦任職務，事實上確有困難，……所請調升一節，俟有相當缺出再行核辦。」（財政廳49 7 27財人字第九二一二四號令）可見各縣市稅捐稽征處內的現職人員中，有資格任薦任職務而委屈於委任級職務，年復一年不獲相當缺出而正其位的有數百人之多。如今最高財政官署，卻要另辦特考來網羅人才，且信誓旦旦，要給予這些天之驕子的特考及格人員「全爲各稅捐稽征機關編制內的正式人員，其官階將按高普考合格之規定辦理銓敍。」爲什麼同爲相當高普考的特種考試的及格人員，舊人辛苦多年，欲爲編制內的正式人員而不可得，新人進得門來便爲正式，而且其官階也能夠「按照規定辦理銓敍」，何以厚薄之間，霄壤若是?令人不解!衡諸事理人情，又豈可謂平!是不是說舊人的考試，當年因遷就某些原因，對於錄取標準，不得不降格以求，所以登庸的人才，也就難期正用。果眞如此，那是主辦機關對國家制度的藐視，是濫以社會名器假人，是雙料的瀆職。縱若當年濫取，如今爲了尊重國家制度，似也應予以正用，否則，便是再一次的對於國家制度、社會名器的褻瀆。

第三、撇開以上兩點不談，就說是財政部爲了要延攬新人，不願在舊有的稅務人員中物色遴用吧，那麼每年舉辦的高等及普通考試才是國家掄才正典，何不經高普考的正途來甄拔?卻要重起爐灶，舉辦『特考』？我們雖不敢說「特考」容易發生偏頗，但總覺得有點反常。從前皇家開科取士，例有定時，便是偶開恩科特科，也必有其特殊的際遇或因由，絕非常見。如今卻特考頻頻，年至數起，（並不以財稅人員爲然）反倒使正統的高普考相形失色，所謂國家制度云云者，在有閱歷的人看來，不過爾爾！財稅人事如此，財稅工作又如何能振弊起衰，廉頑立懦，使人皆知奮勉蹈勵，勇往直前呢？質諸財部官員，不知以爲然否。

末了，我們必須說明的是：我們並不是不贊成此次舉辦的特考，是因爲各縣市稅捐稽征處現有大批具有與此次特考所取錄人員同等資質的人員未獲同等條件的任用。如果財政部先將他們納入編制，並按照規定敍階授職，不足之額再行舉辦特考（最好是併入高普考舉行）選拔，我們便覺得，無話可說了。再一點我們需要說明的是：如果把這次稅務人員特考作爲一件獨立事件來看，而不與過去及現存的人事情形合併考慮，那麼這一作風是非常開明進步而值得稱道的。因爲對於自己所需要的人才委由國家考選機關去甄選，錄取後給予正式依法的任用，這是非常公平正當的，自較以往財政廳那種「自己考」的作風爲值得贊賞，因爲那種自己考的玩意兒實在是官場的障眼法，不僅內幕重重，甚至在表面上也公然拒絕具有同樣資格的人員應考（如四十四年春舉辦的審核員考試）或竟在半秘密下舉辦考試，那樣的考當然說不上光明正大，更遑論達到遴優選雋的目的了。

刋於民國五十年八月卅一日「中國賦稅」一〇一期

房屋課稅制度改革論

前言

近若干年來，我們的社會上流行着一種奇特的現象，有人一方面高喊「革命」，一方面卻又強調「傳統」。殊不知兩者具有互不相容的含義。革命是「除舊布新」，而傳統正好代表着「舊」（雖然舊與壞並非同義詞），也就是說「傳統」正好是革命所要清除的對象。這樣的兩句話，如何能在同一的空間和時間駢行的提倡呢？可是有人這樣說了，別人也就這樣聽，沒有誰提出懷疑和非難。這一現象說明了什麼呢？我以爲它說明了我們這個社會缺少了「深思」！遇事漠然視之，木然處之，望風轉舵，人云亦云，即或面臨非研究不可的事，也只是略一思索，淺嘗即止。爲什麼大家都這個樣子呢？原因是大家太忙了，沒有多少餘暇來管這些「閑事」。如果再要問：爲什麼大家這樣忙？到此，可能已沒有人願再想下去了！這個答案可太長了，但也可簡化成為一句話，那就是：「大家都忙於有時是不得已的營求，和應酬。」我說這番話，跟我這篇拙文有沒有關係呢？有：第一、我希望藉這則前言提醒大家，在「傳統」與「革命」二者之間，先有一個抉擇。雖然傳統是舊的，而舊的並非盡是不好的。但強調「傳統」就會增加保守的傾向。有了保守的傾向，便會排斥革命。所謂革命，前面說過，它的意義就是除舊布新，這裡的「新」，不祇是新舊的新，同時也是苟日新、日日新、又日新的新，含有進步的意思。所以在革命的尺度下，「舊」固然不佔便宜，「新」也並不優先，重要的是：「它是不是進步的？」是則取、否則棄，沒有什麼額外的顧忌和留戀。第二、我希望用這則短文提醒大家，別在忙的時候來看本文。因為它是經過少許「深思後的產物」，所以也希望，或者說，也需要在「能夠獲得深思的環境下」翻閱它。

八年前有人提倡「單一滙率」，負責的官員們都認為：以我國對外對內收支的懸殊，放棄多元滙率，改行單一滙率，簡直是痴人說夢，高調之至。所以一致期期以為不可。但後來畢竟實行了，開始雖然略有風波，但不半年就平息了。如今單一滙率行之已逾七年，不但當年在複式滙率下所產生的經濟病態和畸形，一掃而空，而且進口請滙更見便捷。尤其出乎「砦壘自守者」逆料的，是：如今保有外滙頭寸之多，為前所未有。又如：年前臺北為減少交通事故而設置斑馬線，大家一致預言：「這事辦不通。」理由是：國人守法精神太差了，要一部正在行駛中的車子，在幾條白線的前面，減速慢行，或竟停止，讓行人通過，這那有成功的可能？不錯，這些「預言」一度幾乎「幸而言中」，但如今的趨勢，卻愈來離這預言愈遠了。只要執行者，持之有恆，宣傳得法，斑馬線是可以成功的。我所以要提到這兩件事，爲的是要藉以說明：觀念的重要。觀念是什麼？觀念就是不斷接觸的現象與智識結合後，所產生的心理反應。這種心理反應，雖然曾經智識的過濾，但由於智識的演變和模式的不同，所以並不一定就是正確的、合理的。但是要進行一種改革，觀念的適應和扭轉，卻是最重要的，甚至可以說是必需的。否則，觀念會變成一種頑強的成見，而成爲改革的死敵。所以我要提醒大家，在就一項改革意見或方案進行斟酌取舍之時，必須時時自我檢查一下觀念，不要爲「它」所蔽才好。

一、房捐的學說理論

一、房捐的性質

房捐是以房屋爲主要征課對象的稅捐，其屬性，依其課征標的、課征方式，及納稅人之不同而異。大別之約有以下三說：

一、財產稅性質：以房屋爲主要不動產之一，而向其所有人課征之房捐，乃屬財產稅性質。其征課方法有二：

(1)從量計課：以房屋之外觀、地位、分定等級，而後以其面積之大小，及間架之多寡課稅。此法之優點，在於稽征簡單，計算方便；缺點在於等級確定困難，且不能切合實際。行此法者最多，如一八二二年奧國之房稅，我國唐代之間架稅，皆係按房屋間隔之多少分等課稅。十七八世紀英法等國實行之門窗稅，亦係按門窗之多少課稅。一九二〇年匈牙利之房稅，係按所在城市之大小分級，而後按其房間數量之多少課稅。

⑵從價計課：按房屋的價值課稅。從房屋面積、間數、層數、裝飾、設備、用途、建築材料、建築式樣、建築年代、所在街道……等，以估計其時值現價。而後按價課稅。日本之家屋稅，及我國之房捐，皆部份採行此法。此法之優點，在於符合能力原則；缺點則在於屋價之估計極爲繁難，雖專家亦難精確而期其必當，況稽征機關無此人力，尤屬力有未逮。

二、收益稅或所得稅性質：以房屋之收益（租金）爲課征標準之房捐，卽屬收益稅或所得稅性質。此法採行者甚少。蓋以房租所得已另依所得稅法核課，不宜重複課征。此法之優點，在於符合納稅能力原則；缺點則在於租金之查定困難。

三、消費稅性質：不問房屋之所有人爲誰，而向房屋使用人課征之房捐，卽屬消費稅性質。迨以居住與衣着飲食之性質相同，乃生活所必需。而且美惡精陋，亦適足以代表行爲人之消費能力。以此標準課稅，自極合量能課稅原則，世人絕無三餐不繼。而居重樓華屋者；亦絕無蓬門蓽戶而富可敵國者。我國以往少數地方（如北伐前之南京）規定，房屋由住戶與業主各負擔一半，卽屬兼有消費稅性質。在一般情形下，房屋所有人恆將其稅捐負擔，以租金形態轉嫁與承租人。或逕明白約定，房屋之稅捐由承租人負擔。是以房捐雖課之於房屋所有人或典權人，而實際負稅的，仍爲使用人之房客，房東不過爲形式上之納稅人而已。是則房捐在表面上固爲財產稅或所得稅性質，但實際上，則爲房屋使用人負擔的消費稅性質。

二、房捐的轉嫁與歸宿

在亞當斯密、李嘉圖、約翰・司徒米勒（小米勒）等正統學派的經濟學家看來，房捐在通常情形下，都是轉嫁予租屋人負擔的。因爲房屋是一種經久性的投資，而且有折舊、損毀，與天災的風險。如非經精確的計算，認爲足可獲得優厚的投資收益，將無人願意投資於建築房屋。申言之，投之於房屋等建築物的資本勞力，其所獲利益，如不及投資於其他事業，或雖與投資於其他事業之獲利相同，而由於繳納稅捐關係，致所得利潤低於或相等於其他事業，則資本勞力基於利潤平均法則及損耗風險之顧慮，必將停止投入房屋之營建。於是房屋之供給因而減少。房屋供給減少後，由於需求者之競爭，必將使房屋租金上漲至足以使投資建屋者所獲報酬，在減除房捐之負擔後，較高於投資於其他事業的利潤率，方能吸引對房屋建築的新投資，增加房屋的供給。是則此時之房租，實已含有三種性質之支付：其一、爲代業主負擔之房屋捐稅。其二、爲向業主支付之投資（建屋）報酬（卽房租）。其三、爲房屋因使用而發生之折舊、損耗、補償金額。這是在長期觀察下，基於資本移轉作用，所發見的房捐轉嫁理論。當然這是通常情形，並非一成不變的眞理。所以也有在特殊情形下所產生的例外。經濟學界主張邊際效用論的賽里格曼，卽認爲正統學派關於房屋稅捐轉嫁學說，必須加以若干限制，亦卽在某些情況下，房屋稅不能轉嫁於租屋人。他指出這些足以使房屋稅轉嫁理論失效的特別情形有三：

一、地區性的經濟蕭條：原住人口因經濟蕭條而日趨減少。由於房屋之不隨人口以移動，乃發生房屋的供過於求。於是屋主乃不得不削價求租。此時雖有房捐之征收，屋主亦不能轉嫁與房客，不過當此時機，如屋主地主不屬一人，由於地方之蕭條，地價亦必然下降，屋主只得要求地主減少地租，而將不得轉嫁與房客之房捐負擔，轉嫁與地主。是爲經濟學上的所謂「後轉」。

二、房屋成爲供給獨佔之時期：某一地區由於人口驟然增加，原有房屋不敷供應，使房屋變爲奇貨，居於供給獨佔之優勢。此時之房屋租金，一如其他獨佔價格，係決定於消費者之購買能力，不能任意提高。是以此時征收之房捐，屋主將無法轉嫁。

三、社會各種收益均課以與房捐同一稅率之租稅時，此時征收之房捐，房主無法將之轉嫁，因爲房捐之課征，並未使房主之收益低於當時各種投資之平均利潤。亦卽房主若轉移其對房屋之投資於其他事業，仍然須負擔相同之稅捐，其最後收益，仍與投資於房屋者相等，是以房主不會因課征房捐而改變其投資方向。因之房屋之供給亦不至減少。從而房屋之使用價格（房租）基於供求率之作用，當然無法增加。是以房捐之負擔，無法轉嫁。

在以上三種的特殊情況下，房捐固將由房主自行負擔，但在一般通常的情況，房捐都是轉嫁於住戶負擔的。至於住戶能否將之再轉嫁，則視住戶之使用情形與職業而定：其一、房屋如爲工廠商店所租用，則房租與房捐皆爲其生財設備費之一。換言之，彼等將以之作爲成本支出，而加諸商品或勞務價格，轉嫁於顧客。反之，如租屋作住宅使用，卽無此可能。其二、租用人之職業如爲缺乏競爭性的勞務供給者，彼等可將房捐與房租以提高其勞務價格之方式轉嫁與其僱主。租用人如爲固定收入之薪資所得階層人士，亦無轉嫁之可能，而成爲房捐的最後歸宿。

二、現行房捐立法的淵源與意義

現行房捐之課征，其法律根據，是民國四十四年十二月三十一日修正公佈之房捐條例。該條例第二條謂：「凡未依法征收土地改良物稅之地區，均得征收房捐。」這一條文意旨，是說一旦土地改良物稅開征，房捐卽當停辦。換言之，房捐是土地改良物稅開征前，過渡性的臨時稅課，是土地改良物稅的代替稅。也可說是土地改良物稅的前驅，正如田賦與地價稅之關係相彷彿。那麼要探索現行房捐條例立法思想的淵源，自當從土地改良物稅着手。

土地改良物稅與地價稅、土地增值稅同爲土地稅課之一，各列爲現行土地法之一章。而現行土地法之立法思想，則是根據　國父關於平均地權之遺教。在　國父平均地權之遺教中，土地改良物是不得課征任何稅捐的。此可由民國元年五月九日　國父在廣東行轅對議員及記者所發表的演說中看出。　國父在這篇題爲「地權不均則不能達多數幸福之目的」的講詞中說：「……我意尙須確定地稅，照價征收一層，實行單稅法。蓋地是天然的，非人爲的，就地徵稅，義所應有。卽此已足國用，一切各稅，皆可豁免。又只抽地之原價，凡須人力，如建築上蓋等，概不抽取。此中有三利：一免土地之荒廢，二可獎勵人工之進步，三可免資本家壟斷土地之弊。至抽收之

數，鄙意則擬值百抽一。爲防以貴報賤起見，可附一條件以補助之，即聲明公家隨時可以照價購回是也。」（註一）

但民國十七年中國國民黨中央政治會議（時爲訓政時期，由黨代行民權。）通過「土地法制定原則」九項，其中第四項有「土地改良物輕稅」之提示，顯然有背　國父平均地權之遺教，及三民主義之土地政策，自屬無可爭議。本此原則制定之土地法（民國十九年六月三十日公佈）遂亦有征收土地改良物稅之條文。據此法起草人吳尙鷹氏之解釋：「關於土地改良物征稅一項，從平均地權原則，乃屬於資本勞力之結果，不應征收任何稅款，所以保障資本勞力之正當收益也。本篇（按：指舊土地法第四篇）第七章，有土地改良物征稅之規定，本爲原則所不許，祇以近年各地舉辦市政，經費多出自房屋捐稅之征收，一旦爲之完全豁免，而所辦之土地稅，卽時恐難相抵。在此靑黃不接時期，於市政進行，或生窒礙。爲權宜之計，仍准土地改良物征稅之存在，但其稅率已減到極低限度。」從這位土地法起草人的解釋中，我們可以看出，當時的土地法，雖明定土地改良物征稅，但是，那是在三個條件下被勉強認可的：㈠是靑黃不接時期，不得已而權宜征收的臨時性稅課。㈡爲支持市政進行的建設性稅課。㈢稅率極輕（從價征收千分之五，且爲最高稅率）。可是時隔三十年，代替土地改良物稅而課征的房捐，不但未予停征，而且其征收及支用之範圍、課征之稅率，且有日益擴大及增加的趨勢！撫今追昔，令人不禁感慨系之！

民國二十六年進行修正土地法，一般人認爲舊有土地法缺乏政策性，且有與政策不合者，故多主張修正。依照當時一般輿論，對土地改良物征稅，亦多主張取消。但中央政治會議通過之「修正土地法原則二十三項」，其中對土地改良物之輕稅，既未提出新的修正意見，亦未決定取消。足證土地法起草時所遭遇之困難，仍無法解除。因之對舊有主張，不得不予維持。抗戰勝利以後，於民國三十五年四月二十九日修正公佈之土地法，對土地改良物稅並未維持輕稅主張，反將土地改良物稅稅率由最高千分之五，增加到千分之十。此一稅率之增加，前述修正土地法原則既未規定，而土地法修正後，亦未有任何說明。理由安在？不得而知。惟提高的稅率，仍爲其最高限度，各地方政府仍可視其財力、富源，爲較低稅率之征收。

照房捐條例及有關法律之規定，現行房捐之課征，具有以下的意義：

(一)房捐課之於附着於土地上之房屋，及有關增加該房屋使用價值之建築物。房捐原爲地上建築改良物稅之前驅，故以房屋附着於土地爲要件。如房屋建之於船隻機艇之上，以其不附着於土地，故不在征課範圍以內。又房捐征課雖以房屋爲主，但並不以房屋爲限。其有足以增加該房屋使用價值之建築物，如地下室、防空洞、天臺、花園、保險庫、風火牆、化糞池、汽車間、天窗、騎樓、假山、花木……等，均爲征課對象。

(二)房捐爲向房屋所有權人或典權人，按其使用情形，依照房屋租金或價值，所征收之稅捐。條例規定：房捐向所有權人征收，其設有典權者，向典權人征收。又復規定：按其使用情形，營業用房屋、工廠供直接生產使用之自有房屋、住家用房屋、房荒地區之空屋，而差別其稅率。出租者按其全年租金，自用者按其房屋現值，各別計征。其以租金計課者爲收益稅（所得稅）性質，其以現值計課者，爲財產稅性質。

（三）房捐爲縣市局收入之地方稅課。現行財政收支劃分法第十五條，首列土地法改良物稅，及未征收土地改良物稅區域之房捐，爲縣（市、局）稅。土地法土地稅編第一九〇條，更明定土地改良物稅全部爲地方稅。

三、現行房捐征課制度的檢討

現行房捐之立法，是與土地（建築）改良物稅連繫在一起的。土地改良物稅是土地稅課的一種，因之房捐的理論，自亦得適用　國父關于平均地權的地政思想。在這一思想原則的指導下，作爲土地建築改良物的房屋，是不該課征任何稅捐的。　國父在土地政策方面的遺教，曾不止一次的表明了這一看法。因爲　國父對于土地是主張採行單一稅制的。他反對課征土地改良物稅的理由，是爲了要促進土地的開發利用，獎勵人工的建設與改良，其着眼是經濟的。而後，民國十七年至十九年間，中國國民黨的中央決策當局，爲實踐三民主義的土地政策而制定土地法時，卻修改了這一思想，改採對土地改良物輕稅的主張。理由是，地方財政舍此無從挹注。其着眼是財政的，但仍聲明是暫時的權宜之計。可是三十年過去了，土地改良物課稅的暫時性的原則，仍然被強固的維持着。但卻仍須說是權宜！更爲難於索解的是：「土地改良物稅」一詞訂定及今，三十餘年，一直爲一法律名詞而已，從未付諸實施。三十餘年來，一直是以古老的「房捐」名義作爲「權宜的代替」。其實，房捐之名，源自清末，如今是「其名雖舊，其命維新」了！如果我們不拘泥于土地法立法時所自設的藩籬，不妞妮作踐行遺敎的姿態，我們大可不必說房捐是開征土地改良物稅前的替代性稅課，更不必在土地法上保留這一從未開征的，但卻因而背負違背遺敎惡名的土地改良物稅的章目。我們大可根據近代新興的財政學說，制定嶄新的房屋稅法，賦予它新的理論根據與使命。我們可以避開從經濟觀點來主張房屋課稅，以免與 國父遺敎正面衝突。我們可以揭櫫社會觀點的理論，以符合量能課稅的租稅原則，抑制資本家對都市房屋的壟斷居奇……等理論來支持對房屋課稅的決策。反之，如果我們不作改弦易轍的打算，那麼最好是放棄對房屋課稅，至少也該立卽廢止房捐，開征土地改良物稅。臺灣土地登記早已完成，城市地價稅亦早經開征，依法（土地法）也早該開征土地改良物稅了。可是由於建築物改良的登記遲未舉辦，至土地改良物稅也因而不能開征，假如我們不打算放棄這一徒具其名，但卻因循達三十餘年之久的「傳統」，這條路是應該要走的，不能再拖了。

一、房屋課稅的對象（卽課稅主體）

甲、現行房捐的課征，是以所有權人或典權人爲對象。其房屋係自用者，按其房屋現值；出租者按其全年租金，分別以不同之稅率核課。其按現值課稅者，乃財產稅性質，與現行的戶稅相重複。其按租金收入課稅者，乃所得稅性質，與現行的租賃所得稅相重複。是以現行的房捐，是無可爭辯的，不折不扣的重複課税。對于納稅義務人的心理，以及納稅的義務感，發生了極爲惡劣的影響。爲了消除這一心理影響，爲避免重複課稅，而又不減少稅課收入，我們必須改變房捐的性質，將現行向房屋所有權人或典權人課征的房捐，改爲向房屋現住人課征，而不問其房屋所有權人或典權人爲誰。經過這樣的改變以後，納稅義務人之所以要負擔房捐，不是因爲課稅客體的房屋是他的財產，而是因爲他有那所房屋供他作爲居住的使用。這樣，房捐的性質變成了向使用人課征的消費稅，因爲他（納稅義務人）消費了那所房屋。更堅強的理由是：這種消費行爲正恰如其分地代表了他底納稅能力。相反的，房屋的貴賤，並不足以代表其產權人的納稅能力，除非那所房屋是產權人自住的。（產權人自住或自用，仍需課征其房屋消費稅的房捐）此其一。

房捐爲地方政府收入，地方政府使用此等收入所舉辦之建設、施政，如教育、衞生、治安、消防、行政管理、公共服務等，受益最大最多的，是其轄境以內房屋的現住人，而並非盡屬房屋的產權人。基于租稅爲受益費的理論，房屋的現住人，對于地方主要收入的房捐，自應有負擔的義務。此其二。

在民主政體下，選舉權與納稅義務是相連的。因爲有選舉權，才能選出自己所信託的代表，在議會裏有效地監督政府、對于自己所支付的稅捐的使用，是否適當。所以憲政先進的英國，曾有「不選代表不納稅」的口號。以房屋出租給他人居住的產權人，其居住的地方，也許與房屋所在地並非屬於同一行政區域，是則這位屋主在現行房捐制度下，對其房屋所在地之縣市政府言，乃爲祇有納稅義務，而無選舉代表監督其使用之權利。衡諸民主政制之理論，自不得謂爲妥適。此其三。

房捐是可以轉嫁的租稅（見本文第一章），在通常情形下，房捐都是由房屋現住人的房客替代房屋所有人的房東負擔的。是以房捐在形式上雖是所得稅或財產稅，但在本質上則是消費稅。我們實在毫無理由，堅持讓它保有這份徒有形式的虛名，而貽害其實質。如果房捐改爲消費稅，向現住人課征後，由於產權人不再支付房捐，心理上當有良好的反應，對于戶稅、所得稅的繳納，以及房屋之興建，必能引發鼓勵的作用，而且無背　國父遺教促進土地開發利用之理想。此其四。

就稽征行政來說，向房屋現住人課稅，顯然較向所有人課稅爲方便有效。目前房捐方面所遭遇到的重大困難之一，是房屋所有權人的地址或去向不明，稅單無法送達。不僅稅款收不到，就是稽征程序也不能完成。當然就無法移送法院執行和處罰。另一與課稅對象有關的困難，是房屋的所有權人是公法人，但現住人具有類似典權人的定期使用權及收益權，此項權利且得轉讓，是以對於房捐之課征，雙方皆拒不接受。與此相近似的，是產權尙未確定的房屋，如分期付款的國民住宅，其房捐雙方皆拒絕負擔。凡此皆影響房捐之征收成績甚巨。此等困難，如果改向現住人課稅，皆將迎刄而解。對于房捐之稅收，必將產生優良效果。此其五。

附帶，我想討論一下關于無人居住的房屋（亦卽空房），其課稅主體的問題。這在現行房捐征課制度下，採財產稅性質，向所有權人課征，是沒有問題的。但如果房捐改按消費稅課征，就不免有人懷疑了。其實，這仍然是應向所有權人或典權人課征，並不背消費稅的原則。理由是：(1)房屋的消費，與有無人居住，並無關聯。換言之，房屋卽使無人居住，其消費仍屬繼續進行，所以仍應課其捐稅。(2)消費稅的課征，除了因為消費水準足以代表行為人的納稅能力以外，另一目的是：促使納稅人節制財貨之耗用。因為財貨雖屬個人所有，但其效用，應為社會所共享。所以無人居住的房屋，其房屋稅向所有權人課征，還兼含有懲罰其對房屋不作有效的利用，坐令其貨棄於地的意義。

乙、前述甲項的理由雖極正確，但更張的幅度太大，牽涉所及的問題，當然也就較多。為了避免這些牽涉所可能發生的困擾，所以再提出本項的擬議。卽仍維持現行財產稅性質的房捐制度，以房屋所有人或典權人為課稅主體，但放棄現行房捐制度中，對于出租房屋按租金收入課稅的規定，讓房捐成為純淨的財產稅，一律按房屋現值課征，至於稽征行政上的困難，稅單不能送達的問題，擬在未來修訂征收細則時，明白規定，課以房屋承租人應負代收稅單，及自房屋租金中扣繳稅款的義務。

二、房屋是否應分類課征

現行房捐條例，採用分類課征辦法，按房屋之使用情形，分為營業自用、營業出租、住家自用、住家出租四種。其自用者按房屋現值，出租者按全年租金，課以不同之捐率。考其立法意旨，當在以差別之捐率，以捕捉納稅人的納稅能力，期其臻於公允。使營利能力較大，使用價值較高的房屋，負擔較重的稅捐，此一規定，並無實際效益，從以下五點的分析中，我們不難看出：

(1)相同規格與相同建築材料之房屋，其建築費用必然相等。如其出租，其租金收入亦必相等。對房主來說，是相等的投資，獲得相等的報酬。這原是極普通的道理。可是現行房捐條例卻規定：相等的投資、相等的報酬的房屋，如果作不同用途的使用，便將承受高低懸殊的租稅負擔。這在租稅原則上是說不通的。如果說這樣是另有作用，難道我們希望用房捐的重稅，來壓制房屋作營業性的使用？我想這絕非立法的本意。

(2)有人說相等的投資，所建造的房屋，因其座落市街之不同，其租金額事實上是有極大的差額。這話是不錯的，但是，那租金的差距，是由於土地位置之不同所發生，並非由於房屋。也就是說：那差額租金是屬於地租的，並非屬於房租。假如該房屋所用的土地為他人所有，同時，房主亦須向土地所有人支付地租，那麼不問該房屋地址爲何處，其淨房租收入，將大致相同。是以繁華鬧區房屋租金之奇高，乃因包含寸土寸金的土地租金在內之故。所以應以差別稅率征課的，是土地稅，而非房捐。何況現行的辦法，是按個別房屋的用途，而不是按街道區域劃分的呢。

(3)如果鬧市的房屋除開其土地價值高昂的因素外，其本身的使用價值，亦較窮鄉僻壤地區爲高。那麼本省現行按其路段街道區域之繁榮冷僻程度，以比例增減其房屋現值的方法，就足以消弭這種不平。不必再按個別房屋的用途區分爲營業或住家，課以差別稅率重增其負擔的級距，以及心理上的不平了。更何況在稽征方面，此一劃分，往往發生疑義和紛爭。

(4)房屋租金的查定，爲目前房捐征課技術上困難的癥結。主辦人員對這簡直束手無策。因爲非僅租金名目繁多，有押租、頂費、修理金、保證金、權利金等名稱，支付手段有黃金、美鈔、食米等之不同。就這已經使稅務機關在查定計算上感到困難重重，糾紛迭起。更糟的是，房東與房客祇以口頭約定租金，並不訂立租約，以便串通欺瞞稅務人員。或者雖訂租約，但不出示稅務人員，而以假租約申報。稅務人員對于這些情形，縱屬明知其所報租金不實，亦屬毫無辦法。所以房租的查定，很多是不確實的，另外還有些精明的房主，壓根就不申報租金，任由稅務機關按其房屋現值，以銀行定期存款利率換算其房屋租金，據之以課稅。凡此種種，都使按租金課稅的規定形同具文，而且還滋生了許多紛擾，鼓勵了作僞取巧。使「守法的人吃虧，玩法的人討巧」。

(5)按現行有關法律之規定，房捐和土地改良物稅是同一稅賦的兩個階段。而兩者的關係，土地改良物稅爲本，而房捐爲標。所以土地法上關於土地改良物稅的規定，曾或多或少的對房捐條例發生約束作用。惟房捐按租金收入課稅一項，與土地法對土地改良物稅，明定按其估定現值征稅之原則顯有不合。所以放棄按租金課稅，不僅可以使稽征上之困難減輕，房捐之缺點減少，而且可以和未來土地改良物稅之精神相一貫。這種變革豈非一舉而兼有數得嗎？

如果房捐的征收不分營業、住家、出租、自用，一律按其現值計課，僅視座落街道區域之繁華僻靜程度，以比例增減升降其現值。這樣不祇可使查定技術趨於單純簡明與劃一，且可使房捐方面的糾紛與困難，大大爲之減少，既利稽征又屬便民。

三、房捐負擔的公平分配問題

房捐的計稅方式，從來都是採用比例稅率。這是開辦之初，由於當時的征收技術，租稅思想所導致的決定。就今天的租稅思想，以及我們今天稅捐機構的稽征技術水準而言，僅具有簡單劃一優點的比例稅率，是宜乎放棄了。累進稅率具有多種優點：如符合納稅人最小犧牲的原則，如符合抑制財富分配的不均，以消除商業循環的理論等，都是我們所身處的這個社會，今天所急迫需要的租稅作用。因之，我主張配合房捐的全面革新，改採累進稅率計稅。對於房屋價值超過一般標準之華麗建築，及使用房屋過多之消費者（現住人）加重其稅率。這樣將會予人以面目一新之感。對房捐的前途，當會發生良好的影響。

註一：中興山莊編印，民國四十六年三月一日出版「國父遺敎選集」第卅三頁。

四、房屋免稅標準之商榷

大凡租稅的減免，不外乎四項目的，也可說是「四項免稅的標準」。這四項目的是：第一、經濟的目的。如：爲了促進某項事業的發展，爲了鼓勵某種性質的投資等等。第二、社會的目的。如：爲了幫助低所得者維持適當的生活水準，爲了同情其並無負稅能力，爲了獎勵國民從事某種公衆利益，或社會福利的服務和活動等等。第三、財政的目的。如：爲了節約稽征經費，爲了保護稅本，爲了培養稅源等是。第四、文化的目的。如：爲了獎助學術之研究發展，爲了保存民族文化古蹟等是。

除了具有這四項目的的原因，任何人均應負擔租稅。這不祇是基於國家統治權的強制犧牲，同時也是每一公民之所以爲國家主人的光榮義務。本諸這種認識與理解，對于房捐免稅問題，我們就不難獲得一項衡量的標準，用以抉擇取舍了。因爲這四項目的，是所有租稅所共通的，房捐自不能單獨例外。

現行房捐條例，對于房屋的免稅標準，係採委任立法方式，由各縣市政府擬定，提經當地民意機關通過，層轉財政部備案。條例本身未作任何規定。度其立法原意，當在予各縣市以因地制宜的便利，視本縣市財力的豐嗇，用度的多寡，自爲征免的決定，藉符憲法第一百十條「縣財政及縣稅由縣立法並執行」之規定。但縣市民意機關之產生，多不免與人民團體及地方會社，甚至派系有關。一旦有權議決地方稅捐的征免，其爭執糾紛固所不免，卽其所爲決議，恐亦難免失之偏頗。例如：倘議會之多數爲接近農會或水利會者，卽可能通過農會、水利會之房屋免稅；如議會之多數爲接近工會者，則可能議決工廠房屋免稅。倘再加上地方勢力間恩怨消長，及有關人士請託干懇，則其征免標準的決定，必將紛歧奇特，漫無原則，乃至同省鄰縣，亦可能發生在此重稅，在彼免征的現象。所以本省財政當局有鑒及此，特于民國四十六年訂立「臺灣省房捐征收範圍及免征標準」一種，頒行各縣市，以期劃一。但這祇是暫行的權宜措施，該標準本身乃行政命令，並無法律授權的依據，自亦缺乏法律的強制執行力。因此本人主張，在此次全盤改進房捐制度、重新制定房屋稅法時，應增列免稅標準之專條，以利執行。但在本文討論房捐免稅問題時，仍係以前述之省頒征免標準爲基礎。

對於未來房屋稅之免稅標準，筆者之主張如下：

㈠各級軍政機關及各級政權行使機構，暨其員工福利設施所使用之房屋，不問是否自有，均予免稅。

給予各級軍政機關及各級政權行使機構（卽民意機關）所使用之房屋免稅，其目的是財政的，是爲了節約稽征經費。因爲如果征稅，其收支都歸屬各級公庫，乃是左手收右手付的事，除了徒費人力物力外，國家總收入並無增加，所以以不課稅爲是。至於其員工福利設施所使用之房屋免稅，其目的也是財政的。因爲員工福利設施的房屋如予課稅，其負擔乃是其所屬機關的。最後仍歸公庫負擔。對于官員宿舍之免稅，在房捐改爲消費稅性質後，已毫無理論根據。何況現實的現象：很多湫隘街巷內的簡陋平房，甚至棚戶，由於人口衆多，幾乎已人畜雜處，仍然不免征課房捐。而政府配給軍政機關中級以上官員之宿舍，有的宅第深邃、院厦寬敞，有的是，其庭園則花木扶疏，其居室則富麗精美，有的甚至有地毯冷氣的豪華設備，但卻都享有免稅的「特惠」！在民主憲政的今天，基於公平課稅的理論，及法律之前人人平等的時代精神，這種現象，自是不容存在。服兵役與納稅爲近代國民兩大基本義務，我們不能容許部份國民因身份不同而免除其納稅義務，正如不能容許任何人以特殊身份規避其兵役義務一樣。所以我主張對於軍政官員們的宿舍，應照一般規定課稅，以消弭民間此一不平。

有人說：現在軍公人員待遇微薄不應該再讓他們有租稅的負擔，增加其生活的窘困艱難。這話初看若有理，深究之，卻又不然。從理論上說，軍公人員的待遇厚薄，是基於國民一般生活水準，斟酌政府財政情況而制定的。如果認爲過低，就應該予以提高，不能用不合理的方式，如豁免其法定義務來給予補償。因爲這種方式的補償，將滋生出其他的弊端——如助人逃稅、不公平感……等。否則，低薪給政策的本身，已經是一種不當，因爲它也將滋生出其他的弊端——如怠忽公務、貪汚、舞弊……等，如再加上豁免其應負義務的不當，豈非構成雙重的不當？我們寧願以依法向他們課稅所取得的財源，來提高他們的薪給，而不可用免稅的方式來慰撫，使安於低微的薪給。

從事實來說，現在軍政官員所配宿舍的大小貴賤懸殊，甚至有有無之別。在這種情形下，如准予配得宿舍的官員享有免稅的優待，而未配宿舍的，除負擔房租自行賃屋外，還要負擔房屋捐稅，事之不平，寧甚於此？何況同樣是配給宿舍的，其房屋也有大小貴賤之殊，故雖同屬免稅，其所享優待，亦因而有厚薄之不平。何如同予依法課稅，其房屋大者，貴者，其捐稅之負擔也重，從而或可稍抑政府官員上下間不平之怨。

再從事實的另一角度來看，目前軍公人員待遇雖低，但比佔全省人口半數以上的鹽、漁、農民來，尚屬有過之而無不及，他們既不得以其收入微薄而免稅，軍政官員自亦未可以薪給不豐而免稅。

如果認爲軍政官員確有免稅的理由和必要，那麼就應該對於其所應負的稅捐全部的豁免，而不應僅對居屋一項免稅。目前的事實是不僅財產稅系統的田賦、地價稅、土地增值稅、戶稅不能豁免。即所得稅系統的營利所得、利息所得、薪資所得，消費稅系統的娛樂稅、筵席稅，流通稅系統的印花稅、契稅，乃至貨物稅、鹽稅……亦都沒有任何一稅可以因納稅義務人具有軍政官員身分而准予豁免，何以獨對其所住房屋之課稅，網開一面，特別優容？實在百思不得其解。所以我認爲恢復對軍政官員宿舍課稅一點，是天經地義，無懈可擊。

以上是就房捐改爲消費稅課征的立場而言，如果仍保持財產稅性質，以房屋所有人爲課稅主體，那麼軍政官員所配給的產權公有的宿舍，自然仍可免稅。不過對於未配宿舍的軍政官員所居住的房屋，不論是自有或租賃，都應比照免稅。其標準宜以取得其所屬機關未配給宿舍之公文書證明，且其所居房屋價值按現住人口均攤，每人不超過萬元的爲限，超過的仍予課稅。

㈡鐵路、公路、郵政、電信等局雖係政府機構，但皆屬公營事業性質，政府收入預算中，也列有他們的營業盈餘，假如免課他們的房捐，將使他們的繳庫盈餘，分不清其中有多少是免課房捐所節省下來的，多少才是他們經營所獲致的成果。再從另一面看，假如免課他們的房捐，那麼目的何在？是經濟的目的？不是。因爲他們是國家投資的獨占事業。鼓勵？不必，因爲他們的發展也不應有問題。是社會的目的？爲了獎勵這種服務？也不是，因爲這是一種很平常的職業，用不着獎勵。其他的兩點（社會目的的另兩點——幫助或同情），就更談不上了。是財政的目的，爲了培養稅源？也不是，因爲社會凡百事業皆有租稅，各種投資也皆有平均的利潤率，所以他們負稅是正常的，不致使他們應獲得的盈餘減少。何況他們是獨占性的事業呢？是以他們的負稅，應該是國家總收入的增加，與政府機關之自公庫領款，又向公庫繳稅之情形不同。所以鐵路、公路、郵政、電信等局及其分支機構，凡合乎房屋稅征課條件的建築物，應一律課稅。惟港務局具有行政機關性質，情形與他們稍有不同，應否課稅？宜由立法當局考慮。

㈢商會、工會是爲協助政府推行政令的人民團體，所以對於他們爲辦公集會所使用的房屋，宜予免稅，以示獎勵他們這種有利於社會的活動。

㈣農會、漁會、水利會，不僅具有協助政府推行政令的性能，同時也是指導及協助農民漁民經濟活動極具效果的民間組織。所以對於他們爲本身業務所必需使用的房屋免稅，兼有經濟的目的和社會的目的。前者是爲了促進農（漁）村經濟的發展；後者是爲了獎勵他們這種有益漁、農而功在國家的服務。但是對於他們供營利活動的房屋，仍然應予課稅。

㈤供奉先賢先烈之祠宇，及保存歷史名勝、民族文化史蹟，所使用之房屋免稅。其目的很明顯的是文化的，是爲了保存民族文化史蹟，俾供後人瞻仰憑弔，藉以啓迪國人的愛國情操，偉大志向，及民族自尊。所以犧牲少許稅收是很值得的。雖然其收獲是無形的，但卻鉅大得難以估計。至於其管理人員宿舍，與一般公教人員性質無甚差異，故不應予以免稅之優待。

(六)公私立學校及學術研究機構、農林漁牧之試驗場所所使用之房屋及其學生宿舍均應予免稅。其目的顯然也是文化的，是爲了獎助學術的研究發展。不過，同時還含有經濟的目的，因爲這些研究與試驗，也將是直接或間接的促進與之有關的事業的發展。

(七)公私立醫院供醫療用之房屋及病房、藥房、研究室免稅。其目的也是社會的，是爲了獎勵他們從事這種有益於社會大衆的服務。目前社會醫療設備不足，病患者非少數公立醫院所數容納，是以私家診所醫院收費甚高，這至少與現行規定就私家醫院的房屋征稅（其他稅捐亦然），而對公立醫院免稅的辦法有關。所以我認爲對公私立醫院應一視同仁，同樣豁免其稅捐，以免私立醫院將其稅捐負擔轉嫁病患，應該是一項嘉惠社會大衆的得計。至於說私立醫院診所的收益很大，是一宗豐富的稅源，但那應該是所得稅和營業稅方面的事，房捐似不宜越俎過問。至於其醫護人員宿舍之不應免稅，其理甚明，毋庸再爲剖析。

(八)已立案之公益慈善事業所使用之房屋免稅。但宗教團體所使用之房屋不應免稅。我們固然是尊重宗教的國家，崇尚信仰自由的民族，但我們卻沒有理由給予宗教破格的優待。也就是說，宗教在我國，其法律地位是和任何人民團體相同的。別人基於某一特定條件應該負擔的義務，如果宗教具有相同的條件，那麼它也該負擔相同的義務。除非它具有對任何人都同樣適用的豁免該項義務的理由。否則，它不能僅以宗教的名義獲得豁免。衡諸前述豁免租稅的四項目的，宗教是一項也不能够符合。經濟的、財政的、文化的，當然牽扯不上，社會的也似是而實非。我們且問豁免宗教所用房舍的房捐，難道是爲了獎勵他們這種活動？獎勵他們向我們學校、社會、軍民人等傳教佈道，使每一個國民都成爲宗教的信徒？當然不是。我國對任何宗教雖都一視同仁的尊重，但祇是既不摒拒禁止，也不獎勵協助，至多祇給予少許便利而已。至於說宗教具有濟貧、救災、施診、邺幼等公益慈善團體的性質，應該享受政府的獎勵優待。是的，如果他們確有這種有益於社會大衆的服務和活動的事實，他們可以用公益慈善事業的名義，獲得免稅的優待。但是不能以宗教的身分來獲得。

㈨對於貧困國民所居住之破爛簡陋房屋，現行規定是免稅的。但文字似嫌抽象模稜而不够確定。如「毁損不堪居住之房屋，或簡陋房屋，其估定全部現值不及新臺幣二千五百元者。」所謂「毁損不堪居住」，便可能因人而異，言人人殊。所謂「簡陋房屋，其估定全部現值不及新臺幣二千五百元」，也是很不科學而缺乏確定性的。比如有兩戶居民，甲家夫婦二人，住面積三坪之瓦蓋平房一間，估定其全部現值爲二、四〇〇元（每坪八百元），故予免稅。乙家夫婦父母子女共七人，住面積七坪之竹造平房一棟，估計其全部現值爲二、八〇〇元（每坪四百元），應予征稅，從這例證可以看出現行規定的不合理處。甲家每人住屋面積平均爲一點五坪，每坪現值八〇〇元，每人住屋值一、二〇〇元，免稅；乙家每人住屋面積平均爲一坪，每坪現值爲四〇〇元，每人住屋值四○○元，卻課稅。從這一簡單的分析，我們卽能明顯的看出，甲家在居住方面的消費能力爲乙家的三倍，平均每人消費房屋的面積，甲家比乙家大百分之五十，而甲家免稅，乙家征稅。其不平與不合理可見。因之，我主張未來的房屋稅法關於此項免稅的規定，條文應該這樣寫：「依戶籍所載之共同生活人口爲準，平均每人使用房屋之現值不足三千元者，或每坪現值不足五○○元之房屋免稅。」

有人說：「依戶籍所載之共同生活人口爲準，平均每人使用房屋之現值不足三千元者免稅」之規定，恐後被人利用以虛遷戶籍方法以逃避課稅。這一顧慮是對的，而且是很難杜絕的。但任何法律規章都難免有細微的罅隙漏洞，祇要它不會形成對立法原則的否定或重大的摧擊，就無礙其構成該法律整體的一部，以發揮其較多的其他部份的優良作用。新所得稅法中類似的例子就很多，如有關寬減額的若干規定，便有被利用取巧的可能，但並無礙其存在。因爲它另有其重大的，有意義的作用。上述的規定亦復如此，何況可以藉它而取巧的，祇限於接近免稅部份的邊際納稅者。據統計本省每戶平均人口爲六人，依上項規定，六人的共同生活戶，其房屋現值在一萬八千元以下者免稅。假定某一六口之家，其居屋現值爲二萬元，剛超過免稅點兩千元，祇有這種家庭，才可以利用上述規定的漏洞，自親友家中遷入一口以獲得免稅。但是他這一願望的遂行，還必須其有親友願意冒犯法的惡名與處罰遷入。卽令其如願以償，每年所省不過二百元而已（假定改定後的房屋稅率爲百分之一）。而虛遷戶口所可能發生的麻煩，恐將不祇於此。是以據我判斷，此一規定被利用逃避稅負的可能極少。

五、稽征行政方面的意見

一、統一房屋估價標準：

房屋稅的基本計稅標準是房屋的現值，現行房捐制度對於出租房屋雖有按租金計稅的規定，但如其所報租金過低，仍須改採按現值推算其租金的辦法。未來經改革後的房捐或房屋稅，迨將採用房屋現值爲唯一的計算標準。足見「現值」對房屋課稅關係之重大。但現值一詞的意義如何？現行法令並無解釋，依照土地法第一百六十二條「建築改良物價值之估計，以同樣之改良物於估計時，爲重新建築需用費額爲準，但應減去因時間經過所受損耗之數額。」之規定，則房屋（即建築改良物）之現值。應爲其重建價格減除其折舊後之餘額。其本質接近變現價格，但非變現價格，亦非重建價格。是爲土地法關於房屋現值一詞的法定意義。鑒於房捐與土地法的立法淵源，我認爲土地法這項詮釋，應能類推適用於房捐條例。這非僅本人作如是觀，各縣市稅捐機關對於房屋現值的估計，即一向採取此一意義。祇是未見明文釋示而已。我們有了這項釋義以後，再來研究房屋的估價，便不至漫無準則了。

房捐的課征，雖向係按房屋現值估價，但各縣市並無統一的估價標準，以至相同的材料所建造的，面積與規格也相同的房屋，由於所在縣市之不同，其現值之估定往往大爲懸殊。從而使納稅人之負擔有輕重之弊。尤其不平的是：往往在使用價值較高的市區，其房屋估價，反較其在使用價值較低的縣鄉為低。原因是市區的稅源豐裕，房捐的地位乃相形見低，稅捐機關不免掉以輕忽；反之，縣鄉的稅源枯竭，房捐乃成為主要財源，稅捐機關自不得不嚴核縝計。這雖然是由於縣市富源豐嗇所產生的現象，但畢竟有背公平負擔的課稅原則，應為理想的稅制所不許。因之，在房屋課稅制度全面革新後，應由省府聘請專家統一制定房屋現值估價標準，其內容包括：

(1)房屋分級暨建築價格標準（附表一）

(2)房屋構成部份估其總值比例標準（附表二）

(3)房屋耐用年限及折舊標準（附表三）

頒令各縣市遵行。而後即以此項原頒標準價格為基數，逐年按工資指數、建築材料物價指數、計算出建築物上漲率，頒行各縣市，用以提高房屋建築標準價格，作為調整房屋現值估計的依據。如此自較今日各縣市之各行其是為佳。至於各縣市為針對其房屋使用價值之不同，而視其座落地區道路之繁榮冷僻程度，所制定之地區或路線調整率，其作用與前述房屋現值之意義不符，未便由省統一定頒，可仍由各縣市自行制定施行。

二、廢棄房捐的評價制度：

現行房捐條例規定，房主自報之租金，或房屋現值，主管稽征機關認為不實，或房主不依限申報時，得予以估定。如有爭執，得交由不動產評價委員會評定。依據因條例之授權，由財政部制定之「各縣市不動產評價委員會組織規程」之規定，該不動產評價委員會之組成份子，有縣市長、縣市財政、建設、工務、地政等科局長、議會代表、農會代表等共達八人，占該會全體人數三分之二。而稅捐機關參加開會的，僅稅捐處長與主管課長二人，即令連同另二席之營造業公會代表及建築專門技術人員，亦僅及組成份子三分之一。此一對於以房捐爲主要事項之組織，而受制於多方。不祇爲稽征機關之事權旁落，同時亦使此一純技術性的稅價之鑑定，被滲入政治因素，變爲折衷協商以取決。如此而望稅負之公平合理，寧非緣木以求魚？爲求稽征行政之統一完整，此項評價委員會之組織與職權，應予廢止。如有爭執，應循行政救濟之正常途徑以求解決。此種純粹稅務行政或稽征技術方面的事，如其並未逾越法定權限及範圍，當非提高稅率，增加人民負擔之事權可比，自無經由會議方式以求集思廣益與折衷協議之必要。

再說，條例之此項規定，其所以產生的時代背景，是由於抗戰末期，物價漲落頻繁，房屋現值之估計，時起爭端。財政當局不得已而採行的折衷協商辦法。也是因時制宜的權宜之計。如今已時過境遷，本省物價，年來雖有溫和上漲，但幅度不大，大體尚稱平穩，此一規定已失去其存在的客觀因素，何況它尚有削弱稽征行政的副作用。此時此地，廢棄此一規定，應屬順理成章，至爲允當。

三、改制後的第一次開征：

(1)現住人與所有權人共同辦理房屋申報，內容包括房屋建築情況、落成時間、使用年限、現住人姓名、現住人口（附戶籍謄本），所有權人姓名住址（依姓名使用條例及民法關於住所之規定）。

(2)稽征機關集中房戶稅工作人員，辦理申報書與舊有冊籍之核對工作，其有與舊籍不符者，應予以調查後決定接受，或通知限時更正或再申報，其符合者，接受之。其拒絕申報、更正，及再申報者，稽征機關，得以實際調查所得資料，塡具調查表，以替代其申報。

(3)根據被接受之房屋申報書內容，按省頒房屋現值估價標準，及縣市自行制定之地區調整率，折算其現值後，分別通知申報人。如有不服，在限期內准予申請復查及再復查。再復查之申報，須附具證明文件（關於建築材料、規格、面積、使用年限、落成年月）或建築師營造廠之鑑定書，方予受理。

建築師、營造廠有爲不實之鑑定者，依刑法僞證罪議處。此項鑑定責任，應由法院判斷決定。

四、改制以後的經常工作：

由內外勤的分工，以圓滿達成房屋課稅業務的運行。

外勤人員應負責發現、調查，及提供課稅資料、送發稅單、催繳稅款、納稅人義務履行之輔導與服務……等日常工作。內勤人員負責登記、歸戶、改正稅籍、核定計算、列冊、造單、通知補繳、通知賠繳、銷號等工作。

現行辦法對於課稅標的的異動變化，一律規定由納稅人申報。這是一項很不切實際的規定，根據各縣市經辦人員的經驗，納稅人遵行這一規定的幾乎是絕無僅有。原因之一是納稅義務人不能記得那麼多都能約束他們的，多如牛毛的民政、財政、警政、地政各部門的法令規章；再則是那些申報，多半是要他們負擔義務的，不申報也許就可以逃掉了。對於沒有權利可享的申報，他們已未必願意，何況還是要他們擔負義務的。因之，改制以後的房屋稅，其一切課稅資料的發現，通報，完全責由管區稅務員負責，以資切實掌握。納稅義務人除了履行其納稅義務外，不另課以任何行政義務。

五、防止滯納欠稅：

(1)房捐查定通知書應載明房捐征收法令摘要，及納稅人所負稅額係如何計算而得（如估定其現值若干，適用稅率），以免納稅人因不明瞭法令規定，至誤解其稅額核定之不當，從而產生抗稅、拒繳、拖宕心理，影響征收成績。

(2)普遍設置房屋稅款代收處，除得委託代理鄉鎮公庫之農會代收外，在邊遠鄉區，應准由郵局代收稅款。以免鄉民因路程過遠而怠於繳納，造成滯納欠稅。從而助長其慣於拖欠的心理。

(3)與戶籍機關取得聯繫與諒解，規定戶政人員於辦理戶籍遷出時，必須繳驗最近一期房捐收據。

房捐爲縣市稅，爲地方政府財政榮枯之所繫，鄉鎮戶政部門應有義務協助此項防止逃稅之工作。

六、處罰與行政救濟：

現行條例規定，納稅人逾主管稽征機關所定之期限，延宕不繳者，每逾一日，加征所欠捐額百分之一滯納金。逾期三十日仍未繳納者，由主管稽征機關移送法院強制執行。此項滯納罰金的規定，較諸所得稅、戶稅、地價稅、田賦均屬過重。改制以後，擬減輕此項罰金，按地價稅、田賦之規定，逾限未滿一月者，照其應納稅額加征百分之三或百分之五之罰金，逾限一個月以上，移送法院強制執行。

房捐之課征，如有爭議，納稅人於繳納稅款或提供相當之擔保，得依行政救濟程序，提起訴願，再訴願及行政訴訟。此項爭議，於行政救濟程序終了後，如原核定稅額經裁定、決定，或判決減少，稅捐機關應就其多繳部份，按銀行定期存款之最高利率計算息金，於退還多繳稅款時，一併償付。如經決定或判決原核定稅額不變，而納稅人係於行政救濟程序終了後，始繳納稅款者，應按月計算滯納金，責令一併繳納。

對於已逾繳納限期一個月以上的房捐欠戶，以就其財產移送法院強制執行爲原則。但如房捐改爲消費稅，向現住人課征，而現住人爲房屋承租人時，對於其逾限未納稅款之追索，除其在本縣市境內持有可供執行之財產，應予移送法院強制執行外，得依民法之規定，行使代位權及撤銷權。必要時，並得拘束其身體之自由（如依強制執行法之管收），以強制其意思，使自爲租稅債務之履行。五三、九、五

刊於民國五十二年一月十五日「思與言」雜誌四卷五期

房屋分級暨建築價格標準

(表 一)　　　　年　　月　　日製定

區分 構造 等級	基地	地面	墻壁	門窗	頂蓋	天花板	外部構造裝飾	設備	標準估價
一									
二									
三									
四									
五									
六									
七									
八									
九									

房屋構成部份佔其總值比例標準

(表 二)　　　　年　　月　　日製定

構成部份 構造別	地基	地面	墻壁	頂蓋	天花板	門窗	外部構造	設備	附註
鋼鐵造									房屋之構造，在表一所列標準衡量下，並非同屬一級時，引用本表之比例，以增減其估價。
鋼筋水泥造									
磚石造									
加強磚造									
土磚造									
木造									
竹造									

(表三)

臺灣省房屋折舊標準率

年　月　日製定

耐用年數	折舊率	說明

說明：
1.採用何種折舊計算方法。
2.殘值之扣除方法或比例。
3.其他必要之說明。

(表四)

××縣(市)稅捐處第××稅勤區稅務服務員工作日報

稅別		民國　年　月　日(　)字第　號	
現住人姓名		房屋所在地	鄉鎮區　路(街)　段巷弄　號

一、現住人：
1.異動：
2.人口增減：

二、房屋：
1.增建：
2.修繕：
3.墜毀：

三、其他

審核員是幹什麼的

本月十九日北部各日報皆有財政廳將重行分配縣市稅捐稽征處人員工作職掌之消息一則，其中一項：「審核員爲稅捐處高級非主管人員，依現行隸屬及職掌之規定，未能實際執行業務，發揮其應有之效能，因此重行修訂各稽征處辦事細則有關審核員之隸屬及職掌時，應規定將審核員配置課內，協助課長辦理稽征業務。」

其實這則消息，已不能算作新聞，因爲這是五十年十二月全省財稅會報中的決議案，早在元月十日出版的「稅旬」三七〇期中已有報導，只是稅務旬刊的報導，僅是一項會議的決議記錄，其執行成分有多大？仍須看主管官署的態度如何而定，而日報的報導，則已直言係財政廳卽將付諸實行的新措施了，果眞如此，那麼這一卽將見諸行動的決議案，其利弊得失，就値得分析硏究了。

筆者忝爲稅務從業人員之一，對此切身大事未敢默然，謹就未識所及，提出三點淺見，藉供當局參考：

第一：從理論方面來說，稅捐處之設置審核員一職，由來已久，其建制意旨，乃在體現查、征、審三權分立的原則，期以：⑴減少錯誤。⑵防止弊端。因爲稅務案件之查定征收，動輒數萬件乃至十數萬件之多，其中無心之錯誤，固所難免，卽有意之弊端，亦未必絕無，爲圖發現弊端，杜絕錯誤，徒恃股長課長之復核，絕難有濟，渠等除應付日常事務外，對於開征案件，力所能及者，惟蓋章如儀而已，所以審核員之抽案審查，乃爲稅捐處實行內部監察制度所需。其精神實與年來倡行甚力之職能分課理論若合符節。所不同者，只是前者之查征二權，係在課內分立，惟審核權超然獨立於課室之外，而功能分課理論係主張完全按職能分課而已。

在現行稅捐處的組織法規中，審核員具有僅次於處長的地位，但並不專之以職掌，其用意便是：崇其地位，使得羅致專才，使之知所自重；不予專責，使能集中心力，使之無所瞻顧。所以審核員之設置，實在就是稅捐處內部監察制度的建立。如今若竟使之下課協助課長辦理稽征業務，則彼之監察地位，將從而消失。亦卽審核權由超然分立而與查、征二權合流。豈不恰與年來風動一時之職能分課理論背道而馳？猶可怪異的是：職能分課之理論，正在指定臺中市稅捐處進行實驗，而此一行之已歷年所的查、征、審分立理論，竟湮沒不彰！甚至被完全忽略而推翻！寧不令人慨歎！

走筆至此，筆者覺得應該提及一項與此理論有關的現實問題，就是有些人所批評的：審核員並未能充份發揮理論上的內部監察功能。甚至說目前的審核員不過是聊備一格而已，並無實際工作之可言。這些批評，縱使盡屬事實，也不能據爲否定查、征、審分立理論的實踐價值，及建立內部監察制度之積極作用，因爲現在審核員之未能發揮理論上的功能，其咎不在制度之本身，而在於握有實際支配業務權力的人，不曾尊重此一制度，也不曾具有發揮此一制度功能的熱忱。尤有進者，則爲上級主管官署對於審核員任使之不當，例如：

⑴以審核員安置官運不佳的卸任課長、主任。

⑵以審核員位置閑員。

⑶以審核員爲新進稅界人士待命候機之所。

凡此等等，俱足以打擊審核員的清望與榮譽，當然也就嚴重地斲喪了審核員的工作熱忱與情緒。凡此皆所以使審核員制度未能發揮其理想功能之根本原因，至於內部監察制之僅有軀殼，不曾建立其查案方式與步驟，雖亦屬原因之一，但要爲傍枝末節，不甚關乎體要。

綜上所述一言以蔽之，卽查、征、審分立之理論有其實踐價值，現行審核員超然獨立之地位爲建立有效之內部監察制度所必需。若以年來審核員之未能發揮工作效能而遽言廢棄此一制度，甚至推翻此一理論，誠屬因噎廢食。

第二：從事實方面來看，現行省頒之縣市稅捐稽征處組織規程與辦事細則，明文規定審核員係薦任或委任。即以薦任爲原則，委任爲例外，足見審核員在編制上之地位，顯然較課長分處主任爲高，雖然近年來，此三項職位人員之互調服務，已習以爲常，但究非立法上該兩職位完全相等，此係題外之言，不過順便提及。如今，在事實上既然審核員課長及分處主任俱視爲同級人員，臨時派課協助課長處理季節性業務，尙屬勉強可行，若竟配置課內，改變其隸屬關係使之爲課內屬員，對於原有曾任課長及分處主任之審核員，豈非成爲降貶職級？設若對於曾任課長分處主任之審核員不予配置課內，而僅將未曾任課主任之審核員配屬課內，豈非同一職官，而有等次之分？是又烏乎可？

第三：除上述兩點，審核員仍有其以現行地位存在於稅捐處的必要，近年以來，各機關皆逐漸設置專門人員，負責該機關業務之計劃發展，以及與其有關之法律規章之研究與改進，此非虛應故事，實爲適應日趨發達工商業社會所必需，蓋工商業愈繁榮，則其經濟活動、社會習尙亦變化愈多，設非日夕追踪，即將難以因應。此在一般機關爲然，在稅捐處則尤有必要，其理易明，毋容贅述。然目前各稅捐處，皆未設置此項專人，環顧稅捐處現有各級人員，亦唯審核員具有負責此項工作之條件，蓋課室主管無法專注其心力，以下人員又復無此經驗與學力。此外，如：

(1)調和及仲裁課室間基於本位觀點對部份問題之爭議。

(2)以冷靜客觀之意見，提供處長採擇。

(3)以超然客觀地位代替處長查辦若干特殊案件。

凡此等等，均見其有以現行地位（以五十一年三月時言）存在於稅捐處之必要。若謂課內需要較高級人員輔佐課長辦理稽征工作，則可修改組織規程，設置副課長，亦可增設督征員或督導員，亦可將現在之「黑市」股長合法化，但絕不可以審核員配置課內使名實不符，不倫不類。若謂非下課工作，審核員便一無用處，則可將審核員職名廢棄，改用其他職稱，否則，以審核員身分下課工作，則何異以監察委員協辦政務？非僅坐令審核精神掃地無遺，即對「審核」二字言，亦屬張冠李戴，非驢非馬。

筆者不揣淺陋，妄自逞言，蓋心所謂非，難安緘默，尚希稅界先進就此問題，多抒卓見，所謂「理愈辯而愈明」，筆者甚願藉此短文，拋磚引玉，以就正於時賢。

刊於民國五十三年六月一日徵信新聞報

從法律觀點看受懲戒處分稅務員應否停發稽征津貼

編者先生：

稅務人員之發給稽征津貼，是爲了安定稅人生活，建立優良稅風所採取的措施，其性質和現行公敎人員現金給與中的「生活補助費」相同，所不同的不過是它僅以稅務人員爲特定的給與對象而已。它和獎金不同，獎金是對於某種特定作爲或功績的獎勵給與，非但其發給是部份的並且要符合其特定的條件，而稽征津貼的給與，則是普遍的，且不附有任何發給的條件，所以稅務人員的稽征津貼，就事理說，是不應該因受行政處罰或懲戒處分而停發的。這與生活補助費並不因受懲戒法減俸之處分而停發一樣。可是本省稅務人員自五十一年七月開始發給稽征津貼後，省財政廳卻於同年十月，下達一道命令，規定凡受懲戒處分和行政處罰的稅務人員，都應按其處分之重輕，停發其稽征津貼一個月至一年，實在令人百思不解！稽征津貼發給的目的，是在養廉，難道說稅務人員一經懲戒，政府就不再希望他們養廉了嗎？這是衡情度理的看法，我們姑且不談，就是專從法律觀點來研究這項規定，也覺得它大有商榷的餘地：

有違懲戒之意旨

第一：公務員懲戒法是懲戒機關或上級主管長官，對於公務員爲懲戒處分的根本法，也是唯一的法律依據，任何對公務員的懲戒處分，在程序上和實體上都不得背離該法，但該法對於公務員的懲戒，除減俸外，並無得爲停發其其他給與的規定，卽減俸亦限定其額度，僅得減發百分之十至百分之二十（該法第六條），其立法意旨，自屬顧全被懲戒人的生活，深恐減發過多，將影響其生活，而財政廳命令所規定停發的稽征津貼，竟高達佔被懲戒人全部現金給與的百分之四十五，其與懲戒法意旨之違異，自已毋待辯析。

有違稅務員管理法

第二、稅務人員的發給稽征津貼，其法律根據是行政院和臺灣省政府分別於五十一年三月六日及五十一年三月十三日頒行的「臺灣省稅務人員管理辦法」。在這項辦法中，關於稽征津貼的規定，只有第四十七條一條，這一條的全文是這樣的：「爲提高工作效能、養成優良風紀、改善稽征、增裕庫收起見，對於稅務人員，得酌發稽征津貼，其支給標準另定之。前項稽征津貼，對於依本辦法第十二條規定列入待調整人員，存記名册之人員，及因案停職之人員，均不予發給。」文字極爲淸楚明確，除了：①待調整人員。②存記名册人員，及③因案停職人員等三種人員，應不予發給稽征津貼外，其他並無得停發或補發的規定，財政廳何所據而發佈這道停發稽征津貼的命令？

命令不可抵觸法律

第三、稅務人員管理辦法，和財政廳停發稽征津貼的命令，雖同屬行政命令，但依照行政命令的效力言，下級機關所發佈的命令，應不能抵觸法律及違背上級機關就同一事項所發佈的命令。稅務人員管理辦法關於不發稽征津貼的條文，既無授權財政廳自行制定的文句，且採列舉的方式，按照法令解釋的原則，自應視爲除此三種人員外，均不得不予發給。如果財政廳認爲有利用停發稽征津貼以加強行政處分效力的必要，也應該經由制定稅務人員管理辦法同樣的程序，提出建議或請求，仍由行政院發佈命令，或修改稅務人員管理辦法，以增入這項意見，才合法理。

法律不溯既往原則

第四：退一步說，卽使我們承認前開停發稽征津貼標準的命令並無瑕疵，具有執行的法效。但行政命令是適用法律的原理原則的，稍有法律常識的人都知道法律不溯既往的原則，亦卽行爲時法無明文規定者不罰的原則。財政廳發佈停發稽征津貼標準命令的日期是五十一年十月五日，依照法律施行日期條例的規定，這項命令在各縣市生效的時間，應爲這項命令依限應到達的那天。也就是說，被行政處罰或懲戒處分的過失行爲，必須發生在這一天以後的，才能適用這項命令。如果其行爲發生在這一天以前，不論其處分確定是在什麼時間，都不能適用這項命令。可是現在各縣市稅捐處人事單位，卻不問被處分的過失行爲發生在什麼時間，只要其處分公文的日期是在五十一年十月五日以後，便一律按其規定停發被處分者的稽征津貼。雖然這是執行階層的不當，但有權監督的上級單位，不能說沒有指示未臻明確的責任。

綜合上面的分析，筆者以爲停發稽征津貼的命令，不但其法律地位有問題，其制作內容欠妥適，其執行也有偏差。筆者淺學，希望關心此一問題的稅界同仁，冀以客觀的討論，匡正筆者的謬誤。

刊於民國五十三年九月十三日「徵信新聞報」

我國所得稅制度發展史（初稿）

壹、議辦時期

一、民國三年所得稅條例

我國之推行所得稅，倡議於清朝末葉，早在宣統二年（公元一九一〇年）即曾擬定稅法，詔付資政院審議。惟議稿未定，清社已屋。民國肇造後，支出浩巨，於是仿自當時日本稅制，於民國三年一月，頒佈所得稅條例廿七條，是爲我國最早的一部所得稅法。

該條例重要內容有四：

㈠分所得爲三種：一爲法人所得，二爲公債社債之利息所得，三爲其他所得，包括不屬以上二種所得之其他各種所得，三種中，除其他所得採超額累進稅率（千分之五至千分之五十）課征外，其餘皆採單一比例稅率（法人所得千分之廿，利息所得千分之十五）。

㈡其他所得之免稅額為五百元，由所得者每年二月預計全年之所得額，報告於主管官署，由調查所得委員會調查後提出報告，由主管官署決定之。

㈢國債利息，及軍人、教員之薪給免稅。

㈣調查委員之全部及審查委員（筆者按係主管所得稅之複查工作）之半數，由地方公正士紳擔任。

民國三年所得稅條例公佈後，財政部鑑於我國經濟組織尚欠健全，缺乏統計資料，會計紀錄未臻完備，如各種所得同時課稅，則手續繁雜，難收實效，乃擬定分期實施計劃，於民國四年八月公佈「所得稅第一期施行細則」十六條，定於民國五年一月施行。旋以袁氏帝制自娛，軍政遞亂而無形擱置。

二、民國九年所得稅先行征收稅目規程

民國九年，北京政府因各省專款皆未解繳中央，國庫支絀，乃舊案重提，積極籌設所得稅籌備處，並於是年九月十五日訂定「所得稅先行征收稅目規程」，定於十年一月開征。首期開征之範圍，雖已極為狹窄，而仍遭各省商會之反對，於是允予展緩三個月後開征。展期屆滿，情形未見改觀，加以皖段直曹交惡，政局動蕩，是年七月十四日皖直之戰爆發，所得稅施行之議，乃又因而作罷。總計民國十年所得稅之推行，僅先行實施之利息扣繳部份，征起稅款一〇、三一一．六七元而已。

三、中國國民黨所得捐條例

民國十一年二月，北京政府又有所得稅委員會之設，旨在督促所得稅之推行，旋因直奉兩系軍閥於四月中開戰，所得稅之推行，又告擱淺。

計自宣統二年倡議開辦所得稅，至民國十七年國民政府北伐軍進入北京之十餘年間，雖曾有稅法之制定，推行之籌議，皆因政局不穩，而屢作屢輟，其間除民國十年征起之一萬餘元扣繳稅款外，別無分厘收入，故此期間，僅可歸爲議辦時期。

國民政府奠都南京後，決心廢除苛雜，創辦新稅，健全財政基礎，經中國國民黨中央政治會議於民國十六年議決所得稅暫行條例廿八條，施行細則十七條，惟未實施。於此同時，中國國民黨中央，則另行制定「所得捐條例」六條，專向政府官員之薪資所得征繳，以爲東征北伐諸役中，爲國捐軀之黨員遺族之撫卹及文化教育經費。據當時統計，每月收入約二十萬元，雖屬就源扣繳之薪給報酬所得稅，但並非國家收入，自不得視爲我國所得稅之起始。

四、凱末爾說帖

民國十七年第一次全國財政會議，亦有開辦所得稅之議，並曾就民國三年北京政府之所得稅條例詳加研討。財政部並於十八年一月，依據研討意見修正所得稅條例，大致與舊條例相同，同時又將舊施行細則修正，增爲十七條。原欲擇期開征，惟因美國財政顧問凱末爾設計委員會提出所得稅說帖，以所得稅性質與我國記帳習慣不合，不主採行。因受其意見之影響，而不果行。

五、直接稅籌備處

民國廿三年第二次全國財政會議，對廢除苛雜，減輕田賦附加，整理舊稅，創辦新稅等，俱有決議。所謂創辦新稅，並明定以所得稅為首要。財政部遂於廿四年七月設立直接稅籌備處，積極籌劃。民國廿五年六月，中國國民黨中央政治會議第十六次會議決議所得稅原則八項，交政府據以立法施行。同年七月廿一日，立法院制定「所得稅暫行條例」廿二條公佈，同年八月廿一日訂定施行細則十九條，並明定於同年十月一日先就第二類公務員薪給報酬所得，及第三類證券存款利息所得兩項開征，其餘各類所得稅，俟翌年（廿六年）一月一日全部開征。醞釀達廿七年之久的我國所得稅，歷經波折阻擾，至此方告實際施行，計晚於英國一百卅八年，晚於德國一百十六年，晚於美國七十五年，晚於日本也有四十九年（註一）。

貳、試辦時期

一、所得稅暫行條例

民國廿五年七月廿一日公佈的所得稅條例廿二條，及同年八月廿二日公佈的施行細則，似仿行英國稅制，採分類所得稅制，分所得為三類徵收：

第一類為營利事業所得稅，其課征對象為：⑴公司、商號、行棧、工廠或個人資本在二千元以上之營利所得。⑵官商合辦之營利事業所得。⑶一時營利所得。

第二類爲薪給報酬所得稅，課征對象爲：公務員、自由職業及其他各種行業者之薪給報酬所得。凡俸給、獎金、退職金、養老金及其他一切職務上之所得，均包括之。

第三類爲利息所得稅，課征範圍爲證券，存款所生之利息所得，凡公債、公司債、股票及存款之利息所得皆屬之。

上述三類，均分別按不同稅率計課。

二、非常時期過分利得稅條例

英美兩國所得稅之開辦，皆在戰時（註一）。也許是歷史的巧合，我國亦然。民國廿六年所得稅全面開徵不久，「七七」蘆溝橋畔的戰火，揭開了我抗日聖戰的序幕，隨着抗戰的開展，戰爭的烽火，已燃遍我國工商興盛、富庶繁華的東南各省。戰爭陷政府於支出日益龐大的困境，但海上交通的阻絕，與內陸商旅的不便，至物資供需失其調節，卻也給少數商賈帶來了暴利。於是政府爲籌措戰費，遂於民國廿七年十月制定「非常時期過分利得稅條例」十七條公佈，並於廿八年七月起開徵，與分類所得稅同時併行，分別徵收。依條例規定，其利潤超過資本額百分之二十者爲過份利得，亦即以資本額百分之二十爲營利事業之標準利潤，未達到此標準利潤率者免稅。

過分利得稅之課稅範圍較所得稅爲狹，僅包括二類：

第一類爲營利事業過分利得，凡公司、商號、行棧、工廠或個人資本在二千元以上之營利事業，官商合辦之營利事業，及一時之營利事業，其利得額超過資本額百分之二十者。凡買賣與本業務無關之物品、證券，或金銀貨幣而其利得不在本業收入項下計算者，即作爲一時營利之所得。

第二類爲財產租賃過份利得，即財產租賃之利得，超過其財產價額百分之十五者。其財產價額以廿八年七月七日之市價爲準。如無當日之市價者，由當地所得稅徵收機關、地方主管機關及地方公正人士組織評價委員會評定。

依條例規定，過份利得稅每半年徵收一次，但亦得依各業性質按月或一次徵收。徵收工作由所得稅徵收機關兼辦。

自民國廿五年至卅二年二月十七日，政府制定所得稅法公佈施行，此六年另四個半月的時間，爲所得稅暫行條例施行期間，亦即我國所得稅之試辦時期。在此期間，非但所得稅之規章制度，已規模粗具，而且也建立了推行所得稅的社會基礎，並培植和儲備了必需的幹部人才。因之，政府乃於卅二年二月十七日頒佈了正式的所得稅法，結束了初期的試辦，使所得稅的推行，邁入了改革求新、建立制度，趕上先進國家的時期。

叁、變革時期

一、卅二年之所得稅法

民國卅二年一月廿八日，政府公佈「財產租賃出賣所得稅法」，同年二月十七日公佈「所得稅法」（廿二條）及「非常時期過份利得稅法」，同時廢止廿五年七月公佈之「所得稅暫行條例」及廿七年十月公佈之「非常時期過份利得稅條例」。同年七月九日又公佈所得稅法施行細則。茲將上述三法之內容，簡述如次：

㈠財產租賃出賣所得稅法規定：凡土地、房屋、堆棧、碼頭、森林、礦場、舟車、機械等八類財產之租賃或出售所得，超過其原價百分之十五者，就超過部份課以累進稅率，最高達百分之八十。實兼含過份利得稅性質。

㈡所得稅法與暫行條例之不同，主要有四點：⑴提高起徵點，以減輕小所得者負擔。提高大所得者之累進稅率，以體現戰時所得稅之精神。⑵加重罰鍰。⑶提高免稅額爲一百元（原爲三十元）。⑷縮短申報期限爲一個月（原爲三個月）。

㈢非常時期過份利得稅法：新法與舊條例之主要不同，亦有四點：⑴最高累進稅率提高爲百分之六十（舊條例之最高稅率爲百分之五十）。⑵增加累進稅率之級數，以縮小其級距，條例分爲六級，新法增爲十一級，使爲溫和之累進。⑶加重罰則，規定情節重大者，得併科六個月以下之徒刑或拘役。⑷規定納稅義務人逾限不爲申報者，主管徵收機關，得逕行調查決定其應納稅額。納稅義務人不得對此項逕行決定之稅額，請求複查。

二、卅五年修正之所得稅法

抗戰勝利後，政府本於戰時推行所得稅之經驗，爲配合戰後國家經濟及政府財政情況，重行修正所得稅法，於卅五年四月十六日公佈。同時廢止「財產租賃出賣所得稅法」，而將財產租賃所得，列爲新法分類所得稅之第四類。又將原列第一類之一時所得劃出，改列爲第五類。使原分爲三類之所得稅，改分爲五類。卽：第一類、營利事業所得。第二類、薪給報酬所得。第三類、證劵存款所得。第四類、財產租賃所得，第五類、一時所得。

惟五類分類所得中，未將原已課稅之財產出賣所得列入，但在新法施行細則第七八條，規定計算綜合所得稅時，則列有財產出賣所得，立法意旨，是否故意將財產出賣所得自分類所得稅中剔除？則不得而知。

卅五年之修正稅法，較修正前，非但條文、文字益臻周密，卽內容體制亦有進步，其中最堪稱道者，約有以下四點：

第一、提高最高稅率爲百分之卅（原爲百分之廿），惟爲鼓勵生產，充裕戰後物資供應，規定製造業減稅百分之十。

第二、首將法人所得與個人所得分別核課，新法第一類營利事業所得之爲公司組織者，以其所得合資本額百分比之高低，爲適用稅率之依據；其爲無限公司組織及獨資合夥組織者，以其純所得額之大小，爲適用稅率之標準。雖兩者同採全額累進稅率，但前者分爲九級，後者則分爲十一級。凡此皆表示兩者之相異，是爲暫行條例及舊法之所無，乃制度上一大變革。

第三、删除公營營利事業免稅條文，使公民營營利事業，在租稅負擔方面，立於平等地位，無所歧異。排除公營事業在商業競爭中之特惠優遇，自不失為稅法上一大進步。

第四、開辦綜合所得稅，是為此次修正稅法之最大特色。前此我國之所得稅皆僅有分類所得稅，而無綜合所得稅。至此，在所得稅法制史上已趨於完備。雖然卅五年修正所得稅法之綜合所得稅部份，因限於戶口不淸，人名不一，而未能實際開徵。但懸此鵠的，稅政當局之有心者，乃悉力以赴，刻意追求，終當有實行之日，竊以為今日政府在臺灣地區辦理綜合所得稅之頗具績效者，未始非當日修正稅法所奠立之始基也。

三、特種過份利得稅法

戰時所開徵之非常時期過份利得稅，已因戰爭之結束而名實不符，然戰後初期，生產貿易尚未恢復，物資供需之失調如故；物價並未平穩，商人之暴利亦如故，過份利得稅仍有其客觀存在之必要。政府乃於卅六年一月一日明令廢止非常時期過份利得稅，同時頒佈「特種過份利得稅法」以為替代。內容雖大致相同，但已縮小課徵範圍並提高起徵點，使商民稅負隨之減輕甚多。此一特種稅法施行未久，即於翌年（卅七年）四月一日隨所得稅法之再度修正而廢止。自此以後，我國所得稅之立法，乃復歸於單一法典制，於徵納雙方及研究解析工作者，均極稱便。

四、卅七年修正之所得稅法

卅七年修正之所得稅法，係將舊所得稅法，施行細則，營利事業資產估價方法及各種解釋令之具有長久適用性及一般原則性部份，合併編列而成。是爲立法技術上之一大進步。其中最值得表著其成就與特色者，約有以下六點：

第一、首創稅率級距及起徵點、免稅額，由立法機關於年度開始前制定公佈之制度，稅法本身不作明細規定，以增強所得稅對國民經濟生活及國家財政需要之適應性。

第二、分類所得稅第一類營利事業所得不再劃分甲乙兩項，合併稱之爲「公司、合夥、獨資及其他組織之營利事業所得」，待遇上不復再有歧異。

第三、爲配合當時物價波動激烈，幣値極端不穩之客觀經濟情況，對於部份所得之課稅級距及稅率，規定得經行政院核定，於每年四月、七月、十月，分別按政府主計機關公佈之生活費指數或躉售物價指數各調整一項，以資適應。

第四、降低綜合所得稅之最高稅率爲百分之四十（舊法爲百分之五十），其起徵點及級距，亦規定於年度開始前由立法機關制定公佈。

第五、稅級稅率之適用，一律改以所得額之大小爲準，不再按所得與資本之百分比區分。是爲我國所得稅法制上之一大改進，亦卅七年修正案之一大貢獻。

第六、首創所得稅預估暫繳制度。新法第七十四條規定「財政部爲適應國庫需要，得擬定估繳稅款辦法，呈請行政院核定，由當地主管徵收機關於每年三月十五日以前估定暫繳稅額，塡發繳款書，送達納稅義務人限於一個月內分期繳納。納稅義務人對於暫繳稅額，不得請求變更。」

五、卅九年修正之所得稅法

㈠政府播遷來臺後，所得稅法於民國卅九年又作了第三次的修正，於是年六月廿一日經 總統公佈實施。這次的修正，變革甚小，無論在精神、體制、稽徵範圍、核課體系諸大端，均與卅七年修正的稅法無大出入，祇在稅率方面，有下述兩點改進：⑴第一類營利事業所得稅稅率，由舊法之全額累進，改爲超額累進。⑵舊法規定製造業之營利事業所得稅，得依稅率減徵稅額百分之十，這次修改爲公用、工礦，及運輸事業得減徵稅額百分之十。亦卽舊法係對一般製造業之奬勵，新法則改爲僅對公用、工礦、運輸等三種事業奬勵。

㈡我國所得稅制度，在臺灣的推行，實自民國卅九年中央政府遷臺後開始。在此以前，中央的所得稅法，在臺灣並未施行。因臺灣係戰後光復地區，情形特殊，爲遷就日據時代遺留之租稅制度及人民納稅習慣，以先行穩定稅收，徐圖改進，故大陸之財稅制度，並未遽予移植施行。加以大陸剿共軍事局勢逆轉之影響，貨幣金融極度不安，故當局曾決定，對薪資所得稅及利息所得稅等均停止徵收。分類所得稅既多未開徵，綜合所得稅自亦無從核課。政府遷臺後，爲控制通貨發行，穩定物價，乃於卅九年實施新臺幣限額發行制度。於是政府消費能力之獲得，不得再循增發貨幣之捷徑，乃不得不仰給於稅收之整頓。於是開徵新稅，乃爲當務之急。在臺灣省政府財政廳主持策劃下，制定「戡亂期間臺灣省內各項稅捐統一稽征暫行辦法」一種，報經行政院於卅九年三月卅日核准施行。展開了臺灣稅制史上厥功至偉的稅制改革。此項暫行辦法，嗣經立法院於翌年（四十年）六月一日修正通過，易名為「臺灣省內中央及地方各項稅捐統一稽徵條例」。依據該條例第九條規定，凡應納戶稅之收入額，達綜合所得稅起徵點者，就其超額部份改徵綜合所得。同條例第八條規定，分類所得稅除營利事業所得稅、財產租賃所得稅及一時所得稅外，其報酬及薪資所得稅與利息所得稅，均准納稅人於完納戶稅時，照額抵納同年度本人戶稅及其帶徵之防衛捐。於是停徵中之分類所得稅及綜合所得稅，均因該條例之實施而復活。所不同於以前大陸時代者，即與臺灣固有之戶稅取得聯繫。

㈢查戶稅乃以戶為課徵單位，而就其全戶總財產及總收入課徵的一種直接稅，係日據時代所創辦，在臺灣已行之多年。臺灣財政當局憑藉此一人民業已習慣之舊稅，以推行我國稅制之所得稅，不唯煞費苦心，亦屬頗具卓見。是故推行以後，稅收激增，短短一年時間，直接稅收入，陡增八倍（自卅八年之五、五四〇、〇〇〇元，增至卅九年的四一、二七〇、〇〇〇元）（註三），奠定了我國所得稅在臺灣地區推行的良好基礎。

六、創立查帳制度

在此期間，另有一件在我國所得稅發展史上值得大書特書的大事，便是營利事業所得稅查帳制度的創行。雖然我國所得稅之推行，到卅九年，已有整整十四年，但營利事業所得稅之課徵，仍然未脫離估計核定之落伍方法。僅有查帳之名，而無查帳之實。雖然達成了稅收的目標，但與所得稅量能課稅的原則，卻大相逕庭。以我國第一大都會之上海市的營利事業所得稅查課情形來說，民國卅五、卅六兩年所適用之「第一類營利事業所得稅暨非常時期過份利得稅簡化稽徵辦法」（共十三條，民國卅五年四月十二日頒行），其中所採用之各業標準純益率計稅法，及民國卅七年二月二日行政院核定公佈之「卅七年度營利事業所得稅稽徵辦法」所採用之標準計稅制，均為主管徵收機關就抽樣查帳之結果，與納稅人代表（市商會及各業公會）就當年度核定之稅收預算協商訂定之各業課稅方法。並未眞正逐案查核帳證，以決定其稅額。當時輿論有譏為「包稅」「攤派」者（註四）。營利事業所得稅在臺推行之初，卽確定實施認眞查帳核稅之政策。為配合此一政策之實施，臺灣省財政當局先後採取了兩項輔助措施：⑴推行統一發票辦法，以有效控制營業單位之營業額。⑵舉辦工商普查，以建立正確稅籍。

同時遴用對於財政稅務具有專門知識之俊秀青年參加稅務陣營，以提高稅人素質，及增強稅務機關稽徵能力。於是乃自四十年度上期開始採行營利事業所得稅查帳核稅制度（註五）。但因當時商業會計法尚未推行，一般營利事業會計紀錄均欠完備，是以首次申報查帳之營利單位不及百分之廿，其餘百分之八十以上之營業單位，均依稅法規定逕行決定其所得額，惟從寬免處罰鍰。逕行決定所依據之利潤標準，係由各縣市稅捐稽徵處自行議定報請省府備案。翌年（四十一年）之各業利潤標準率，改由省府頒定範圍，交由各縣市依據省頒標準範圍，分北、中、南三區，集會議定各該區利潤標準。自四十二年起，此項利潤標準率，方由省府會同省議會及省商聯會統一釐定，令頒各縣市遵行。以後各年均由省府釐訂頒行，形成定制，相沿未變，以迄於今。

雖然利潤標準率之釐定，較實際平均獲利稍高，具有對不申報者，懲罰作用，但因工商單位會計紀錄之未臻完備，稅務會計知識之普遍欠缺，故結算申報情形，迄無起色。政府為求促進所得稅申報制度之建立，乃於四十一年一月一日起明令實施商業會計法，全省稅務機關為積極推行商業會計，乃配合該法之實施，全面輔導工商單位分期採行。惟結果仍不太理想，是查帳核稅制度雖經認眞執行，但實質上，並未能充分發揮所得稅量能課稅之精神。

肆、建制時期

一、四十四年之所得稅法

民國四十四年十二月十三日所得稅法第四次修正，同月廿三日由 總統明令公佈施行，全文計分六章一百廿條。條文中明訂新法自四十五年一月一日起施行。此次修正之要點有五：

㈠加強綜合所得稅。改分類所得稅與綜合所得稅並行制為營利事業所得稅與綜合所得稅並行制。新法之綜合所得稅係合併舊法之分類所得稅而擴大其課徵範圍，舊法分類所得稅之課徵範圍，分為五類（已見前文），未免太狹，不能網羅納稅人全部所得，新法擴大為七類，即：

第一類營利所得：包括公司之股東，合夥事業之合夥人，所分配之盈餘，獨資營業與行商貿易之所得。

第二類執行業務所得：包括律師、會計師、技師、醫師、藥劑師、助產士、工匠、代書人、著作人、經紀人及歌唱演奏者，以技藝自力營生者之所得。

第三類薪資所得：凡公教軍警公私事業職工之薪資、津貼、歲費、獎金、紅利、退職金、養老金、各種補助費及其他給與。

第四類利息所得：包括各級政府發行之債票、庫劵、證劵及公司債、存款、借貸款項之利息。

第五類租賃所得：包括一切財產及權利租賃之所得。

第六類自力耕作漁牧林礦之所得。

第七類其他所得，凡不屬上列各類之所得皆屬之。

是凡納稅人之一切所得，無不涵括在內，使綜合所得稅之課徵，臻於普遍公平，同時爲體現量能課稅之精神，減輕小所得者之負擔，同時規定得予減除扶養親屬寬減額及各項災害損失與費用，其屬變動性所得，並准分期計課。

(二)增列營利事業所得稅三年免稅及盈虧互抵條文，新法卅九條規定：凡新投資於公用、工礦，及運輸事業合於政府獎勵標準，而爲股份有限公司組織者，自開始營業之日起，三年內免徵營利事業所得稅。其非新投資創設，而爲增資擴展者，如所增設備之生產能力，大於增資擴展前百分之卅以上時，得就其新增所得部份，享受三年免稅待遇。

新法卅五條規定，凡公司組織之營利事業，會計帳册簿據完備，使用「營甲申報書」並如期申報者，其前三年內經稽徵機關查帳核定之虧損，得自本年純益額中扣除，再行課稅。

㈢首創所得稅稅率條例單獨立法之制。以往稅法雖明文規定於每一年度開始前，對於當年度稅率之起徵點及級距，經由立法程序制定公佈，以配合國家財經情況之變化，但迄未認眞實行。此次於修正稅法之同時，制定稅率條例同時實施，並於條例中明文規定施行期間爲四十六年一月一日起至同年十二月卅一日止，屆時如不另行制定，卽須再經立法程序通過延長施行期間，否則卽自行失效。此一創舉，使所得稅稅率條例之逐年制定公佈，成爲定制。

㈣恢復營利所得稅計稅期間爲一年，及採行預估所得分期暫繳制，總統於卅七年八月二十六日頒佈「整理財政補充辦法」，其中規定營利事業所得稅半年課征一次，並自卅七年下期施行（註六）。是爲半年查徵制之起源。政府遷臺後，此制未變，並於統一稽征條例中予以明文規定。施行以來，財經學者及會計企業界人士屢有要求廢棄此一年兩次查征之制度。並有外籍專家正式以文書建議政府恢復一年查征之舊制。咸以臺灣自實行幣制及稅制改革暨新臺幣限額發行以來，歲入充裕，幣值穩定，實毋庸採行半年征課之制，徒然浪費人力，無裨實際。此次修正稅法，乃採納此一意見，恢復以一年爲結算所得核課稅負之期間。惟爲兼顧現時征繳制對政府財政調度之優點，乃增列預估暫繳稅款條文（六十四條及九十六條），規定就上年核定之所得額，按本年稅率，計算應納稅額，於當年七月十日及次年一月十日前各繳十分之四。

㈤舊所得稅法施行時期，稅率係依據統一稽征條例之規定，綜合所得稅稅率初時（四十年統一稽征條例）爲年所得超過新臺幣三萬元者，稅率八%，共分爲十二級，最高超額累進稅率爲五〇%（所得額在一百萬元以上者）。至四十一年十二月三十一日修正統一稽征條例，改爲年所得超過新臺幣二萬一千元者，稅率一二%，共分爲十三級，最高超額累進稅率達六十%（所得在一百廿萬元以上者）。新法修正爲所得淨額（減除免稅額，寬減額及各項扣除後之餘額）在新臺幣五千元以下者，稅率五%，以次共分爲廿九級，最高超過累進稅率達八五%（所得在一百萬元以上者）。

營利事業所得稅稅率，初時爲半年所得額滿新臺幣六百元者，稅率五%，以次共分八級，最高超額累進稅率爲三〇%（所得在新臺幣廿五萬元以上者）。四十一年修正統一稽征條例，改爲全年所得額滿一千五百元者，稅率五%，以次共分十四級，最高超額累進稅率爲新臺幣二百一十萬元以上者稅率五〇%，新訂稅率條例修正爲全年所得滿新臺幣五千元至一萬元者課征五%，五萬元至十萬元者課征一〇%，十萬元以上者課征二五%。僅簡分爲三級，幾已近乎比例稅率制。因營利事業大多爲集合多數人之投資而成立之組織，其所得之大小殊不足代表投資者之負稅能力。採用超額累進稅率課征，乃強使資力差異甚大之納稅人，負擔同一高度之稅率，其不符所得稅之精神，可以想見。是新稅率之此一改進，已大爲減低營利事業所得稅之不合理程度矣。

二、五十二年修正之所得稅法

民國五十二年一月十四日所得稅法又作第五次修正。二月廿九日經 總統明令公佈施行。全文計一百廿六條，仍分六章，各章節名稱，除第一章經修正分爲「一般規定」及「名詞定義」兩節，及將舊法第四章第二節「改正估計」刪除外，餘均照舊沿用。但條文修正，多達六十餘處，是爲我國所得稅進入建制階段的一次重要修正。其要點如下：

㈠明定以中華民國來源之所得爲核課所得稅之範圍。

㈡簡化稽征程序，改一年兩次之暫繳爲一次，並廢除改正估計程序，着重於納稅人之自行估計。必要時方由稽征機關核定。爲杜塞納稅人估計不實之漏洞，規定短估達相當程度者，予加征短估金。

㈢增訂綜合所得稅之標準扣除額，俾納稅義務人得就實際發生之損費與標準扣除額二者，自行選擇。同時將教育寬減額併入扶養親屬寬減額，以資簡明。

㈣加強建立申報制度，爲此次修正案主要精神之一。是以增訂條文及修正文句之處甚多。蓋因舊法施行期間，申報情況，迄不理想，加以稅法有逕行決定之規定，一面予人以稽征機關權力過大之印象，多所訾議；一面又授納稅義務人以解除短報匿報所得責任之機。於是納稅義務人明知稽征機關所蒐集之資料不甚完備，乃故意避不申報，聽候逕行決定，以達其合法逃稅之目的。新法針對此病，規定對於未如期申報者，應通知補報，並加征滯報金。逾期仍不補報者，予以暫行核定，但仍課以申報義務。逾期仍不申報者，除依暫行核定所得課稅並再加征怠報金外，納稅義務人在十年內仍負逃稅漏稅責任，如稽征機關發見其有應予課稅資料，仍應予以補征並處罰。

使避不申報者長期處於無法脫卸申報義務之憂懼中。

㈤為增強推行全面申報之績效，及便利商民起見，新法又創立了藍色申報與簡易申報制度。前者為鼓勵誠實申報、帳册憑證齊全之營利事業，而仿自日本戰後青色申報制度以設計推行者。規定使用者可享有減免稅額及三年盈虧互抵之多種優待。後者係適用於規模較小之營利事業。其作用在適應小規模營利事業人手不足，會計能力較差之特性以設計者，使用簡易申報單位，雖仍應辦理結算申報，但免辦預估暫繳，亦不適用前述督促申報程序。

㈥配合發展經濟政策，擴大獎勵事業之範圍，舊法僅限於公用，工礦及重要運輸事業，新法擴大及於農、林、漁、牧、觀光旅館，及國民住宅等業，並將免稅期限，由三年延長為五年。同時，為鼓勵儲蓄存款便利產業資金之取得與融通，規定兩年期之儲蓄利息，及股份有限公司之股票、公司債、持有滿一年以上者之交易所得，均免予課稅。充分發揮以財政培養經濟之精神。

其他如營利事業已納外國所得稅之扣抵方法、資本增益及外籍人員薪資之征免，營業代理人之定義、公司組織不分配盈餘之限制、所得來源之劃分等，新法皆有明確規定。總之，無論就財政政策、稽征技術、作業程序、獎懲處理等方面以觀，新法均能適應時代需要，配合實際情況，而有明備詳細之條文，以供征納雙方共同遵循恪守。允為我國自試行所得稅制度以來，最為進步而完美之一部稅法。

伍、結論

我國所得稅制度之演變與發展，已略如上述。計自廿六年全面開辦以來，前後不過卅二年，比諸所得稅先進國家如英、德、美、日等，均見我歷史之淺短。（參閱註一）但三年前我國所得稅之申報件數已達一百零五萬餘件，爲臺灣地區總人口百分之九，其普及之速，比諸先進各國，並無遜色，但稅收比重近十餘年來則始終徘徊於僅占政府總收入百分之十上下。表面觀之，似遠落人後。故多年以來，論者每以其比重之低，對政府推行所得稅之努力，多所責難。實則，此乃經濟開發落後及國民所得過低之結果，非盡關稅制不良稽征不力也，茲舉例以明之。

據行政院主計處公佈，五十五年度臺灣地區國民所得，平均爲全年七、一七二元（五十六年二月廿二日徵信新聞報）而五十五年度綜合所得稅稅率，則夫婦二人免稅額爲一四、〇〇〇元，扶養親屬寬減額爲每人六、〇〇〇元。臺灣地區之每戶人口，平均爲六人。根據以上資料，我們可以看出，一個六口之家，按照國民所得平均值計算，每戶所得爲年四三、〇三二元，而基本免稅額平均每戶按倆夫婦一老三小計算，則爲三萬八千元，再扣減百分之十標準扣除額四、三〇〇元，是臺灣地區平均每戶之可稅所得僅七三二元，依當年度稅率三%計，平均每戶繳納所得稅僅二一·九六元。臺灣地區約爲二、一六〇、〇〇〇餘戶，依以上推算，全年繳納綜合所得稅額應爲四千七百四十三萬元，而當年度，臺灣省區已征起綜合所得稅額爲五億一千零八十四萬元（稅務旬刊五十六年六月三十日五六七期），已超過平均應征額四億餘元，其中固有因所得分配不均，高所得者因適用累進之高稅率，因而征起較高之稅額。但由於所得分配不均，同樣亦有相當數目之免稅戶不能征起分文，兩相抵補，此一成績，已屬難能可貴。

就學術理論言，綜合所得稅，乃平均財富，實施社會主義政策，以政治力量促成國民所得再分配之有效手段。但在資本發達，所得畸形集中之國家，亦能同時肩負財政使命，為國家提供豐富歲入，然在資本貧乏，產業落後之國家，僅能體現社會政策防杜財富分配之過分不均。至於財政目的，由於國民平均所得之過低，除犧牲國民生活水準，剝削其正常消費能力外，多屬無法達成。就我國現狀言，資本正在逐步形成，產業正進入發達之中期，政府正全力推動產業邁向高度發達之境界，故多方鼓勵與獎助資本之積蓄。在此經濟背景下之臺灣地區，責望所得稅獨當財政之重荷，毋乃奢望。

是以建立所得稅為稅制之中心，以預防財富之集中，則可；硬性要求所得稅為稅收之重心，以擔當公共支出之大任，則不可。簡言之在我國臺灣地區之現階段，建立所得稅制，似宜以之遂行社會政策，而不宜冀其擔當財政使命。甚至即遂行社會政策，仍有商榷餘地。蓋吾人今日究應容許資本之集中，以建立中心產業帶動全民經濟之高度發達？從而迅速提高國民所得？或應抑制資本集中，促進產業之平均發達，以緩慢提高國民所得？同屬學術界是非互見爭議不休之難題，未獲定論。拙見以為權衡輕重為趨利避害計，推行選擇性之綜合財產稅，或產業增益稅，似尚不無可取。

註一

註二：英國創辦所得稅最早，一七九八年，英首相威廉彼得 William Petty 爲籌措抵抗法國拿破崙入侵的戰費，創辦了三部聯合稅（Triple Assessement）向富有階級課以重稅。同時訂有各種寬免扣除規定，以兼顧納稅人之基本消費能力，是卽後來風行世界之所得稅之濫觴。但因開辦之初，辦法欠週，迯漏甚多，次年卽行廢止。改訂新法，規定由人民自行申報課稅。此法行至一八〇二年英法戰爭結束後，因人民之反對而停辦。當時英國國會曾決議毀滅所有關於所得稅之文書及著作，以示永杜所得稅課征之決心。但因英法戰爭再起，所得稅乃再舉辦。當時財相愛丁頓（Henry Addington）制定之稅法爲分類課源制。後於一八〇五年及一八〇六年，兩次修正，規模乃具。一八一五年英法戰爭結束，復又停辦，廿六年後，又因印度變亂及克里米亞戰爭而恢復續辦，時爲一八四二年。以後時辦時輟，至一八七六年，稅法始因歷經修訂而燦然大備，遂垂爲永久稅制。其特色爲差別累進課稅制，並輔以適當之免稅額，使符合量能課稅之公平原則，成爲後世爭相仿行之優良稅制。自一九一九年財相路易喬治增辦超額加征稅後，迄今並無重大修正。

繼英國創辦所得稅的國家是德國，德國的所得稅，以普魯士邦爲前驅，普魯士於一八二〇年開辦階級稅，卅年後，於一八五一年擴充爲分等所得稅，初時，其課征範圍僅爲小城市及鄉村。至一八七三年後，乃普及於全邦。一八九一年修改稅法，改稱一般所得稅，不採英國的課源法，而責成納稅人自行申報，其所得在三千馬克以下者，由稅務機關逕予估計。德國聯邦組成後，各邦一律停征，改由聯邦政府辦理。聯邦所得稅法成立於一九二〇年，至一九二五年修正補充後，其課征範圍，更大加擴充，遂奠定了今日德國所得稅的根基。

美國所得稅的創辦，稍晚於德國，背景與英國略似，也係在戰爭中成長。首次開辦於一八六一年，時當南北戰爭初期，稅制簡單，收入無多，征課範圍亦小，雖經多次修訂，擴大征課範圍，提高稅率，績效仍微，復因反對激烈，終於一八六七年戰爭終止後不久停辦（一八七二年）。嗣於一八九四年重定新法，但未及實施，卽因最高法院以其所得多者稅重，所得少者稅輕，不符憲法義務平等原則而判爲違憲。至一九〇九年塔虎塔氏出任總統，咨請國會修改憲法，一九一三年一月廿五日第十六次憲法修正案公佈施行後，聯邦政府乃獲得國會同意征收所得稅。兩個月後，衆院籌款委員會提出所得稅法案，同年十月三日經國會通過，樹立了美國所得稅基礎，並逐漸形成其國家歲入的主幹。其適用對象及於自然人、法人的所得，和公司所得兩部份。惟其開辦初期，所得稅之納稅人口，僅爲全國百分之一，稅收比重約爲聯邦歲入額百分之五。廿六年後，至一九三九年納稅人口，擴大到全國人口的百分之四弱，稅收比重，則增漲爲聯邦政府總收入的二分之一，而後逐年擴展，到一九六三年，納稅人口達到全國的三分之一。稅收比重增高到聯邦總收入的百分之八十，不過最近二十餘年之事，亦乃百年來美國經濟高度發達之結果，非純由稅政之功。

日本的所得稅，創辦於一八八七年（明治廿二年）爲擴充海軍，籌措向外發展之軍費而舉辦。初時僅對公債、證劵等資本所得課稅，次年修改稅法，列入法人所得。惟此時日本，產業尚未發達，歲入仍以貨物稅爲主。第一次世界大戰前後，日本經濟開始成長，公司組織之企業相繼設立，所得稅收入乃漸趨重要，約占政府總收入百分之十至百分之廿六之間，方與貨物稅收入相抗衡。然此時所得稅之納稅人口不超過九十萬人左右，二次世界大戰前，稅收比重，約爲政府歲入百分之十五左右。一九四〇年（昭和十五年）施行稅制改革，劃出法人所得，單獨課稅，同時改爲分類及綜合所得併行制，採就源扣繳法，並降低起征點，使原先不在課稅範圍之人，亦成課稅對象，納稅人口乃大幅增加。二次世界大戰後，由於通貨膨脹，幣値貶低，而起征點並未相應提高，才使其所得稅更進一步而普及於全國，形成其國稅之主流。稅收比重約爲政府歲入百分之五十上下。

註三：稅務旬刊一〇五期「當前自由中國財政問題之研究」，及四八期之資料統計。

註四：財政評論十四卷第一期（卅四年七月上海出刊）

財政評論十七卷第二期（卅六年二月上海出刊）

立信會計月刊六卷第九期（卅六年九月上海出刊）

立信會計月刊六卷第十一期（卅六年十一月上海出刊）

註五：參閱第四章壹節四目。

註六：俄閱四十一年四月十日稅務旬刊十九期「營利事業所得稅半年查征制度之商榷」

本文主要參考書刊：

稅務旬刊第十九期至五三八期

財政學與中國財政　上海商務版

我國秦代以降重要經濟史事舉隅試編（中國財政季刊第廿六、七期）翁之鏞

財政評論十四卷、十七卷

立信會計月刊六卷

民國初年的幾任財政總長　賈士毅

直接稅制之研究　張果爲

賦稅理論與實務　張兆符

歐洲與美國租稅結構的比較（賦稅研究月刊創刊號）　周玉津

美國個人所得稅的檢討與改進（賦稅研究月刊第二卷第四期）　孫之寧

我國推行所得稅之比較檢討（中國財政季刊第廿九、三十期）　周宏濤

刊於民國五十七年七月一日「賦稅研究月刊」第三卷十期

經濟部門

論合作運動與經濟改造

前言

屹立在東方赤色鐵幕外圍的臺灣，三年來，不僅因軍事力量的日益壯大，形成了太平洋反共陣線的堅強堡壘，其政治的進步，社會的安定，也爲東亞民主國家樹立了新型建設的楷模。這是舉世公認的事實，也是我自由中國，三年來，堅苦奮鬥，所堪引爲稍慰的初步成就。但我們肩負責任的重大，與時機的緊迫，我們仍須繼續加緊努力，以達成我們的目標，實現我們的理想。

無可諱言的，臺灣今日的一切進步、安定，與強大，都是基於一個因素，就是臺灣的經濟穩定。由於經濟穩定，社會民生才能安定繁榮，一切政令設施，才有順利推行的環境基礎。因此我們可以說，一切建設，須以經濟建設爲前提。今日臺灣的經濟，雖稱穩定，距基礎強固的程度，尚欠一程，正如安全分署施幹克署長所說，臺灣的經濟，祇有農業經濟的一翼，堪稱壯碩；工業經濟的一翼，尚待培養，必須兩翼俱健，才能振翅高飛，自由翔翱。所以陳院長最近在省財政會議中演說，提出加速臺灣工業化的主張，這正是實行經濟改造的最有力的方策。

臺灣經濟的本質

日本對臺灣的經濟建設，是完全仿傚殖民地政策的一貫原則，實施所謂：「工業日本、農業臺灣」；所以臺灣農業方面，諸如品種的改良、水利的興修，都確有可觀的成就。至於工業方面，日本原僅注重農產品的加工，如製糖與樟腦等，沒有在臺灣建立重工業的意向，就連關係臺灣農業命脈的化學肥料的製造，也是仰給於日本本土。凡此等等，皆爲一種殖民地型經濟政策的充分表現，使之不能擺脫對他的依賴，而獨立自存。直至「九一八」事變後，日本野心勃勃，欲使臺灣爲其南進基地，兼以臺灣的資源，可資開發利用，於是乃有日月潭水力發電（大觀廠於民國二十三年，鉅工廠於民國二十六年完成）與東西輸電系統的建設（分別於民國二十九年及三十三年完成），爲今日留下了這項值得稱道的動力基礎，其他機器工業、礦產開採，與化學、金屬等新式工業，亦相繼逐步創設，頗有欣欣向榮之勢。惜好景不常，未幾日本在太平洋戰事失利，盟軍飛機不斷轟炸，使本省正在茁長中的工業幼苗，備受損失，至光復時，一般工業，都已遍體鱗傷，陷於停頓。政府接收後，力圖修復。至三十七年底，大部工業均已復工。然據統計，三十八年本省生產總值三九、〇〇〇、〇〇〇美元中，農產品加工佔百分之八十，本年元月份本省對外貿易額七、一〇三、三二六·六七美元中，糖米茶水果樟腦等農產品爲六、五三六、二七五·八九美元，佔全部貿易額百分之九十強，可見臺灣仍是以農業經濟爲重心。雖然我們知道，農業經濟是國家富強的根基，但如不輔以工業，這種基礎是偏廢的，不健全的。在產業發達已造極峯的今天，徒具有農業經濟基礎的國家，在國際經濟競爭中，其前途是堪憂的。

經濟改造的意義與合作

自由中國全體軍民，今天正熱烈推行 總統四大改造運動，對於列爲四大改造運動之首的經濟改造運動，尤爲國內外人士所特別關切重視。本人願本所學所見一得之愚，略抒管見，以就正於經濟界前輩與先進學者。

根據上節所述，臺灣經濟現仍停滯在農業經濟的境地；工業經濟尚在起步之初，基礎亦甚稚弱。所以我們今天要做的經濟改造工作，應該明白的解釋爲經濟的發展工作。就是要把農業經濟的臺灣，發展成爲完備健全的經濟體系，使工業農業均衡發達，並駕齊驅。

總統在今年元旦文告中，昭示我們：「我們建設臺灣，要以臺灣作爲一個反共復國的基地來建設，作爲一個遠東反共中心堡壘來建設，建設臺灣的目的，乃在於全國、全亞洲……」。因此我們對於臺灣經濟建設的一切工作，不僅應着眼於如何充實及儲備反攻實力，還要着眼於實踐三民主義的經濟建設，爲未來建國工作創立良好的楷模，當茲經濟改造運動正在實行，對於此點，我們必須澈底瞭解與服膺。

其次，臺灣的經濟改造，不僅農業須待改進充實，工業亦需發展。所以這項改造工作，欲期其早觀成效，非有足够的資金運用不可，然而我們知道，今天政府，不論中央或省，都沒有大量的資金儲存，可資運用。這是經濟改造的致命傷。最近政府已準備開放對外人投資的限制，便是爲彌補這一缺陷，而採取的不得已措施。原則確極良好，不過我認爲在爭取外人投資之餘，還有兩件事，應由政府去做，第一、應力謀國內民間資本投資於生產事業，收集游散資金，集涓滴以成巨流，既可導無用爲有用，又可化阻力爲助力。因爲大陸沉淪後，國內資金之隱匿在臺灣，或港澳等自由中國號召所及的地區的數量，一定甚可觀，政府如不能把它引導投資於生產事業的正途，在國外的不說，在國內的實難免泛濫市場，成爲危害社會的游資。對於此點，希望政府儘量放寬法令約束，以爲誘導。第二、政府應該盡可能將不必由政府經營的事業，如農產品加工，農村機械等全部或一部，售於民營，收回此項資金，以作必要的運用。這兩點解決臺灣工業化所需資金的意見，也許有人要說這是發展私人資本，與三民主義基本精神之一的節制資本不合。作者堅信臺灣的經濟建設，必須依循三民主義的軌轍，前文已有述列，自不會提出相反主張。作者所說鼓勵民間資本投資生產事業，與售予民營，乃指集體的人民，而非私人；所謂節制資本，對於私人資本的節制，不任其無限制發展，走上資本主義的道路，各爲其一己私利，互相競爭，使經濟不能健全的發展，民生不能改善。所謂集體的人民，乃指人民依據自由意志組結的合作社而言。由人民透過合作組織投資於生產事業，或經營公共事業，與三民主義精神，不僅毫無悖謬，且爲實行民生主義之最佳經濟手段。此外，政府除爲抽用資金，可將農產品加工，農業機械及肥料之製造等工業，售予合作社經營外，對於農業之改良與充實，亦應利用合作社之組織，協助人民自力爲之。茲試列舉如下：

一、鼓勵人民組織合作社，增設工廠，以經營各種農產品之加工，及農業機器工具與肥料之製造。必要時，政府應以合作社爲對象，貸與資金，以資扶植。

二、鼓勵農民組織合作農場，指導其逐步使用機械耕作，以促進農村機械化之實現，並同時指導其改良品種，與修水利。

三、協助農民舉辦信用，及倉儲、保險等合作，以調節農村金融，維持產品價格，既可避免商人低價收購農產品，致穀賤傷農；又可免被商人操縱糧價。

四、辦理漁村合作，貸予專款，協助其建造漁船，發展遠洋漁業，減少外滙，改善漁民生活。

五、協助人民舉辦運銷合作，避免中間商人之剝削，減低產品售價。

諸如上述各事，皆爲經濟改造運動所必辦。亦皆以利用合作制度最易着手。總之，合作經濟是自有、自營、自享的新經濟制度，也是解放經濟上弱者的，最民主的新經濟制度。

註：一項之人民應包括農民與漁民。

合作制度的內容與優點

國父的民生主義，是從社會的立場，以互助合作的方式，謀人類共同慾望的滿足，共同利益的發展，以剷除寄生在社會中的剝削者，使各個人都要各盡所能，各取所值，每一個人的所得報酬，與其對社會所提供的勞務成正比例，在本質上便是與合作精神相符合的。國父在地方自治開始實行法中曾說：「此後之重要事，為地方團體所應辦者，則農業合作、工業合作、交易合作、銀行合作、保險合作等。」可見國父不但主張合作，而且還列為地方自治的要事，所以總統在民國二十四年，號召國民經濟建設運動時，曾規定以合作的原則與方式，推行這一運動；於今合作制度已列為基本國策，見諸憲法明文，現行憲法第十三章「基本國策」第三節「國民經濟」第一百四十五條規定「合作事業應受國家之獎勵與扶助」；此次總統倡導的經濟改造運動的口號也是「互助合作，增產競賽」。合作制度之所以被重視，實有其優異之處。玆謹就個人對合作的認識，申論於後。

所謂合作，就是指合作社的組織而言。合作社是全民的經濟組織；是從消費者的立場，逐漸收回其所需的生產、交易、信用等機構，由自己經營。其目的是要由共同需要的人，聯合起來，以和平漸進的方式，解除中間商人的剝削，並逐步改進整個社會的經濟制度。合作社的組織，首先出現於英國，一八四四年英國羅虛特爾的地方，二十八個法蘭絨工人共同設立的「羅虛特爾公平先鋒社」(Rochbale Society of Epuitadle Pioneers) 便是世界上最早的一個合作社，一八八九年法儒季特（Gide），提出合作主義綱領，將合作推進的方法，劃分爲三大步驟，第一步將一切消費合作社集合起來，從事商業行爲。第二步全體合作社集合資本，從事工業生產。第三步在稍遠的將來，從事農業生產，充實一切消費基礎。這樣首先由消費者立場出發，經營商業，逐步推進到工業、農業，是有計劃的改造社會經濟，以達到人類經濟利益相調和；既非自由經濟的利益對立，也非共產主義的階級鬪爭，與民生主義所說，社會的進化，由於人類大多數經濟利益相調和的觀點，完全一致。同時，合作經濟制度認爲自由經濟制度所表現的社會經濟行爲，是無組織無計劃的狀態，容易造成國家經濟的不景氣與社會財富的不平均，使國家經濟不能健全發展，人類生活不能共同改善。因爲：

第一、一切經濟恐慌，都是由於生產與消費間的平衡，被破壞所至。這種平衡的破壞，可以分爲兩種原因：一種是生之者寡，食之者衆的供不應求；一種是生之者衆，食之者寡的供過於求。前者在產業革命以後，交換經濟發達的今天，有市場價格來喚起企業家，增加生產供給，所以由於這種原因造成的恐慌，已極少見。最爲嚴重的，是發生於後者原因的恐慌，雖然市場價格，亦可警告企業家，壓低或停止他的生產供給，可是工資、利息等許多繁複的問題，會鉗制着企業家，不讓他有壓低停止的自由，所以這種恐慌，最爲嚴重。要想免除這些恐慌的威脅，最好的方法是保持生產與消費間的平衡；要想保持這種平衡，祇有有計劃的經濟組織才可以做到；就是一切生產，都是依照着一定的計劃，按照社會的需要，不使生產過多，亦不使生產過少。這在自由經濟，卻是辦不到的。

第二、在自由經濟社會，生產者的目的，是獲取利潤。因此，商業競爭便是必然的現象；競爭的結果，必然惹起企業家的互相吞併；吞併的結果，使生產集中在少數資本家手裏，生產集中便造成市場的獨占，資本家取得生產獨占的地位後，便會提高產品價格，剝削優厚的利潤，受害的則是社會的消費大衆。這個道理，國父在實業計劃中有過說明，解釋很清晰，國父說：「蓋大公司能節省浪費，能產出最廉價物品，非私人所能及，不論何時何地，當有大公司成立，即將其他小製造業掃除淨盡，而以廉價物品供給社會，此固社會之便利，但所不幸者，大公司多屬私有，其目的在多獲利益，待至一切小製造業，皆爲其壓倒之後，實無競爭，而後將各物之價值增高，社會上實受無形之壓迫也。」

這兩種情形，在自由經濟是難以避免的惡果，但在合作經濟，則不至發生。因爲：

一、合作社是羣衆的經濟組織，其一切經濟行爲，是有計劃施行的，所以不會發生生產過剩或不足，導致經濟恐慌。

二、合作社是以公平價格、消滅利潤爲組織目的，其利益屬於社員全體，且係按社員消費或交易比例分配，即令其發展到足以獨占市場，亦不會提高商品價格。

除此以外，合作社還有以下四項優點，值得一述：

民主化：合作社是民主化的組織，其社員表決權的行使，是一人一票。
平民化：合作社是平民化的組織，任何人皆得自由參加，而享有平等待遇。
社會化：合作社是社會化的組織，其盈餘不按股本多寡分配，是對資本主義最有力的攻擊。
經濟化：合作社是最合經濟目的的組織，可以以極低代價換取最高利益。

結論

綜合以上各節所述，我的結論是：臺灣的經濟改造，是未來建國的楷模，必須實踐三民主義的經濟政策，因爲三民主義是建設新中國的最高指導原則。加速臺灣工業化，是實現經濟改造的必經途徑；而解決工業化的資金問題，與改進農業經濟，必須以積極提倡並扶持合作組織的發展爲手段。最後，我謹引用谷正綱先生在中國合作事業協會臺灣分會第三屆年會席上發表的演詞中的一句話，爲本文作結：「合作制度是廢除剝削建立平等合理的經濟制度，我們發展合作事業，也就是推行一種經濟改造運動」。

刊於民國四十一年合作經濟月刊二卷十一期

解除人口壓力的對策

我國是個視子女衆多爲人生一大福澤的國家。對于剛剛取得生兒育女權利的新婚夫婦，親友們便會虔誠地祝福他們「多子多孫」，典雅一點的祝詞也是「瓜瓞綿延」，「螽斯衍慶」，甚至年青夫婦的臥室門聯，也以寫「紅梅多結子，綠竹廣生枝」，或「繞膝芝蘭茂，齊眉日月長」爲最吉祥得體。好像男女的締婚，不是爲了愛情，而營共同生活，乃是就爲了生兒育女來着。所以國人常以「無後爲大」爲勸勉人結婚或「納寵」的義正辭嚴的說詞，其權威性，猶如春秋大義之不可搖撼。反之，詛咒仇人，莫過於罵他「絕子絕孫」。如果這個家庭不是子女成羣，「芝蘭」繞膝，便是象徵着破敗沒落。因之而有「有子窮不久，無兒久久窮」的諺語。這種重視子女，而以子女衆多爲福澤的觀念，大概是與我國傳統的農業經濟社會和宗教制度有關的。因爲舊的農業社會，地多人少，農地的耕作，都還在粗放經營的階段，有人就代表着有勞力，也就象徵着財富。

可是，時代變了，一切觀念也得跟着改變。就本省現在來說，我們的生存空間是無法擴張的，而農地的墾殖，也到達了極限，但人口的膨脹卻有增無已，因此，我們這一傳統的多子為福的觀念，現在已面臨冷酷的挑戰了。日前中國農村復興委員會主任委員蔣夢麟博士對本省人口問題所發表的談話，便具體的指出了這一冷酷事實的嚴重性。它（人口壓力）正正面地威脅着我們為提高生活水準的一切努力，若假以時日，它更將威脅着我們的生存。蔣博士指出我們政府和人民近年來努力以赴的兩個四年經濟建設計劃，所獲得的成果，已被這幾年所增加的人口抵銷了！我們朝野矚目的偉大民生建設——石門水庫工程，歷時數年，費款鉅億，還加上友邦的全力協助，但是它完工後的成果，卻祇消一年另四個月時間所增產的人口，便把它全部吃光！蔣博士指出照目前本省人口的增加率計算（每年增加卅五萬，相當於一個高雄市），二十年後便會增加一倍，達到二千萬人。但是至多十年，我們的糧食增產便不夠自己的食用了！二十年後將何堪設想！這樣冷酷的事實，迫得我們不能不改變傳統的多子觀念了，我們必須立即採取對策，制止人口的膨脹，才可避免十年以後，飢饉載途的悲慘命運。我們能採取怎樣的反人口膨脹的對策呢？我以為第一是節育，第二是移民：

先說節育，我以為節育思想不該完全在避孕和墮胎方面打主意，我們必須同時注意到晚婚和節慾，以釜底抽薪的方法，阻止生育。所以對于節育，我提出五點努力的方向：

一、制定法律，禁止早婚。

二、宣傳人口壓力的嚴重性，印發書刋，呼籲節育。

三、公開而普遍的傳授避孕知識和技術，對知識份子採用書刋傳授，對非知識份子，應由政府和農復會合作，訓練縣市鄉鎭衞生人員，深入農村民家講授避孕方法，在都市城鎭，則以集體講習會方式實施。

四、免費供給避孕藥物及醫療，免費接受子女衆多的婦女請求打胎。

五、由農復會出資，協助政府在鄉鎭農村普遍設立娛樂場所，以充實鄉村人民的閑暇生活，分散其情慾衝動的機會，減少生育的自然成因。

在此我們必須引用徵信新聞四月十九日社論中的一段，以解答認爲墮胎成爲合法行爲後，將助長不正常的性關係之發生，而影響善良風俗的反對論調。該社論說：「是的，墮胎成爲合法以後，將便利許多不正常性關係者，減除其關係的痕迹，然而性關係的放寬，乃是人類歷史行程的不可免的缺憾。不施行合法墮胎，人們也必求助於黑市醫生的低劣手術，其危險和包容在內的悲痛，更不可以言語形容！而且，我們堅持讓一個無辜的小生命出世，以證實他父母的罪行，結果受苦難的，將不是「犯罪」的父母，而是那個無辜的新「人」。我們有什麼權利要讓那個無辜的小國民來替我們擔當衞道的犧牲？讓它在有生命以前消失，不僅是對他父母的道德，對于那個腹中的胎兒，是更大的道德。何況，任何反對墮胎的法律，都不能使人類消失對異性追求的興趣，世界歷史早已證明了這一點，戰前的法國嚴格禁止墮胎，何曾能使法國人民免於浪漫生活？」

此外，我們仍須鄭重地指出一點，即節育工作的全面展開，有待於有意義的宣釋和知識的傳授。而這宣釋和傳授的對象，應該是鄉村重于城市，知識水準較低的家庭重于知識水準較高的家庭。這道理甚易明瞭，不必多所辭費。

解除人口壓力第二個對策，便是移民，這也是需要政府和人民的通力合作的。我以爲要想移民工作能够順利而成功的進行，必須：

一、由政府設立移民輔導機構，專門負責移民地經濟情況的調查及公告，宣傳，與一切移民工作的進行。

二、由政府供給運送工具，及到達移入地以後必須期間內的生活費用，和生產器材。

三、由政府代向移民地政府洽妥開墾耕地及宅地的無價供給期間，和免稅優待條件。

四、移入地的中國使領館，須設置專人負責移民間及移民與當地政府間事務的處理及指導。

我們知道，這樣做，政府是要籌出一筆爲數可觀的經費以資運用的。但這項經費的花用，並非純粹的消費性支出，它是具有生產作用的另一種投資支出。正如資助家庭中子弟的出外謀生以減輕家庭固有負擔一樣。何況我們還可以以借貸方式，讓移民分期償還呢。

總之，在本省來說，人口壓力現在已不再是遙遠的顧慮了，它已經成爲一項緊迫在眉睫而必須立即設法解決的嚴酷威脅了。我們絕不能再狃于不切實際的任何傳統觀念或藉口來踟躕猶豫了。歲月無情，十年光陰轉瞬即至，「自然」不會允許我們再蹉跎下去了！希望政府當局立即劍及履及，策劃對策，迅付實施，以免馬爾薩斯氏筆下那種積極抑制（Positive Check）的悲慘罪惡的歲月來臨，便將無計可施了。

刊於民國四十八年五月一日「中國賦稅」第五十二期

食鹽專賣的目的是什麼

報載：財政部爲加強鹽業鹽政的管理，正計劃將食鹽改爲專賣，並計劃將鹽務總局與臺灣製鹽廠合併。該部現已指定鹽務總局局長朱玖瑩研訂有關食鹽專賣條例草案，經立法院通過後實施。另據透露，食鹽實行專賣後，臺灣製鹽總廠決定取消，而將現有的七股、布袋、北門、烏樹林、鹿港、臺南等各鹽場直屬於財政部食鹽專賣局下。簡化管理手續，降低生產成本，改進鹽民生活。對于這一消息，在原則上我們沒有什麼意見，我們所關切的，是改行專賣的目的是什麼？如果旨在減少管理階層，簡化手續，以降低生產成本，改善鹽民生活，我們是百分之百的贊成。但要達到這些目的，似乎不一定要實行專賣，祇要調整組織，將現行職司相同，而重疊併存的臺灣製鹽總廠裁併於鹽務總局，並向省糧食局收回食鹽配銷業務自行經理便成了。因爲今天臺灣鹽政上所存在着的問題祇有兩個：一個是管理機構多餘的重疊；一個是配售運銷的業務委託省糧食局代辦，割裂了產製銷售一元化的鹽政體制。誰都看得很清楚，今天的鹽務祇剩下臺灣一地，而鹽產又集中在南部沿海地區，管理極爲便易，實在用不着在中央有個全國性的鹽務管理機構的鹽務總局，在地方又有個組織職司與中央級的鹽務總局完全相同的臺灣製鹽總廠。這個廠雖名爲產製，而事實上則並不生產，是個純司管理的地區性鹽務機構。所以把這個廠裁撤，而將其人員併入鹽務總局，以加強其組織，以便接辦食鹽配銷，及強化稽核緝私等工作，就能够同時達到簡化管理手續，和產銷一元化防杜私漏的目的了。我們實在看不出實行專賣與這個目的有什麼關聯？因此，我們很自然的便揣想到財政部擬行食鹽專賣的眞正目的究竟是什麼？我們想很可能的，還是爲了財政目的。

本省四十六會計年度實銷食鹽七二、五二三公噸，平均每人年食鹽斤七·二五公斤以上，折合臺秤爲一八八、五臺兩，每月食鹽一五·七臺兩，依照本省飲食習嗜推斷，這項食鹽的消費數量是切合實際的。也就是說本省內銷的食鹽量除了因人口的增殖而加多外，是不會因加強防緝私梟而巨額增加的，所以在我們估計食鹽專賣後，可能獲得多少利益的時候，根據四十六年度的實銷數推算，是不會有多大出入的。現在市面上食鹽售價是每臺斤一元四角，折算公斤爲每斤二元二角七分五，鹽稅的負擔是每公斤一元六角三分，工業用鹽免稅，漁業用鹽減半征收。每年鹽稅收入是一億二千餘萬元。改爲專賣後，祇要把鹽價提高一倍，每年便能爲國庫增加一億五千萬元收入，對國家當前財政，自然是不無小補。在人民負擔上，每人每月增加一元四角左右的消費，也不爲過重。但是，鹽的性質究竟不同。它是人民日常生活的必需品，雖征重稅，亦不能減少其消費，是和食糧一樣缺乏需要彈性的民生必需物質。對鹽課稅，是一種不分貧富，不問負擔能力如何的變相人頭稅，極端違反財政理論上的公平正義原則。專賣雖非征稅，但它是寓稅於價的，與課稅的結果並無二致。所以對於以財政收入爲目的的食鹽專賣，我們雖非期期以爲不可，但我們是堅決主張非到萬不得已，不可輕率採用的。萬一要採用，我們希望立法與財政當局對於這筆收入的用途要預作審愼決定，最好能指定作爲造福貧民（尤其是鹽民）的社會福利支出，庶幾乎不尸暴歛之名。

刋於民國四十八年七月一日「中國賦稅」第五十六期

我們需要一個農業現代化運動

壹

近年來，由於政府喊出加速臺灣工業化口號的影響，以及工業建設的突飛猛進，多彩多姿，因而使社會的注意力都集中於工業的成長，對於農業經濟的建設與發展，便在有意無意間被忽略乃至於淡忘了。這種現象的繼續存在是不適當的，是有待糾正與扭轉的。因爲就經濟的觀點來說，工業與農業是同等重要的。一個國家的富強康樂，其經濟基礎必須是建立在工農兩大產業的適度配合與相互發展之上的。誠如七年前美國經濟合作總署中國分署署長施幹克博士所說：「工業與農業，猶如車之兩輪，鳥之雙翼，必二者具健，方能振翮九霄，馳騁萬里。」事實上，政府建設臺灣的大政方針也是這樣的。儘管加速臺灣工業化的口號響澈雲霄，但「以農業培養工業，以工業發展農業。」仍然是本省經濟建設的基本原則。因爲臺灣是個島國，由於自然資源的限制，其開發與建設，是不能不以農業爲其基礎的。如果沒有良好的農業經濟作基礎，工業是沒有憑藉發展的。無論是就原料的供給、資本的累積，或是產品的消費來說，都是如此。過份偏重於工業的政策不對，過份偏重於農業的政策，也同樣不對。工業和農業，祇是一個產業上的分類，而不是劃分時代的階段。雖然在經濟史上有過農業時代、工業時代的劃分，但那祇是在表示一個史期的特徵，說明人類經濟生活的發展順序而已。並非如政治史上的專制時代與民主時代一樣，是截然不同的不能並存的兩個階段。農業雖不能阻扼人類對工業生產的需要，同樣地，工業也不能代替人類對農業生產的需要。所以不論工業如何發達，人類卻不能夠祇要工業而不要農業。以美國爲例，美國是個高度工業化的國家，但是她並未因她已經高度工業化而輕忽了農業的經營。雖然在她一億七千三百萬人口中，祇有百分之十二的人以農業爲生；在他們全年三千五百億美元的國民所得中，祇有百分之五是農業所得，但是美國政府對農業卻極重視。農業政策在美國的公共政策中，仍然是最爲重要的一種政策。國家用於農業政策方面的經費，也是最大的一筆開支。卽以聯邦政府的組織來說，農業部也是最龐大的一個部。反觀我們臺灣，在全年三百零一億元的國民所得中，農業生產占百分之三十二；在全省一千萬人口中，依農業爲生的有百分之五十。由此可見農業在臺灣經濟上的地位，遠比在美國經濟上的地位爲重要。但是我們的社會，顯然是不甚重視農業的，尤以近幾年來爲然。二次世界大戰以後，是農業科學進步最快的一個階段，最新的原子科學已被應用到農業生產方面。但是臺灣的農業，除了水利、選種、施肥以外，主要的經營方式和耕作技術，仍然沒有脫離了祖宗遺留給我們的那一套傳統！所以在今天朝野上下一致熱烈推進臺灣工業化的運動聲中，我們希望關心國家經濟前途的人士也能同時注意到臺灣農業經營現代化運動的推進。我們總不能在同一個國度裏，使一半走在時代的前面，而使另一半停留在時代的背後。何況，一個結構健全的經濟是永遠無法在這種畸形狀態下誕生的呢。

貳

臺灣土地總面積三五、九六一平方公里，農業用耕地約占百分之二十五。耕地面積爲八七五、七九一公頃，其中約有五十五萬公頃爲灌漑面積。農業人口約七十五萬戶，五百萬人，占全省總人口百分之五十。每戶平均經營土地面積約爲一．二公頃。主要農作物有米、甘蔗、甘藷、鳳梨、香蕉及茶葉等。作物制度爲每年二作，或三作。主要農產品的生產數字：米年產約一百八九十萬噸，除省內消費外，每年約有剩餘米穀十五萬噸出口。糖年產約八九十萬噸，主要在供給外銷，每年約有七十萬噸輸出。所換取的外滙占國家外滙收入的首位。猪的飼養，近年來已成爲農村的主要副業，飼養數已超過三百萬頭，除供給省內消費外，近年已有若干輸出。

臺灣農業所得占國民總所得約爲三分之一，農產品的出口總值占臺灣出口貿易百分之九十以上，爲外滙收入的主要來源。其中糖占首要地位，米次之，再次爲茶、鳳梨、香蕉、香茅油等。農業進口，以化學肥料爲主，農藥次之。臺灣每年所用化學肥料約六十餘萬噸，除省內出產二十餘萬噸外，每年須進口三十餘萬噸。此外並需進口棉花、小麥、大豆等農產品，分別用爲紡織、麵粉及榨油等工業原料。

以上所述是臺灣農業經濟現況的大要，現在再來看看臺灣農業對於整個國民經濟所必須擔負而且要繼續擔負下去的使命。

第一、臺灣是個海島，限於天然環境，其耕地面積無法再予擴張，而現有的可耕地都已全部開發利用。目前除海埔新生地外，已沒有可供開墾的原地。但本省的人口卻每年以百分之三·五的高增殖率不斷的激增，於是食糧的需要量日益增加。爲了供應這逐漸增加的食糧需要，除了有計劃的調節人口以外，就必須要在現有的耕地面積上，設法生產更多的食糧，以應人口日增的需要。那末唯一的方法，祇有設法增加單位面積的生產量。

第二、臺灣農產品的出口，占全省輸出貿易總額的百分之九十，爲外滙收入的主要來源，其中又以糖米爲輸出的主幹。而外滙收入，又是維持省內人民生活水準及工業建設的必要支付工具。到目前爲止，尚沒有發現省內任何工業產品有取代農產品出口地位的可能，那麼，一方面是耕地面積受制於天然環境，無法增加；一方面卻是食糧需要與輸出要求的有增無已，在這種交相煎逼的情形下，除了迅速在省內建立肥料工廠，以減少農業進口的外滙需要外，仍然是祇有設法增加現有耕地的單位生產量的一途可走。

綜合上述兩點，顯明而無可爭議的，是我們爲了要維持現有的生活水準，和促進省內工業的建設，農業經濟所擔負的使命是任重而道遠的。那麼，如何才能使我們的農業經濟能够勝任這項責無旁貸的艱巨任務呢？這便是值得大家深思熟慮的課題了。

叁

農業上增加單位面積生產量的方法很多，如選擇及改良品種、增加施用肥料、與修水利、防治病蟲害等均可達到這項目的。但是對本省的農業來說，這些方法都已被採用，而且現在仍在繼續加強地採用，雖然尚未達到增加產量的極限，不能說這些方法已不能再收增產的實效，但其效果將是緩慢的，不太能滿足我們今天要求農業作加速度增產的理想。那麼什麼樣子的增產方法才能符合我們的理想，滿足我們的需要呢？我以為推行農業機械化是比較適當的。而且實行農業機械化以後，不僅可收快速宏大的增產績效，同時，它將會改變我們農業經營的方式，使我們的農業經濟全盤而迅速地進入現代化的領域。所以推行農業機械化，不止是為了符合我們當前的需要，為了符合農業發展的趨向，同時，也為了加速臺灣農業的現代化，和充實臺灣農業經濟的內容。其收益是多方面的。現在我且就管見所及，列舉實行機械化以後的本省農業經濟，將可能收獲到的利益于次：

一、增加生產量，減低生產成本。

二、以機械代替耕牛後，可使農村原來飼養的耕牛轉化為乳牛和肉牛，從而發展為另一種農業經濟事業。

三、節省農業勞力，減少農業人口。至於節省下來的農村剩餘勞力，可以有以下五種出路，供其選擇轉化：

1.指導他們從事其他農村副業，如畜牧猪牛及其他手工業等。

2.輔助他們經營漁業，發展本省的遠洋漁業。本省四面環海，漁業前途未可限量。

3.輔助他們經營林業，發展本省的森林事業。本省林地占總面積百分之五十五，林業前途極爲樂觀。

4.教育和訓練他們（農村的青少年），使成爲農業發展和改良的研究人才，或農業機械的製造修護技師。

5.輔助他們轉變爲工業勞力的預備軍。

四、由於耕作的機械化，再配合栽培方法的改良，便可以逐漸節省土地利用的時間，增加作業次數，改單季爲雙季，改雙季爲三季，以增加稻穀產量。

這樣一來，不止是食糧產量增加，生產成本降低（相對的又等於產量增加），而且是減少了農業人口，擴充了農村事業，使本省的農業經濟內容更形充實。

寫到這裏，我們必須要回過頭來討論一下，就本省農業現況實行農業機械化將遭遇到的阻礙，與克服這些阻礙所必須採取的改良和變革的途徑。

首先，我們遭遇到的阻礙，便是本省小農制農業的缺點；農家多，土地少，因而農地分割得零碎、星散、不整齊、不集中。使用機械耕種，不僅搬運操作要曠費時日，而且困難重重，幾乎是得不償失。所以實行機械化的第一步準備工作，便是要推行「農地重劃」，把所有零亂的田坵，重新予以劃分，把不規則的坵形、田塍、農路和給水系統，完全規劃整齊，使每一農戶所有耕地都集中成爲一個整齊的方塊。這樣不僅便於耕耘，不必疲於往返。且可節省田塍所浪費的土地，增加耕地面積，及減少抽水費用，亦是一舉而有數得的改進。不過這項工作的推行，必須先經普遍的宣傳，扭轉農民不變祖業的思想，從觀念上贏得農民的支持，而後方可以技術資金來協助他們進行重劃工作。現在臺南縣的仁德鄉及屏東縣的萬丹鄉，都曾試辦過這項重劃工作，而且都已圓滿的完成了。可見祇要籌劃周詳，農地重劃工作，也是不難迅速完成的。

其次，我們遭遇到的阻礙，便是農民無力購置機械的問題，以及機械的操作、修理、保養等的技術供給問題。如果這兩項問題不獲解決，機械的普遍推行，仍將是紙上談兵，難期實現。解決這兩項問題，我認爲最有效而又有利的方法，是推行農業經營的合作化。其採用的類型，可以爲利用合作社式的，也可以爲合作農場式的。後者較前者，雖屬更能發揮經營的優越效率，但是，以農民的知識水準、傳統觀念、合作熱忱，能否接受合作農場式的合作？是頗成問題的。若使勉強組合，恐怕難免要糾紛生事。所以我以爲，在初期以組織機械利用合作社爲適當。同時，以鄉爲單位，在政府監督指導下成立示範合作農場，作爲經營的示範。如果績效好，農民們自會羣起仿效，自行組合。農民們有了合作組織以後，購買機械的能力自然增強了。政府這時也可透過農業金融機構如土地銀行，合作金庫等，以合作社或合作農場爲對象，貸予購買機械的放款，或以分期付款方式爲之採購，如此，購置機械的問題便迎刃而解了。同時以合作組織來經營機耕，不僅其機械的操作修理，保養等技術問題，都可由聘定專人負責而解決於無形，而且更能使機械的利用達到適當的最高水準，不致於閑置浪費。

肆

推行農業機械化，是使臺灣農業經濟走向現代化的一項脫胎換骨的偉大改造工程，也是使臺灣農業經濟能夠勝任支持臺灣工業發展使命的一項必循途徑。而農地重劃與農業合作化，便是農業機械化推進展開的兩大基石。

刋於民國四十八年八月一日「中國賦稅」第五十八期

打開財經困局有待果敢行動

本刊第六十八期社論：「望今年，論改革」一文，曾指出我國財經處境，因美援削減及人口增加的壓力，已經驅使我們面臨到一個非以大幅度改革，便不能突破難關，克保國民經濟生活及國家經濟建設平衡發展的地步。日前陳兼行政院長在列席立法院第廿五會期首次院會報告施政時，曾列舉政府計劃中將實施的經濟措施，計有：㈠利用減免稅捐辦法鼓勵國民儲蓄，並普遍建立儲蓄網。㈡解除或放寬各項管制措施，以改善民間投資環境，便利僑胞與外人投資。㈢進一步開放公營事業轉移民營。㈣繼續執行精兵政策，今後國防支出，將儘量配合整個預算與經濟建設。㈤修改所得稅法，改進或廢止各種財產稅課，精簡各種消費稅課。㈥簡化租稅稽征程序，健全稅務人事制度。㈦設立財務法庭。㈧恢復中央銀行制度。加強銀行業務之監督。如果讀者是關心時政，注意國家財經措施的話，一看陳兼院長所列舉的這些計劃實施中的改革項目，便知道這些項目幾乎都是揭立已久，而迄今猶停滯在「計劃」階段的方案。要等他們都能見諸實施的行動，還不知道要等待到何年何月？就我們記憶所及，早經政府主管當局一再宣示將予儘快實行的關於財經方面的計劃，就有：「①開放證券市場，以便利長期資金的流轉融通。②恢復中央銀行，主持並監督全國金融活動。③設立財務法庭，以加強欠稅及稅務案件的追訴與清理。④改革稅務機構的體制，以提高稽征績效，強化稅務行政等等，這些都是經過至少已有兩年時間的「研究」「計劃」，而到如今仍然是不能確知其施行爲何日！如果說這樣是審愼，那麼我們倒寧願政府能躁急一點。否則，徒然在計劃室會議桌上把急需改革，而且尚有改革可能的時機都荒廢過去了，等到三年五年以後，一切都已爲時太晚，我們能拿着那份十全十美的計劃或方案，叫時光倒流嗎？何況社會情況與經濟條件是在不斷的變化中，要想在這些變化莫測錯綜複雜的情況與條件下，追求一個十全十美有百利而無一害的計劃或方案，根本是不可能的呢！再說我們已經輕輕的浪費掉十年了，目前的處境已經急迫得不容許我們再這樣蝸行牛步了。因此我們不得不萬分誠摯而惶恐地向我們的政府建議：我們不能再因循自誤了，我們必須要勇敢果決的行動起來，我們甚至寧願失之輕率，也不能再像前此的穩重了。健全的政策和方案，是重要的，但更重要的，還是劍及履及的積極實行，眼前的例子如：前年開始的外滙貿易的改革，事前也並未經過多麼長時間的研議與策劃，僅以尹仲容氏沈着強毅果決的推行，便在短短的時間內克服了許多驚心動魄的障礙險阻，清除了被認爲積重難返的多年積弊，使當年曾爲財經軀幹上不治之瘤的外滙貿易部門，一變而為今天財經體系中最為健全進步的環節。反之由王雲五先生所領導的行政改革委員會，曾經網羅了國內的各部門專家學者，花費了半年時間的研擬策劃所提出的整套改革建議方案，其思慮不為不周，設計不為不詳，但因未予付諸實行，其功能績效不過是徒添一段政治佳話而已！國父曾有知難行易學說的提倡，其旨趣便是在鼓勵人力行。所謂力行即是革命，一個革命者如果不肯「行」，則一切理想方策，便永遠祇是一個美麗的理想而已。

現在事勢已經非常明顯的擺在我們面前，我們為了要生存和繁榮我們必須要面對以下的三個問題，並設法解決它：㈠美援的逐年減削所帶給我們財政上的重大負擔（年約十一億元新臺幣）。㈡軍公教待遇必須合理的提高（年約廿五億元新臺幣）。㈢三期經建計劃所需的巨額投資（每年約需新臺幣八十億元以上）。這三項全都是財政問題，也就是說它們都是要錢，要錢，要錢！可是我們的財政現況，目前已是年有赤字，拮据萬分，如何再能平白地增加原來所不曾有的如許巨額負擔?!然而這卻是無法躲賴的擔子，挑不動也非得挑不可。那麼除了卸去已在肩上的一部份負擔以外，便祇有增加自已的負荷能力。前者是節流，後者是開源，就開源來說，我們所能想得出的有三條路：①增發通貨，這是飲鴆止渴的辦法，無異自殺，絕不可行。②加稅，以本省國民所得及其負稅率來衡度，如果不是作竭澤而漁的打算，還想源遠流長地留得青山砍柴燒的話，加稅也是不可行的。至少在目前的國民所得水準及目前的租稅結構下是不可行的。③洽請友邦分擔軍費，這一條路是可以行的，而且也有理由能行得通。但是政府必須要先有爭取的憑藉：其中包括着預算的改革和澄清。否則，外國人恐怕不會像我們的立法院那樣容易派司。再說節流，朝野人士幾乎一致認為政府可節之流甚多，但是祇聽政府一再說要精簡機構撙節開支，卻一直看不見政府有什麼具體的行動，何況即使我們所設想的開源節流之路，都能一如理想地走通，它們所能解決的，也祇不過是我們所面臨的難題之①和之②而已。剩下的難題之③仍然要我們另作他圖，那就是現在朝野上下成天在喊叫着的改善投資環境，以吸引僑資和外資。可是據有關官員透露說，改善投資環境條例要到年底才能全部準備完成，明年才開始實施。該官員說話時尚是年初，距年底尚有十一個多月。一項條例的制定何以需時如是之久？令人不解！另外一件，也是為國人瞻望已久的證券市場之設立，原也是為了便利投資和國內長期資金融通的一件重大措施。政府雖早經同意設立，然至今卻仍千呼萬喚而猶未出來！凡此種種，都足顯示了我們政府的一項弱點，那就是政府不是沒有發現解決問題門竅的智慧，而是沒有起而力行的果斷和勇氣。如果說力行是革命者所必需的朝氣的話，那麼，我們政府今天事事表現出來的緩慢遲頓龍鍾態，就實在難免於暮氣之誚了。願政府當局拿出魄力來解決問題，則國家民族與反共建國大業實深利賴。

刊於民國四十九年三月一日「中國賦稅」第七十一期

客卿的諍言

在九月裏，有倆位外國友人先後發表了兩篇他們對於我國當前財經局面改善的意見，一位是美國國際合作總署中國分署署長郝樂遜先生，一位是我國財政部聘請的美籍稅務顧問柯洛克先生。這一期本刊想借社評的有限篇幅，把這二位先生所提出的意見摘要介紹給本刊讀者，讓大家比較比較這二位有卓識遠見的友邦專家，對改善我國財經現狀所提出的意見，與本刊一向所執持的觀點，有何異同？

首先，我介紹郝樂遜先生的意見，這是九月五日他在聯合國中國同志會發表的演說摘要：

㈠他說「經濟發展並無秘密或神妙之處，經濟計劃可以像軍事行動或建築計劃一樣，列成圖表，它需要的祇是意志和決心」。

㈡他認為加速臺灣經濟發展，應採取兩點重要行動：①對現有可用的資本設備，作更有效的運用。②盡力實質地提高再投資的比率。他說「在執行以上兩點時，中國政府和人民必須從事一項綜合而大膽的計劃，和若干需要的步驟，也許不爲大衆所諒解。這些必需的步驟，包括以下各點：①減少政府預算。②嚴格做到預算的平衡。③對私人企業減少管制，和官僚式的指揮。④切實改革稅務和銀行制度。

㈢他說：「臺灣國民平均收入，大約不到一百元美金一年。收入如此之少，自然很難望有所儲蓄，如果政府再從這樣少的收入中，課以重稅，作爲政府消費之用，人民將更難有所儲蓄。美國的平均國民年所得是臺灣的廿五倍，但是國家對每人徵稅作爲國防開支的費用比例，只有臺灣的一半。現在如何早日用一切可能的合理的方法減少軍費，是絕對重要的事。

㈣他說「在過去，平衡預算收支常是不可能的，……銀行制度經常被要求發行更多的紙幣，這已經引起了通貨膨脹，在過去十二個月以來，生活費用已上漲了很多。在通貨膨脹的情形下，所有正常的經濟活動都顛倒錯亂，幣值每日都在貶落，人民都被鼓勵着去消費而不事儲蓄。假如一個人知道，明天或下星期物價將漲，他去儲蓄才是發傻。」他斷言：「除非臺灣通貨膨脹情勢能被控制，將不可能使人民作必要的努力，以促成經濟的加速發展。」

㈤談到誘導經濟發展的方法，他說：「不幸在臺灣現有太多的干涉障礙和管制，這些都只能使工商人士洩氣，抵消了誘導。」又說：「公營事業的效率，遠不如私人企業，這是有很多理由的，用政治方法而非良好的管理來決定價格、工資、員工的數目，及其他重要的問題，結果總是造成浪費、效率低、損失和品質不良。」在過去，曾有許多可能投資的外國人到這裏來，他們常問的第一個問題是『政府會在原料的價格上對我們歧視嗎？』或『政府會在銀行借款、外滙滙率、利率上優待公營企業，而對我們加以歧視嗎？』

㈥他說：「臺灣經濟既不能自給，資本又是非常地缺少，而目前的政策，卻是妨害着增加生產，並且鼓勵資源的浪費和不適當的使用。我願意舉臺灣的利率來做一個例子，在目前的情形下，官定利率可說是太低，大家都承認我們最嚴重缺乏的是資金，可是目前利率政策，旣妨礙着資本的形成，又鼓勵了資本的浪費，和無效率的使用。」「假如利率高，人們可以儲蓄得更多，將會供應更多的資金；假如利率高，資金也將使用得更爲有效。資金也就不會盡用於建築辦公大厦和華美的店面。……除此之外，還須改革銀行業，藉使銀行貸款得適當的利用和管制，同時鼓勵儲蓄並確使銀行制度能够促進經濟發展。」

其次，我再介紹柯洛克先生的意見，這是他在離臺返美前，所提出的「稅務機關稽征職權條例草案」的要點。

一、稅務局長及其正式委派之屬員，有權「責令納稅人、納稅人之代理人和扣繳人，或任何第三人提出其紀錄及有關計算其所得及其他稅課事項之證件。銀行、交易所，及其他金融事業不得例外。」及「請求中央、省、縣市之政府機關，及省專賣機關及公共團體之主管人員供給有關課稅之資料。各該機關及團體對於所請求提供之課稅資料而爲其所管理者，除國家安全有關之文據或資料外，應負有逕予提供之義務。」

二、稅務局長爲查尋財產，征收正式塡發稅單所載稅額，得行使本條例規定之一切查察方法。上項權力，應包括對納稅人任何財產之查封拍賣權，資以強制征收確定稅款，及其有關之利息、罰鍰、罰金，及法定之征收費用。

三、被調查之納稅人藏匿現金、資產或證券，而逃避納稅者，該公務員應向稅務局長提出申請書，載明事實及環境以及其所懷疑或假設隱匿所得額所基之資料，並請塡發搜索狀，以憑進入其營業場所、辦公處所、房屋、設置或指定其他納稅人所控制之場所（包括私人住宅之一部份用爲藏置卷宗之辦公處所或場所者）檢查並搜索所需之文據。

四、執行搜索之稅務人員，發現有關所得及其他課稅事項之賬簿文據，及發現欠稅人之現金、財產或證券時，得扣留其具有證據性質，或可據以追查所得或其他課稅事項之文據，倘納稅人之欠稅已至強制征收階段時，並得按其欠稅數額，留置認爲相當數量之現金，財產或證券。該稅務人員於留置保管或凍結該項現金，財產或證券時，應由法院提存所人員陪同，並將留置、保管，或凍結之現金、財產或證券交由法院提存所人員負責保管。

看了這倆位外國朋友的意見後，我們有兩點感想：第一、他們雖然生長在對於人民自由和財產權利保護得最爲周密的國家，但是他們並不同意利用自由和私有財產權作爲非法逃稅的盾牌，甚且認爲政府對於此種保障人權的作法爲不當，應該大幅度的糾正。第二、他們到底是在自由制度社會中生活慣了的人，養成了直言無隱，毫無忌諱的性格，雖對外國亦未多改其本色。令人既愛且羨，質之讀者諸君，不知以爲然否？

刋於民國四十九年十月十六日「中國賦稅」第八十四期

金融部門

值得喝采的改革

十一月二十日行政院院會通過財經兩部及外貿會三位主管首長的臨時提案，修正外滙貿易管理辦法，實施單一滙率，將原來該辦法中所列甲乙兩種物資（包括美援物資在內）合併爲一種，一律照繳或照給結滙證，其他政府或私人的滙出入滙款及美援貸款的償付亦同。

這確是一則出人意外的令人喜極而驚的好消息，它不僅將在我國經濟建設史上寫下劃時代的一頁，亦且足以顯示我政府一個振敝起衰的嶄新的作風正在開始。國人輿論都應該不吝給予熱烈的喝采與讚譽，以鼓舞政府這一新作風的擡頭，和多方面的開展。

首先，我們對政府這次毅然實施單一滙率的觀感是這樣的。

一個有作爲的政府，其每一項措施都該是出於政策性、根本性的考慮，它的眼光是在遙遠的未來，不是急功近利的目前得失。這樣的政府，才能夠從容持重，循序漸進地，肆應裕如，而有條不紊。才不致頭痛醫頭脚痛醫脚的，爲了一些芝麻蓁豆大的小事，忙得不可開交。近若干年來政府有很多地方完全犯了頭痛醫頭的毛病，遇事不作原則性的打算，不從根本處着手，所以政令紛紜，小組林立，搞得莫衷一是，權責難分。結果是扶得東來西又倒，愈弄愈亂，欲治彌紛。但是，這次的實施單一滙率的措施，已完全一反以往的作風，確使人有面目一新之感，實在値得我們特別提出給予讚美：

第一、大家該能記得今年四月十二日的外滙貿易改革，是經過全國輿論界一年多不斷的抨擊催促，才千呼萬喚始出來的。而這次的實施單一滙率，政府卻是走在輿論的前面。雖然關心國家經濟前途的人士都在期待着單一滙率的早付實施，但是大家似乎都知道其中問題重重，牽涉太廣，所以都在體諒着政府的困難而容忍未發。而政府外貿當局居然能勇於任事，率先提出，一洗近年以來各級政府間流行的推拖作風，實在是一次非常突出的表現，頗能使海內外人士對政府的施政作風，刮目相看，重新評價。

第二、就我們所知，政府此次主動的實施單一滙率，並沒有爲他解決掉那些目前急待解決的困難。換句話說，在實施單一滙率以前，並沒有什麼問題，非迫使政府立卽以實施單一滙率來解決它不可。而政府之所以要主動實施單一滙率，主要目標是在完成外滙貿易的改革工作，使它達到完善的地步，以爲國民經濟建設的長期發展，排除阻礙，開闢坦途。這種着眼於未來的全盤打算，也一反以往那種急功近利頭痛醫頭的錮習，樹立了一個從原則上尋求根本作法的政策楷模。

第三、這次的滙率一元化，一元得極爲澈底，沒有留下任何例外，不論是民營物資的輸出輸入、公營物資的輸出輸入、美援物資的輸出輸入，以及能夠發生外滙收支的一切政府和民間事項，都適用同一規定。政府絲毫沒有爲美援相對基金的增加與繳付能力的困難作護短的打算，也沒有爲自身採購國外物資所需外滙預作除外規定。這種平等與負責的態度，完全是現代精神的踐行與體現，在我國政治上也是彌足珍貴，非常難能的。

其次，我們再來看看實施單一滙率後，所可能發生的影響：

第一、在物價方面的影響：這可能是大家所最關切的問題，這次單一滙率的實施，實際上祇是將原來列爲甲類的輸出入物資的外滙規定廢除，改按乙類輸出入物資的外滙規定辦理。所以可能有所影響的，祇限於原列甲類輸出入物資，其中除糖米鹽等輸出物資，對國內物價不發生影響外，剩下祇有進口物資的重要機械、原油、棉花、黃豆、小麥等五項（肥料係以米穀之出口外滙購入，不受此次改變滙率的影響）其中黃豆小麥二項雖列爲甲類進口物資，但一向皆分別由中信局物資局進口後，在市場標賣。其中標價在未實施單一滙率時，就已經與現行的單一滙率（三十六元三角）相等。所以滙率改變後，祇要兩局對標價不提高，自不會影響它們的市場價格。現在該兩局負責人在改變滙率後，都已先後表示仍將維持原價標賣，即使調整爲數亦甚微小。所以這兩項物價的變動，將是微小不足道的。至於重要機械與原油兩項物資，其主要進口者，是臺電與石油兩公司，石油公司雖已於改變滙率的當日調整各項油價，但原油的使用，以政府機關占最大多數，對市場物價影響，極爲有限。至於臺電方面，其公司當局已於改變滙率後表示，該公司因改變滙率而增加的成本負擔，將在貸款延期償還，及減低利息方面設法彌補，電價將不考慮調整。那麼電力對於當前的物價，自不會發生任何影響了。最無法避免要因這次改變滙率而加價的，祇有棉製品一項。這兩天棉紗市場已陷於停頓，恢復交易後，價格之看漲，自屬意中事。不過在羊毛、尼龍、人造棉等織物之競銷下，其價格的調整，亦必將在合理的範圍以內，不致過份扳擡。基於以上的分析，我們可以看出這次單一滙率的實施，對於國民生活費用是不致有多大影響的。

第二、在財政金融方面的影響：先說財政方面，政府雖因向國外採購物資須附繳結滙證而增加支出，但可自美援相對基金及關稅收入之增加，而獲得補償。此點嚴財長在立法院已有詳細報告，限於篇幅，我們不再引述了。至於金融方面，由於美援物資出售亦須添附結滙證的結果，將可吸收大批通貨回籠，加以實施單一滙率後，臺糖公司將有能力償還其歷年積欠臺銀數達十億餘元之貸款，這些都將增強臺銀控制信用的能力，對安定金融貢獻頗大。

第三、在經濟方面的影響：這次實施單一滙率的主要目的，便是促使我國工業化的加速完成，但是其具體的成效，卻無法一一列舉，我們祇可以作原則性的展望，那就是：①單一滙率實施後，將使我國貨幣的內外價值趨於一致，從而建立起遂行自由經濟的基礎——價格機能，使企業經營立於同一條件之上作合理的競爭，充分發揮汰弱留強優勝劣敗的進化定率，以求導致剛強健康的經濟早日誕生。②單一滙率實施後，將有助於外資僑資的內流，以充裕我國經建資金，以補國內資本蓄積之不足。③我國雖爲國際貨幣基金會會員，但由於我國以往行使複式滙率，不合於該會的規定，因之不能獲得該會任何金融援助。實施單一滙率後，我國將有資格申請該會給予會員國的一切援助，使我經建工作又多一項裨助。

總之，這次單一滙率的實施，無論就它的實際功效或它所體現的精神意義而言，都是值得擁護和喝采的。深望政府當局能一本這種實行理想的負責精神，堅持到底，並發揚光大。

刊於民國四十七年十二月一日「中國賦稅」第四十二期

我國省縣銀行制度之研究

銀行之起源與發展

銀行業務，始於何時，已無所考。但據劉全忠教授所著銀行學一書稱，早在紀元前六世紀，巴比倫已有銀行之設立。更爲令人驚異的，是當時的巴比倫銀行，除了經營貨幣的兌換業務外，還兼營抵押放款，物品買賣，發行紙幣，及保險貴重物品等業務。

稍後，在紀元前四世紀，希臘已有各種銀行出現。當時的銀行，仍以兌換貨幣業務爲主，而兼營存放款及轉帳業務。並已有公司組織之銀行設立。亦有寺院，兼營銀行業務之兌換貨幣、保管財產、吸收存款、辦理放款等。

古代的埃及，已有國立銀行，及私立銀行。除辦理存款放款業務外，並代政府征收租稅、代理國庫，及墊付公款，對埃及政府財政，有很大幫助。

降至羅馬時代，銀行業務更爲進步，其最早而著名之銀行，爲紀元前二世紀所設立之 Argenaril 銀行。羅馬之法律極爲完備，對於銀行之管理與監督，已有許多見諸法律明文規定。今日銀行之破產，存戶享有對銀行財產優先受償權利，即始於此時。當時銀行業務，已較複雜，舉凡兌換、存款、放款、信託，及代政府墊款等業務，都已經辦。

中古時代，意大利爲世界商業中心，爲便利商民交易，銀行業務乃乘時興起。當時私人經營借貸，係在市場中置一長櫈業者即在櫈上營業，長櫈之拉丁文爲 Banchi 即英文 Bank 一字之由來。至於公營銀行，則始於一一五七年設立的威尼斯銀行（Bank of Venice）。舉凡近代之銀行業務，威尼斯銀行無不具備，尤以貨幣兌換，及經理滙兌爲其主要業務。一四〇七年，又有熱那亞銀行（Bank of genoa）之成立，是爲歷史上最早的兩家公立銀行。該兩行直至十八世紀末葉，尚在繼續營業。

十七世紀之際，世界經濟重心，發生一大轉變，因大西洋航路及北美洲之發現，商業中心乃自南歐之意大利，北移至荷蘭，爲適應商業上之需要，歷史上最負盛名的阿母斯特丹銀行（Bank of Amstertam）乃於一六〇九年設立。繼之而起者，有一六一九年成立的德國漢堡銀行，一六八八年成立的瑞典斯德科爾摩銀行（Bank of Stockholm），一七〇三年成立的奧國維也納銀行（Bank of Vienna），以及法國、俄國、德國、奧國等地其他公立銀行，也相繼建立。除此等公營銀行外，私營銀行在此一時期內也很發達。因爲當時各城市之貨幣紊亂，達於極點，尤其若干小國，大都充斥着成色重量不一，磨損而不完整的本國及外國貨幣。上述威尼斯、熱那亞、阿母斯特丹等銀行設立之主要目的，即在整頓此等貨幣紊亂的現象。其整頓之方法，乃按生金銀價格，收存各種成色重量不一的貨幣，而以成色重量均一的標準貨幣給付提存。

英國爲近代銀行的發祥地，因工業革命導源於英國，其後更執世界海外貿易之牛耳，銀行業之發達，乃爲必然的趨勢。考其源流，應溯及十七世紀末，倫敦金店（Goldsmith）代客保管金銀及貴重財物始。此種保管，初爲安全目的，故金店不付任何報酬。其後，金店利用客戶存金，放款牟利，爲了吸收更多存戶，才開始付息。金店更給予存戶以存款收據，同意其隨時提存，於是，此項收據乃得代替現金而流通市面，是爲英國支票制度之嚆矢。一六九四年，蘇格蘭人皮特生（William Peterson）以貸款一百二十萬鎊予英國政府，而取得英王威廉三世（William III）之特許，設立銀行，發行鈔票（以一百二十萬鎊爲限）是即今日之英格蘭銀行，不僅爲英國近代銀行之先驅，亦爲世界各國中央銀行之鼻祖。一八三三年，英頒行銀行法，乃奠定英國銀行制度的基礎。同時，美國第一聯邦銀行於一七九一年成立於費城，法國法蘭西銀行於一八〇〇年成立，確定法國銀行制度。德國於一八七一年建立德意志帝國後，設立國家銀行，統一銀行制度。至十九世紀末，世界各主要國家的銀行制度，均先後建立矣。

由上所述，吾人獲得一項概念，即中古以前之銀行，其社會功能，較爲簡單，不過爲貨幣之兌換，財產之保管，存放款之經營而已。降及近代，由於經濟之高度發達，貨幣流量之豐嗇，及運轉之方向，影響於經濟之均衡調洽，與成長繁榮者，至爲深鉅。於是銀行之功能，遂由消極的兌換、保管，與因應供需，而轉變爲積極的調整金融，輔助生產，支配經濟運行的機關了。茲列舉其重要功能，簡述如下：

一、溝通生產資金之供需：

銀行乃居於資本之需要與供給者之間，使社會中剩餘之資金，導入生產事業之正途。因社會上常擁有巨額資金而無法運用，同時，亦有企業家欲經營企業苦無資金者，有銀行則可以居間溝通而結合之，使各如所願。如此則社會上之游資，盡入於生產之途，而生產事業，亦不虞資金缺乏，而日益發達矣。

二、調節通貨供應，維持物價之安定：

社會經濟之運行，富有季節性之變化，其中尤以物價爲然。而物價之陡高陡低，不僅影響人民生活之安定，抑且危害經濟之運行。而導致此種季節性之變化者，厥爲通貨量之季節性之自然伸縮。爲消弭此種物價波動之因素，確保社會經濟之正常運行，則端賴銀行以金融樞紐之地位，從中適時調節。當社會通貨過剩時，銀行則緊縮信用；反之，當社會通貨不足時，銀行則擴張信用。如此則物價變動減少，國計民生均沾其利。

三、移轉異地間資金之供需，平衡利率：

在日益趨向大規模生產的今日，生產者於資金之需用，大多仰給於資金市場之借貸。因之，利率之高低，影響於生產企業之榮枯者，至深且鉅。利率之重要既如此，爲求全國之生產事業，在同等經濟條件下競爭成長，則必須維持全國各地利率於同一水準。然利率決定於資金之供求關係，欲平衡利率，則非自均一各地資金供求之情形不爲功。是則有賴於銀行發揮其經濟動脈之功能，以調節異地間資金之盈虛消長，使資金過剩區域之資金，移轉至資金不足之地區，彼此挹注，互相勻補，務求利率均一，無高低懸絕之殊。

四、增加固定資本之流動性，便利工商之融通：

工業化生產特徵之一，爲固定資本之比率加大。而固定資本之機械、房屋、土地等，均不能迅速變現，缺乏流動能力者。是以企業經營者，多以陷入呆滯之巨額固定資本而不能運用爲苦。近代銀行爲便利企業家此種融通，有抵押放款，證券貼現等業務之舉辦，使固定資產獲得相當之流通性，以便利企業者之資金周轉，及生產之進行。

五、調節買賣雙方之收付時間，協助交易之完成：

買賣雙方，常以收付貨款時間之不能適合，而致交易無法達成。近代銀行爲促進交易之完成，有票據貼現業務之舉辦，使買賣雙方恰如所願，均能如其理想之時間，而收回或支付其貨款。因之，銀行對於交易市場之協助與推動，厥功至偉。

我國自辦銀行興起雖晚，但省銀行之淵源卻甚早，遜清咸豐二年，戶部爲推行銀錢票，乃撥給庫銀，並招募商款，於各衝要地點，設立官銀號，雖無近代銀行規制，但已具銀行之雛形。最早以省銀行之名出現者，當爲遜清光緒二十八年（公元一九〇二年）之直隸省（卽今之河北省）銀行。其次，則爲光緒三十二年（公元一九〇六年）之四川濬川源銀行，及宣統三年（公元一九一一年）之浙江銀行。此三者雖爲官督商辦之銀行，卻乃中國成立最早之省銀行。民國肇建，各省相率自定規制，財政既追求獨立的財源，金融也隨而蒙上一層地方主義的色彩，更從而變本加厲，既控制造幣廠，又着眼於官銀錢號，或改稱官銀號，或改稱省銀行，漸成省級金融機構矣。計民國以後成立之省銀行，首爲民國元年一月成立之江蘇省銀行（總行設上海），繼之有民國三年十二月成立之濟南山東銀行，民國八年一月開業之太原山西省銀行，及民國十三年八月開業之廣州廣東省銀行。據統計，民國十六年以前設立之省地方銀行，共有二十三家。十六年後相繼倒閉，僅餘江蘇、浙江、山西三省之省銀行而已。經倒閉後改組者，計由省政府出資者十五家，由財政部與省政府合資者二家，由官商合資者六家，由財政部省政府與商資合營者，僅四川省銀行一家。民國十七年以後，各省紛紛設立省銀行，如：民國十七年一月開業之南昌江西省銀行，同年七月開業之鎮江江蘇農民銀行，同年三月開業之開封河南省銀行，同年十一月開業之漢口湖北省銀行，民國十八年一月開業之長沙湖南銀行，同年三月開業之天津河北省銀行，民國十九年十二月開業之西安陝西省銀行，同年七月開業之迪化新疆商業銀行（雖名爲商業銀行，實質則爲省銀行），民國二十一年八月開業之桂林廣西省銀行，同年九月開業之昆明雲南富滇新銀行（亦具有省銀行之實質），民國二十四年開業之福州福建省銀行，同年十一月開業之成都四川省銀行，民國二十五年一月開業之合肥安徽省銀行。據民國二十五年全國銀行年鑑之統計，自十七年至二十五年，省市營銀行，總行共達二十一家，分行達二百五十三家。抗戰期間，銀行業特別蓬勃，自民國二十六年「七七事變」起，至三十一年八月止，五年內新設銀行達一百零八家。其中以商業銀行爲最多，計六十二家，次爲省市立及縣立銀行，計十九家。如民國二十八年六月開業之皐蘭甘肅省銀行，同年八月開業之康定西康省銀行，民國二十七年六月開業之寧夏銀行，民國三十年一月開業之歸綏綏遠省銀行，民國三十年八月開業之貴陽貴州省銀行。截至民國三十四年八月底，抗戰勝利前夕，後方銀行總數，據中央銀行金融機構業務調查處統計，總行共四百一十五家，分支機構達二千五百六十六處，其中省銀行總行二十家，分行九百二十五處。勝利後成立者，計有民國三十四年十一月開業之西寧青海省銀行，三十五年五月開業之臺北臺灣銀行，勝利復員期間，銀行業承戰時之繁榮，數量仍繼續增加，此等銀行，以商業性投機業務居多，與通貨膨脹關係，互爲因果。政府乃頒行「加強金融業務管制辦法」，責由財政部配合各地銀行分佈情形，指定限制地區，嚴格限制各銀行復業，及分支機構之增設。但利之所在，趨之若鶩，截至民國三十六年底止，根據中國金融年鑑之統計，全國銀行總行共有七百二十六家，分行達三一二一處，其中省銀行佔二十五家，分屬二十四省。按「省銀行條例」，規定以一省一行爲原則，惟江蘇省除省銀行外，尚有江蘇省農民銀行，因歷史與業務之特殊關係，准予存在。以上如此衆多之銀行業，卻多偏處沿海沿江各都市。抗戰期中，未見改善，財政當局爲使金融配合後方建設起見，曾於二十八年第二次地方金融會議以後，完成西南西北及鄰近戰區之金融網計劃。但其中除陝西、廣西、甘肅三省所設之銀行分支機構，分佈尚稱合理外，其他各省則仍多集中於少數地區之現象，孜孜爲利，搶做生意而已。我國過去此種不健全的銀行制度，與戰後膨脹無已的貨幣，皆於民國三十八年底大陸軍事撤退而告一段落。目前僅有者，除臺灣銀行外，祇土地銀行（民國三十五年六月一日接收日人勸業銀行臺灣分行，予以改組於同年九月一日正式成立）臺灣省合作金庫（係民國三十五年十月五日，接收日人產業金庫改組成立）而已。目前大陸上已無省銀行，有者，僅所謂「人民銀行」及其分支行耳。

前述北京政府時代於民國五年設立之大宛、昌平、通縣三農工銀行，應爲我國縣銀行之濫觴。惟眞正縣銀行之設立，尙爲民國二十九年一月二十日公佈「縣銀行法」以後的事。該法公佈後，財政部曾咨請各省省政府，督促各縣普遍籌設。自後，又由財政部頒佈「縣銀行章程準則」及「設置辦法」等，以爲設置縣銀行之規範。經財政部之督導，及各省省政府之獎掖，截至民國三十二年四月止，全國縣銀行計有二百二十三家，以省別言，四川省最多，計九十七家，陝西第二，計五十家，其次河南，有四十六家。中央銀行受財政部之委託，於民國三十一年一月特設縣鄉銀行業務督導處，監督指導全國縣鄉銀行之業務。直至民國三十四年六月，財政部授權中央銀行檢查全國金融機構之業務，爲適應需要起見，乃將縣鄉銀行督導處改組爲金融機構業務檢查處，負責全國金融業務之檢查。往後各省競相設立縣銀行，至民國三十六年底止，據中國金融年鑑之統計，縣銀行總行達四百八十八家，分行一百八十七處。但縣銀行因資本有限，人才羅致不易，業務無法開展，終去理想甚遠，無甚成績之可言。大陸淪匪後，縣銀行均被改組為「人民銀行」之支行或辦事處矣。

我國銀行的興起與演進

我國久處於自給自足的農村經濟，所以伴隨着工商業經濟以俱來的金融事業，發達較遲，有之，惟古代之鄉賬制度、合會，與典當業而已。宋代因鹽茶交易頻繁，長江上游一帶有交子之行使，為後世鈔券之嚆矢。明季因九邊軍餉的盤運艱難，尚有公私款項的劃撥制度，頗利於異地間之交往，為後世票號之前驅。海通以降，沿海都市勃起，票號衰微，錢莊代興，我國金融事業，發展至是，已登極境。至於新型銀行之出現。始自上海開埠後之六年英國東方銀行在上海設立。惟該行成立不久，即告停業。繼起者，為英之麥加利銀行(Chartered Bank of India and China)，及滙豐銀行(Hong Kong and Shanghai Banking Corporation)，法之東方滙理銀行德國華德銀行，美之花旗銀行（The National Bank Newyork）。俄之道勝銀行，日之橫濱銀行，正金銀行，比之華比銀行等。一時外商銀行林立，遂各假租界為其基地向外發展，竟至喧賓奪主，儼然掌握我國金融事業之主宰。直至遜清末葉，始有國人自辦之新型銀行。首為光緒三十二年，盛宣懷等創設之中國通商銀行。其次，為戶部奏設之戶部銀行，後改大清銀行，民國後改稱中國銀行。爲我國第一家官辦銀行。與稍晚設立之交通銀行（郵傳部奏設），在北京政府時期，同爲具有國家銀行性質之官辦銀行，惟仍與今日之中央銀行制度不同。北京政府時期創立之專業銀行。有民國八年之中國農工銀行，民國十年創立之農商銀行，民國十二年創立之浙江實業銀行，民國十年創立之中華勸工銀行，民國八年創立之鹽業銀行、墾業銀行、邊業銀行等。然究其業務，多與商業銀行無異。至商業銀行及各省地方銀行，自民國成立後，國人新設逐漸增多。自民國元年至民國十六年，全國共有總行五十二家，轄分行六一八家。抗戰勝利後，據統計民國三十六年底，全國銀行總行達七二六家，轄分行達三一二一家。以數量言，不爲不多，然以銀行制度，未臻健全，益以銀行業者的牟利心過重，服務心薄弱，故對國家之經濟開發，及工商資金之融通流轉，甚少貢獻。

我國自有銀行之始，卽爲官辦，終清之世，未曾改觀。民營者，祇浙江興業銀行於光緒三十二年，與浙江實業銀行於宣統元年相繼設立，可謂得風氣之先。後亦於民營銀行中，錚錚有聲。然其創始之初，浙江興業銀行賴浙江鐵路公司發起，股本一百萬元，收足四分之一卽行開業。浙江實業銀行，初爲官商合辦，至民國十一年官商分離，才爲眞正民營銀行。現存林林總總的各種銀行，均爲民國以後的產物，然仍商不敵官，相去甚遠。卽令民營銀行已稍有基礎，亦非普通商人所敢問津，不賴有所憑藉而能崛然而起的，很少能持久而不弊的。蓋自海通以來，角逐於商業市場，漸漸形成新興力量者，非與鄉土觀念發生聯繫，卽以行業關聯而成幫口。絲茶木材藥料商人，與典當錢莊票號等幫，都爲其中翹楚。但多侷促於一隅，且不免封域自限，行業自拘，散漫而各自爲政。因此無資深力厚的基礎，經不起外商勢力內侵的打擊，都成強弩之末。在此時期，祇有兩種經濟集團力量，可稱後起之秀，且爲相與頡頏之主力。其一爲沿海都市託庇於外人勢力，或假借外力而孕育的買辦集團。其二爲千百年來憑藉特殊環境，或由政府予其特權的特權商人，鹽商爲其中心。買辦集團在外國金融勢力籠罩之下，雖仗勢凌人，卻很難獨立門戶。特權商人，卻趁政治的空隙，與官府結託，由舊式商人起而經營現代銀行，民國以來民營銀行卽由此而生。鹽業銀行當民國四年籌組之初，原爲官商合辦，至民國十六年增資改組乃由董事會決議，將官股刪除，改爲純粹民營，顧名思議，鹽商實爲主幹。卽金城，大陸兩行，其人其資，皆與鹽商發生不可分解的關係。

第一次歐戰爆發，列強在遠東的經濟力量衰退，給予國內銀行以千載難逢的發展機會。於是銀行與紡織麵粉等輕工業，同時由民間崛起，彷彿春雲乍展，非常活躍。外商銀行的氣焰，也因國內銀行的擡頭，漸漸走向下坡。惟日本承襲了英德俄等國撤退了金融業務，成爲國內銀行惟一強大的勁敵，尤其在歐戰結束後凡爾賽和約對我國不利的影響，東北既成日人獨佔之地，沿海各地，日本勢力亦日益囂張，終成心腹之患。歐戰初停，國際經濟情勢劇變，國內新興而尤未確立基礎的產業幾乎失墜。上海投機之風，反因產業不振而轉盛，卒釀成民國八年的全國金融風潮。民營銀行從此搖搖欲墜，每況愈下矣。

國民政府成立後，利用停付的德國賠款，充作基金，重新創設中央銀行，並將廣州時代與漢口時代的中央銀行結束，奠定了現在中央銀行的規模。原來早已存在的中國交通兩銀行，屢經改組，至此也以官商合辦，成爲定制。以中國銀行爲特許外滙銀行，交通銀行爲實業銀行。民國二十四年更以豫鄂皖贛四省農民銀行改組爲中國農民銀行，並定爲農民專業銀行，與中央、中國、交通等行同稱爲國家四行。其時雖有國貨等銀行以民營姿態出現，其實則別有靠山，也非普通商業銀行可比。民國二十四年實行法幣，採管理通貨制度，在我國貨幣史上爲一空前的大革命。在銀行制度上也起了一項向所未有的劇變。法幣實行以後，原來已許普通銀行的發行權，一律取消。地方銀行亦無例外，自此，發行權乃集中於中央、中國、交通，及後來增補的中國農民銀行等四行。外國銀行鈔票，也同時絕迹。銀行業務因發行的比較集中，與外滙的供應無缺頗奏穩定之效。

鈔票初由外國銀行首先發行，此本爲獨立國家法令所不許。但其時外國銀行各以其租界爲護符，我政府又闇弱無能，不敢過問，於是租界之外，外幣流傳亦盛。尤以滙豐、麥加利、東方滙理、朝鮮正金，與臺灣銀行的發行數量，相當可觀。自我國自辦銀行繼起發行鈔票以後，外國鈔票乃漸爲所代，而流通減少。惟滙豐銀行鈔票之在廣東，東方滙理銀行鈔票之在雲南，臺灣銀行鈔票之在福建，與朝鮮正金銀行鈔票之在東三省等，依然具有潛力。

我國自辦銀行發行鈔票之初，各銀行均得依法取得發行特權。中交兩行固爲當時巨擘，其他銀行，亦各有其流通區域。各省官銀局轉變之地方銀行，也相率發行，而更較普通銀行爲不受限制，袁氏稱帝，浪費無度，北京中交兩行（中國、交通）現金提取一空。及雲南起義，西南各省相率響應，商民持鈔爭求兌現，中交兩行無款應兌，因而發生有史以來首次的擠兌風潮。北方政府乃於民國五年五月下令停止兌現。中國銀行上海分行獨不受命，並聯合其他分行拒命，故中國銀行除京津兩行所屬各處外，眞正實行停兌之區域，並不甚廣。從此中國銀行上海分行博取了很高的榮譽。宋漢章在上海金融界的嶄露頭角，張嘉璈在全國銀行界的聲譽鵲起，多於此役肇其基礎。京津此次因政治原因的停兌卽後來京鈔收回波折之由來，直至民國九年始獲解決。然究其實，自民國五年五月十二日停兌之初，連同鈔票流通量及存款併計，其初不過二千六百萬元，中間曾一度回復兌現，如無墊付政費，重經復辟之役，京鈔市價，斷不至一跌不可復起。

地方鈔券的擠兌，其影響之廣，和受害之烈，更較中、交兩行擠兌爲甚。奉票與豫鈔最爲顯例。東三省官銀號在王永江整理財政時，卽行大洋票當時與日本銀行發行的金票（卽老頭票），同時行使。其比價原定金票一百元合奉票大洋票一百二十元。而市價則在一百三十元至一百四十元之間。王永江曾與日領交涉，結果同認大洋票與金票均爲不兌換紙幣，本可漸趨相安的境地，無奈奉直戰爭兩次交綏，發鈔成爲唯一籌餉之源。濫發之後，價格遂益慘跌。奉直戰爭在東北固造成了奉票的慘跌，直方也在河南留下了豫鈔的災禍。當吳佩孚雄踞洛陽，威鎭全國時，初發行紙幣一千萬元，當時憑藉吳氏之權威，豫鈔通行無阻，流通區域，遠及京津漢徐等地，信用且較任何鈔票爲高，乃竟假爲籌餉之門，遂至濫發無度。迨至十四年吳氏入京，更責令京津兩地的河南省銀行，隨印隨發。及吳氏失敗，情勢突變，豫鈔之在省內流通者，尚可抵繳田糧，未至完全作廢，其流通省外者，因收兌無期，價格乃一跌而不可收拾。總之，自民國初年以迄實施法幣的二十四年間，全國未獲眞正統一，貨幣也無形自成畛域，新疆雲南各有其流通的貨幣，兩廣行使其小洋券，乃爲衆所週知的顯例。各省銅元券的紛雜，更難屈指而數，地方銀行實此紛雜之淵藪，迨法幣之行使，始將此紛亂錯綜的貨幣，一舉而廓清之。除舊之功殊未可沒。

抗戰軍興，國家四行成立四聯總處，大半替代了中央銀行的職權，但因參加四聯的國家銀行，仍各握有發行權，雖爲變制，猶不無聯繫配合之效，惟未能直接建立中央準備銀行制度，不能謂非失策。迨民國三十一年，四行專業化實施，發行始集中中央銀行，四聯總處亦於同時撤消，惟中央銀行未能卽時改制爲銀行之銀行，居於超然地位，調度金融，竟仍兼營普通銀行業務，更與財政部密切配合，夷爲政府支付之賬房，終於招致通貨膨脹之金融浩刼，中央銀行實應尸其咎也。

我國新式銀行開辦之初，只求有銀行的形式而已足，不復深求銀行業務之分工，及其於國民經濟的眞實影響。民國四年，周學熙任財政總長，有籌設農工銀行之議。其原意本濫觴於德國的不動產銀行，及其定議，其質已變，名爲農工並舉，實則農爲工所掩，但爲我國單獨設置農工銀行的先河。當時定京兆爲示範區，先在昌平通縣創立，更設置全國農工銀行籌備處，以便大舉，民國十年，改處爲全國農工銀行事務局，至民國十二年撤消，大舉之願未能實現，祇設通縣、昌平、大宛三行。大宛農工銀行，後又改組爲中國農工銀行，與法國庚子賠款發生聯繫，已變其質。昌平農工銀行經營未善，惟通縣農工銀行略著成績。民國四年十一月創立，不久即贏得模範農工銀行之稱，其對小農小工放款，頗著成效。且受京兆財政廳之委託，代辦專爲佃戶留置旗地的特種定期抵押放款。土地金融放款，此爲我國首例。國民政府成立之初，江蘇始有名實相符的農民銀行於十七年七月開業。雖正式農業銀行出現較晚，但農村信用放款則於救濟華北大水災時，已由華洋義賑會試行。其後上海商業銀行、中國銀行，亦多移其餘力，以爲農業放款，但多偏於特產之運銷，以其週轉速而利益易於把握之故。不久，共匪作亂，征伐經年，爲救濟殘破的農村，又有豫鄂皖贛四省農民銀行之創設，民國二十二年四月開業。斯時正當美國羅斯福總統厲行新政，頒農業信用法，組織農業金融管理局，即世所艷稱之 F.C.A.，我實業部亦仿其意，設置農本局，同年，四省農民銀行改組，定名中國農民銀行，隸財政部，有發行特權。農本局隸實業部，只許其發行兩倍於其資本總額的農業債券。民國二十四年實行法幣後，中國農民銀行爲法定發行銀行，其業務重心亦漸由局部轉向全國，且自農村而轉向都市，總行亦由漢口遷至上海，銀行的意義漸較農業爲重矣。農本局的設置其目的原在統籌農業信用，規定資本一千兩百萬元，半由政府出資，半爲合放資金，由儲蓄銀行及兼辦儲蓄部的公私銀行分攤認股。後來儲蓄銀行法規定，必須以其存款額之一五%充作農業信用基金，即由此而來。當時農業貸款，因各銀行發展的時期有先後，先經營的區域大抵條件較優，後起之銀行，也競向已辦理農貸的區域插足，不願另向毫無把握的新區域去嘗試，於是農貸也者，成了錦上添花，流於浪費，沒有做到雪中送炭，形成偏枯。農本局的設置，原欲針對此偏枯現象，有所挽救。但資金有限，心餘力絀，名雖襲用 T.C.A. ，而實無 T.C.A. 的基本條件，不居銀行之名，而有專辦農貸之職，又無吸收存款之權。既不能吸收存款，農業債券又受限制，而無法發行，資本來源有限，業務自難與銀行抗衡。惟有別創制度，或可另闢生機，於是有農業基層金融機構的規劃，其要點爲農業，倉庫與合作金庫並行發展的建制。這一制度本無兩制互爲營運，以利交流的理想直至抗戰期間的補充改進，才比較成熟。我國農業資金的營運，專恃外來資金流向農村的接濟，無論數量增加如何高度，終究會有時而窮。倘不從農業自身求其經濟的利用，創造其信用，絕難滿足其需求。農本局以合作金庫爲資金向農村內流的機構，而以農業倉庫爲農產外流的樞紐。由產變資，以資生產。農資農產的互相交流，而運用靈活，才有替代垂敗的鄉賑信用制度之可能。不能不說是民國以來，在金融制度上，找到了解決問題的切當途徑。可是要使農業倉庫與合作金庫發生正當作用，必須不受工商金融的侵蝕。反之，尙須利用工商資金以爲農業之助，方克有濟。若無一番建制的培養時期，決難爲功。然農民既窮而又散漫，建制無力自肩，但又不能脫離農民，逕代其建制。要喚起其興趣與責任，使之參與其間，則非輔導不可。輔導則需漫長歲月決難一蹴而幾，原定輔導原則，合作金庫以縣爲單位，每縣一庫，每庫資本十萬元，儘先由當地農民團體或個人，量力認股，定名合作股，不論認股多少，其餘不足之數，悉由農本局墊付，定名提倡股以湊足十萬元爲準。以後隨合作股增加數額，提倡股等量退出，直至庫本全爲合作股時，提倡股全數退盡，而爲純粹農民的機構。如此農民集股有充裕的時間，農本局的提倡資金，也不致凍結一處。當各合作金庫的提倡股未退出前，由當地認股者組織理事會，農本局派經理，並代爲訓練經營人才，一俟全爲合作股時，卽由理事會自選經理。各省俟縣合作金庫設置至相當縣份以上，由縣合作金庫，與其他有關法人團體聯合出資，並由農本局攤認提倡股，籌組省合作金庫，再以同樣方法與程序，由各省合作金庫聯合組設中央合作金庫。中央合作金庫組成後，農本局乃完成了輔導任務。農業倉庫必須以農產流動階段而定制，與合作金庫不同。因此分農倉爲三級，初級爲集散農倉，設置於生產地區的市集；次級爲轉運農倉，設置於農產轉輸的重要市場；高級爲運銷農倉，設置於消費市場。並由初級農倉，在農業生產地，輔設簡易農倉（或名合作農倉），歸合作社直接經營。由縣合作金庫管理監督。農倉接受其倉物，或代其辦理運銷業務。所有農倉業務，諸如保管、抵押、運銷等資金，由農倉規劃，合作金庫亦可參加，由農本局負資金統籌之責。一俟各級農倉設置完成，各級農倉逐漸由各地運銷合作社及聯合社組織健全後，卽分別交還其自力經營，再進而籌設中央農業倉庫公司，以爲合作運銷樞紐，而綜其成。至此，農本局乃將原有金融業務，劃歸中央合作金庫與中央農倉公司，而改爲農業金融的純粹管理機構，專司農資農產調節的責任，以符創始目的。但規劃雖定，而中道卽止，農本局因政治關係而撤銷，規劃縱善，無非是空中樓閣矣！

農本局既裁，農業倉庫併入行政機關作爲堆棧，早失金融原意；縣合作金庫亦併歸農民銀行，而農民銀行以之與其自行輔設的合作金庫，一例視爲附屬單位，祇重金融，抹煞合作，名雖依舊，質已全非。復員之初，中央合作金庫居然醞釀成功，秉其由上而下的想像，先設總行次設分庫，分庫之下再設支庫，純爲金融體系，除徒具其名外，已無合作氣息，抑有進者，中央合作金庫有幹而無枝，且資金有限，機構多則資力薄，欲免資金分散，則無力普設機構，於是農業金融，又復戰前舊觀矣。

註：本文參考資料

(1)翁之鏞教授著：民國財政檢論

(2)翁之鏞教授著：中國經濟問題探源

(3)中國金融年鑑

(4)全國銀行年鑑

我國省縣銀行體制的檢討

銀行制度爲經濟制度之一環，其關於國計民生至深且鉅。我國過去由於銀行制度之不健全，金融力量不但未能幫助生產事業之發展，甚且爲不肖分子所用，投機牟利，興風作浪，禍國殃民，流毒無窮。及今思之，尤有餘悸。

我國銀行制度之不健全，可以雜亂無章四字以形容之，其中尤以省縣銀行爲然。茲試就拙見所及分析如次：

現代銀行制度，舉世各國皆有一共同趨勢，即由散漫龐雜，各自爲政，而逐漸形成分工相輔之金融體系。以商業銀行及投資銀行（亦稱實業銀行），分別擔負工商界短期信用與長期信用之受授。而以中央銀行爲金融首腦，負責全國金融業務之指導、監督，與調節。準此以觀省縣銀行在吾國銀行制度中之地位，則其自非中央銀行的區域分行，亦非名實相符的投資開發銀行。就多數言之，其經營情形實爲一種有特權可恃的商業銀行。

據省銀行條例第一條之規定，「省銀行以調劑本省金融扶助本省經濟建設，開發本省生產事業爲宗旨。」就字面而言，未嘗不冠冕堂皇，合於銀行固有之意義。然細究之，則已見其誇張不實之病。但此不過立法起草者潤飾的詞句，與早已存在的省地方銀行毫無關係，蓋省地方銀行淵源甚早，當其設置之初，原無此項條例的頒行，秉以軍閥之割據，中央政權之無力，地方政權遂假手地方金融機構之省銀行，擅行發鈔之權，以爲其擴軍籌餉取財源。前述之東三省官銀號發行之奉票，與河南省銀行發行之豫劵，是爲其中爲禍最著之者，其後連年內戰，政局分裂，凡屬交通阻梗或邊陲地區，均漸成風尚。其有自行貨幣之地方，如新疆有新幣，雲南有滇幣，國境之內不啻別有政權，即未獨立行使貨幣者，省銀行亦視若地方政府應當掌握之金融機構。及國民政府成立後，此風尤未稍戢，且益加滋。俟省銀行條例頒行，原有之省銀行，其規制已成，亦未爲適應條例之規範，予業務以合理之更張。故省銀行條例雖規定設立省銀行之意旨在於開發地方經濟事業，與軍閥時期以籌餉爲目的者，不可同日而語，然積重難返，流風所及，地方政府莫不以省銀行爲滿足其特殊目的的方便之門。故法幣政策實行之初，除新疆、雲南、廣西等省外，各省地方銀行之發鈔權，雖經中央收回，但代之而起者，則爲省銀行之直接從事物資之營運，或直接投資於工商業企業，抗戰其中，各省紛紛成立之省營企業公司，多屬此類。如此，則與設立省銀行之旨趣，所謂「調劑本省金融，扶助本省經濟建設」者，迨直似風馬牛不相及矣。故論者有斥爲具有特權之商業銀行，良非虛語。

以上係就省銀行之業務沿革，以覘其與省銀行條例之意旨與精神之違離。玆再就近二十年來，逐漸形成中之我國銀行體制，以討論省縣銀行所具之特性，與所處之地位。

我國舊有金融制度，祇有錢莊銀號，近數十年來，始有新式銀行，其制度亦多抄襲外商銀行，一直未能適合我國經濟上之需要，以建立新式銀行之制度。及中央銀行確立爲銀行之銀行後，始有特設之專業銀行。我國新式銀行制度方初具規模，除一般商業銀行負責商業信用之融通外，有各種特設之專業銀行，分別擔負各該特定經濟業務之金融扶助。如中國銀行之爲國際滙兌銀行，交通銀行之爲發展實業銀行，中國農民銀行之爲復興農村，促進農業發展銀行等，各有其業務範圍，配合國策，開發經濟。更有中央銀行，按事實需要，接濟各專業銀行業務上必需之資金。至此，我國金融體系，已大致確立。將來各專業銀行如能按其業務之需要而設立分支行處，則滙兌銀行應設分支行處於國內外重要港埠，實業銀行應設分支行處於工礦實業所在地，農業銀行應設分行於全國各地，先由農業中心地區設起，然後普及於各地，信託保險銀行應設其分支機構於全國各都市，以構成我國現代化之全國金融網，期能適當運用全國金融力量，有效發展國民經濟。

基於上述，可見地方銀行在銀行體制上已無立足餘地。茲再就省縣銀行與專業銀行及中央銀行之互相關係，申論如下：

第一，按三十六年修正省銀行條例，其一般業務，如存放、滙兌、貼現，及押滙等，既與一般銀行業務相同；其信託和儲蓄業務，又與專業銀行衝突。但就人才或資金之運用諸端而論，省銀行均不逮專業銀行。其對經濟發展之功能，亦不若專業銀行。且省銀行之存在，即將削弱專業銀行之實力，並加重專業銀行之責任。例如省銀行在其境內各城鎭設立分支機構，吸收存款，代理公庫，使農業銀行之存款資金減少。而農貸業務反責成農業銀行負責。省縣銀行所吸收之鄉鎭存款，反可經營商業牟利。使原已貧乏的農村資金流入商業，增加農業銀行之業務負擔與困難。若欲糾正此種不合理現象，惟有取消省縣銀行，乃屬正途。

第二，論者有一折衷意見，謂「省銀行得以各省事業之需要而設立，受該管中央銀行之直接監督指揮，執行其法定業務。設立省銀行時，得商請中央銀行分攤資本，以不超過半數爲限。並接受中央銀行之委託，代理執行其指定事務，但每一事務，以辦理完竣爲度。」「縣銀行由各縣視其需要設立。設立時如感財力不足，得由各縣聯合組設。並得商請省銀行投資，以不超過資本之半數爲度。」按照此種折衷意見所成立之省銀行，其作用實等於中央銀行之省分行；而縣銀行亦等於省銀行之縣分行。尤其是中央銀行在各省之分行，與省銀行便顯屬重複。而省銀行資本，半數由中央銀行負擔，業務上不僅受中央銀行監督指揮，且可代理中央銀行，其經營之主體，則又爲省政當局。姑置行政階層與銀行體制不能適用同一原則，而作比照對稱設置之理論於不議，卽就制度優劣言，吾人殊難相信，由地方行政當局經營之省銀行，眞可代替中央銀行之分行，而使中央銀行僅有其總行之設置。余以爲省銀行制度可廢而應廢，但中央銀行之區域分行制度則不可廢，否則便將破壞中央銀行在金融活動上的一元性，與完整性。則所謂中央銀行是銀行之銀行，是最後的放款者等職能，便無從發揮了。

第三，再就省縣銀行並行設置的問題言，兩者並存，亦勢無共榮之可能。蓋省境以內適合經營條件者，省銀行必將設置分支機構，招攬業務。而邊遠貧瘠城鎮，或因財力不繼，或因業務淸淡，不能集資籌設縣銀行者，省銀行亦將以經營條件不佳而放棄。是則省內之金融機構，仍無均勻之望，無從達到補救偏枯之旨。若聽任省銀行向下設置分支機構，而自成體系，則縣銀行自將被擯於外。反觀縣銀行，則以疆域所限，既無發展餘地，又無母行支援，在此情形之下，舍代理縣庫以外，恐將一無作爲。若強令省銀行不得設置分支機構，而以縣銀行爲其分支機構，合成體系。則省縣之間，人事如何統一？亦一不易解決之難題。卽令勉強解決，則兩姑之間難爲婦，縣銀行之處境難矣。苟使之悉聽省令，則縣銀行者不過徒擁虛名，縣又何有於此名存實亡之縣銀行。反之，使縣銀行盡承縣旨，則省銀行之指揮運用，亦必陷於扞隔不靈。是又就二者之本身言，其難以併存之理也。

省縣銀行存廢問題之商榷

就省縣銀行所能發生的功能言，實已再無提倡維護的必要。但自憲法頒行後，其憲法地位已獲確定。為了維護憲法的尊嚴，似不當輕議其存廢。主張維護此制者，曾據此為辯。就憲法意義言，確有其堅強不可撼動的理由。然憲法的解釋，亦須隨時代之演進，而求順應事勢與情理，不宜強使遷就。倘必執此以為存在理由，雖合於法，則不洽於事，舍利取害，何有於此？且銀行為近代經濟之產物，而非政治運用之機構，自應順應經濟之趨向，循其發展途徑，隨需要以分布其機構。不可以政治的要求，強就行政階層故作區域性之對稱排比。況現代較為進步的國家，其經濟行政皆有漸由分散轉向集中的趨勢（蘇俄之區域經濟自主，乃別有用心）。美國分權最為顯著，而近年經濟的集權趨勢，也特別明顯。銀行在此趨勢之中，更景從而同趨。蓋因經濟金融同具有統一綜括性之特質，不宜故為分割。銀行之職能，在屬於受授信用之間，而為其樞紐。欲使此樞紐能運用有效，則有待於全盤金融活動之聯繫與貫通，方克盈虛相濟，而呼應靈活。一國之經濟，自當以全國為其範圍。金融亦應就此範圍而為其活動之領域。地方經濟的畛域自封，必須消弭，以鞏固統一，加強團結。若地方銀行之存廢，不以經濟發展為其權衡，徒以政治目的強為設置，不僅使上下隔離，而失內外相維之道。抑且不免使地方之間，彼此阻難，各行其是。況省地方銀行原由軍閥割踞時期培育而成。適於國內分裂之局，徒便地方之謀，各自爲政。不適於統一之局，有礙全國之圖。往史未遠，彰彰在目。此一反進步、反統一之地方性銀行，如強爲保留，殊非所宜。

抑有進者，省縣銀行之存在，常爲省縣政府及其首長特殊支出之供應所，所謂特殊支出，有爲財政預算以外之支出，有爲根本不能列入政府會計賬册之支出。至於政府因財政收入一時不足（亦卽收入較預定遲延），在同一會計年度內，收支時間不適合而發生的臨時貸借，自不屬於特殊支出之列。此種無法開銷的特殊支出，構成省縣銀行的重大負擔。而省縣政府或其首長中，若干不忠於法守者，更以省縣銀行爲其彌補超額支出的儲水池。而若干省縣銀行負責人竟亦以能勝此重任而霑霑自喜，表示其爲金融機構對政府的施政助力。藏汚納垢，朋比爲奸，於治道人心，爲害滋甚。

省銀行之存在，常爲地方勢力傾軋之對象。按修正省銀行條例規定，省銀行設董事十五人，其名額分配，除現任財政廳長及建設廳長外，由省府聘請省內富有經濟財政金融學識經驗之專家三人，其餘十人的產生方法，先由縣市參議會各推定候選人一人，報由省議會就候選人中選出十人充任之，省參議員不得當選。但實際情形，則是省府所聘的董事，恒非學者專家，而爲當局寵信的私人。其經由參議會推選的十位董事名額，更成了地方派系爭奪的目標，地方野心家，莫不想利用地方惡勢力，透過參議會，操縱省銀行，把持省銀行。如省銀行高級負責人，非地方勢力之爪牙，固然不能久安於位，即使爲其黨羽，亦必因彼輩之橫加干擾，而致一籌莫展。甚至挾省民之資財，爲一二私人而牟利，更遑言調劑金融、扶助經濟、開發產業等這些大目標了。

至於縣銀行，其情形則更爲惡劣。因爲縣銀行法規定，縣銀行資本總額最低爲五萬元，其中商股不得少於二分之一。因其資本額少，各地土豪劣紳，很易集資操縱。所以抗戰以後興起之各地縣銀行，多爲其當地之土劣把持，從事個人投機牟利。對於地方經濟建設事業，不僅無利，反見其害。

更就地方銀行的營業區域言，縣地方銀行以縣爲營業區域，縣界不常變，其營業區域，亦較固定。但省地方銀行則不然，原係以舊省境爲界，今值縮小省區正在籌議之際，將來省地方銀行的營業區域，勢難如舊。現雖方案未定，主張各別，然省區必較往昔縮小，殆已成爲未及定論的共同趨勢。如果省區縮小，則地方單位增加，省銀行亦須隨而加多。省銀行加多，而其營業範圍則以省區縮小而更窄，於是則省銀行與省銀行之間，及省銀行與縣銀行之間，其業務之競爭，勢將更趨劇烈，益添意想不到之糾紛。且在縮小省區以後，假定省銀行仍能完整的由匪僞手中接收過來，事實上亦有處理爲難之苦。如果仍維舊慣，則省銀行必爲其總行所在地之新省捷足先得。原屬舊省區而已另隸新省者，即興向隅之歎，倘平均分潤，則非增設以補其所缺不可。如一時財力不足彌此缺憾，則惟有將舊機構分割之一途。如此，雖資產勉可均分，而營業之頻率與幅度，則勢難平分秋色。苟原省區分屬新省三省以上，則一分再分，而仍欲維持其業務能力者，則甚少可能矣。且共黨竊據大陸後，省縣地方銀行，均已改爲其「人民銀行」之分支機構，早已失去其地方的獨立性。非但實質已變，亦且面目全非。將來重回大陸，恢復雖非絕無可能，但其困難棘手可以想見。如不予恢復，重新設置，則非五至十年後，殊無力言此。蓋大陸重光之初，久經共匪蹂躪以後，災黎遍野，待救至殷，撫恤流亡，力不暇給。所急之務正多，更何餘力遍設省縣銀行？況其流弊滋多，並無必要乎。

我國地區遼濶，各地經濟情形未許一概而論，以全國爲單位，省與省之間，固相懸隔；以省爲單位，縣與縣間，亦甚遠殊。建議中的中央銀行區行制的新建，與其原有普通銀行業務的放棄，自可有助於其經濟差別的減除。但也有一定限度，不宜過存奢望。因爲中央銀行究竟是短期信用的領導樞紐，區域間經濟差別的改變，須長期信用始能奏效。雖然一國的經濟不該裁長以就短，爲貧瘠之區所累，而妨害了進步區域的向上進展之路。但也不該顧此失彼，專謀進步之繁榮，而忽略了落後區域的可能發展之途。抑有進者，我國工業落後，農業亦落後。欲求工業發展，不僅要集中全國資力，且要利用外資，此則非全國性的實業銀行不爲功。欲求農業改進，亦有賴於金融的扶助。農業金融是一種無利可圖而又不能按期還款的金融，非由國家經營，不能任其艱鉅。由此可知省縣地方銀行對於促進農業的發展，是不能滿足其要求的。若必予設置，則省縣地方銀行爲求維持其生存，祇能流於變相的商業銀行之一途。其與設立初衷，實兩相背馳。故欲求以銀行制度配合經濟建設，應該從改善及擴張國營專業銀行着手，而非設立省縣地方所克濟事。

再者，我國經濟上之分工，已脫離古代區域分工，進而爲職業分工。如農業、工業、商業等之職業分工。由職業分工再分化，如紡織業之分爲棉紡織業、毛紡織業、絲紡織業，甚至再分爲紡紗業、織布業，及染整業等。如再進步，可再在內部實行技術分工，使各個勞動者，同時從事不同的作業。此乃經濟上之分工演進，金融爲扶助經濟事業，卽須能配合其發展，方克有效。是以金融之分工，亦須隨經濟事業之演進。此乃時勢之所趨，非可獨異。由此推論，亦可知省縣銀行之不合時宜，已不待辭費矣。或謂省縣銀行固不合需要，但我國經濟落後，專業金融機構未臻健全，故主張暫時保留省縣銀行。殊不知區域性金融機構的存在，正是專業性金融發展的障礙。故爲求專業性金融的健全發展，必首先取消省縣銀行。因爲地方銀行，在業務上與專業銀行衝突，地方銀行爲自謀發展，必將與地方政府及地方惡勢力互相結託，以謀打擊或干擾專業銀行之業務。尤以農業銀行爲首當其衝。是又爲專業銀行與地方性的官辦銀行不能並存的主因之一。

復次，當全國工業化過程進行之際，農業勢將漸次改觀。機械之力替代人工，大規模的工業生產替代了小型家庭工業與手工業，乃爲不可避免的轉變。在此轉變過程中，舊的工藝必將因新技術的興起，而悉數歸於淘汰。欲免此等農村副業之歸於淘汰，必須獲有適當的扶助，與優秀的改良方可。論者有謂地方銀行可以以此爲目標，而規劃其業務，必將有助於地方經濟之潤澤。誠然，此經濟作用不可謂小，舉凡機械工業所不能代替之刺繡、雕刻，以及其他富有藝術性之手工製品，均屬家庭工業，而爲若干地方農村之主要副業。在農村人口過剩時期，尤應爲政府經濟措施之重點。且此種事務，種類繁多，加以地域之殊異，更見其複雜，非有賴於因地制宜之金融機構予以協助倡導不可。然此等地方，畢竟爲數甚少，若竟據此以爲設立地方銀行之口實，則未有此等副業地區之縣市銀行，又將何爲？且地方公立銀行之設置，必乃全國一致之建制，茍因地而異，名實不符，則何如採用合作組織之金融機構，或指派國營專業銀行就地承辦之爲愈。

綜合上述，吾人所獲之結論爲：不論就其對地方經濟之開發與建設，所能發揮之功能言；抑就其制度本身之過去流弊，與未來發展，以及我國金融體制建立之影響言，省縣銀行制度皆不宜存在。亦無存在之必要。惟建立中央銀行之區域分行，與發展國營專業銀行，輔植地方性信用合作機構，最爲妥適而有效。

刊於民國四十八年一月一日「中國賦稅」第四十四期

由國家銀行不得投資於金融以外事業之決議說起

據報載行政院本月八日院會決定，國家銀行今後除金融性事業之外，不得轉投資於其他事業。現屬中、交兩行投資的中紡、中本、臺北，與雍興等四紡織公司，決定合爲一個新公司，改由經濟部主管。行政院通過的處理辦法是：①國家銀行除對金融性事業之投資如保險公司、印製鈔券廠等外，不得轉投資於銀行業務以外之事業。現有之轉投資事業，應陸續予以處理，或移轉民營，今後應停止投資。②現有國營紡織公司之中紡、中本、臺北、雍興等四公司，應予合併歸經濟部主管，另行成立新公司。③前項四公司合併之詳細辦法與估價標準，由經濟部、主計處會商擬訂報院。

對於行政院這一項重大的決定，各方面似乎甚少注意。本刊卻以爲含蘊在這一決議案背後的意義是非常重大的，而這一意義一旦獲得實現後，其作用於我們經濟情況變化者，將是鉅大而非凡的。因爲這一決議案顯示了我政府財經當局決心要使國家行局的資力，遵循金融活動的正軌，作更爲有效而適當的運用，這不僅是對於議案中所提及的，卽將復業的中國、交通兩行爲如此，卽對於一直在繼續營業的其他國家行局的業務亦然。如果政府當局這一決心能够遂行，對於我國目前經濟困局的打開，是會有良好貢獻的。

我國近年來由於朝野一致努力向工業化目標推進的結果，產業的發達，眞可說是突飛猛進，一日千里。但是伴隨着產業發達以俱來的，便是工業資金週轉的日益困窘，轉致嚴重地阻扼了工業化再趨進展的生機。然資金不足問題是任何國家在工業化途中所必然遭遇到的難題。但就我國今日的實際情形言，無可諱言的，我們並未能合理地把我們所具有的條件運用得恰到好處，以發揮其最大功能。這一點假如我們能够有效的做到，則我們目前的處境斷不致如此的困難，如此險阻！那些條件是我們不會運用得好的呢？我們以爲：第一是國內現有的龐大資金未能善爲誘導，竟使之流入黑市，變成了工業化的阻力，經濟發展的尅星。第二是金融機構未能盡其對工商業資金融通週轉的責任。第三是金融體制尚未臻健全。這三點當中的第一、二兩點，便是與本文前述的行政院九日的決議案有關的，尤以其中的第二點爲然。我們說金融機構未能克盡其對工商業資金融通流轉的責任，是有事實根據的，其情形可分爲兩種：一種是將其資金作爲直接投資，經營工商業牟利；一種是將其資金轉存於臺灣銀行生息。銀行（泛指金融機構）都將其大部份的資金從事於上述兩種的牟利（前一種情形，係就以往而言），當然再無多大能力來克盡其工商資金融通的責任了。何況他們卽使對於那剩餘的一小部份的資金，還因爲過份審愼而不敢放手貸出呢！此卽所以去年九月一日臺灣銀行爲迫使他們擴大放款而取消付給各銀行付現準備金利息時，立卽遭到各行庫的強烈反對，以及他們驚惶失措，奔走陳情的原因；亦卽所以有工商業資金奇窘，而銀行還有濫「頭寸」現象的原因。明白了這些底裏，便也可以解答出何以百業蕭條而銀行獨秀，及肥了銀行瘦了工商的問題了。當然，銀行的牟利動機，我們並不反對；銀行爲求放款安全而採取審愼態度，我們也不反對。但是我們總覺得，工商業能自銀行以外吸收數達二十億以上的民間資金以供週轉，而銀行竟找不到信用良好的企業以貸放其一兩億低利放款的現象，是無法解釋的。我們絕不相信工商界的信用竟低落到如此地步。何況銀行還可以採取穩健的抵押放款呢？在我們看來，所以有這種現象的原因，便是因爲銀行旣有簡便易行的盈利之道，便不想再在本身業務上花腦筋謀出路了。自從去年九月臺灣銀行取消付現準備金利息，杜塞了銀行資金轉存牟利的門路後，如今行政院又決議國家銀行不得爲金融業以外之投資，而爲卽將復業的國家銀行業務設立了一項限制，那麼復業後的交通、中國兩行，將可集中其資力辦理儲蓄存款、長期放款，及股票、公司債之承銷、代理，與保證等業務，而讓現有的商業銀行去辦理透支、貼現等短期貸放業務，以應工商業對短期信用的迫切需要。那麼目前工商界週轉資金的困局，必將因之而大爲改觀。如果當局再能合理地提高儲蓄存款利率，配合上中、交兩行的歷史信譽，而有效地吸收存儲在民間的大量資金，以供應工業化所需，則銀行居於信用供求者之間，而爲其樞紐的功能，便告完成。如此，我國經濟的發展，方能步入康莊的坦途。

政院此一決議案，除規定國家不得轉投資於金融性事業以外之其他事業外，還提到要將現由國家銀行轉投資的企業移轉民營。這一點在實施時如能善爲安排，對當前的經濟情形也是很有用的。政府可以拿這些企業去吸收民間的資金，一方面使民間資金流入發展產業的正途，不再投入黑市與風作浪；一方面政府又可以用這筆龐大的資金收回通貨，制止其膨脹，或用以供應急需資金週轉的正當產業，以扶助其發展，一舉而兼有數得。

基於上述種種看法，所以本刊認爲行政院這項議案的通過，應該是新年以來，政府在經濟上的一件重大決定，付諸實施後，其效果與影響將是極爲良好的。

刊於民國四十八年一月十五日「中國賦稅」第四十五期

如何溝通游散資金導向生產資金之路

—從發行公債說起—

五月十九日立法院三讀通過「中華民國四十八年短期公債條例」後，財長嚴靜波先生當日接見記者發表談話謂：「政府此次發行的公債，是爲了收支的調度，經此次發行公債四億元後，新增差額可完全抵補，另有一更爲積極的意義，是爲了反通貨膨脹，使經濟金融更趨穩定。」這幾句話，嚴氏曾在同月七日列席立法院財政委員會討論這項短期公債條例時說過一次。當時大家都認爲這也許是嚴氏的議會說詞而已，但經過這次的再度強調後，我們不能不承認財政當局這次的發行公債確曾具有這種政策性的打算。撇開在此時此地來說發行公債是否是最好的平衡預算的方法不論，專就發行公債旨在避免通貨膨脹，以穩定幣值一點來說，毫無疑義地，它是值得稱頌讚美的。因爲幣值的穩定，是促成經濟繼續繁榮的最基本而主要的因素。近幾年來，伴隨着產業的日益擴張，生產資金的不足，亦日形嚴重𥄫𥄫乎就要危害到整個經濟成長的延續了。雖然有很多統計數字，可以說明投資的不足是因爲人口的激增，與消費的擴張，而抵銷了國民所得的增加，阻滯了資本形成所至。但是，反觀我們經濟社會年來所呈現的事實，卻一面是正當工商企業患着嚴重的資金缺乏之症，一面卻又有大量游資到處流竄，泛濫成災。因此我們不得不認爲前面所述及的那種從所得與消費的比較，用「巨視」的分析以說明我們今天資金不足現象的論斷，並非全部正確。至少是我們不必悲觀地認定本省經濟上的資金不足症，是本質上難以診治的錮疾。我們有理由樂觀地指出，今天本省經濟上的資金不足症，是財經措施失當所導致的，是可以用技術處理予以矯治的。矯治之道，便是打通游散資金導向生產資金的通路，化阻力爲助力。如何打通？這個經濟上的難題，卻要從財政和金融兩方面來着手。就是要在財政上做到眞正的收支平衡，停止通貨膨脹，穩定貨幣價值，建立鞏固的幣信。在金融方面，要用有效的利率吸收社會游資，轉貸工商業，建立公開的資本市場，便利民間的儲蓄投入生產事業。

首先我們必須瞭解，近代經濟的特色之一便是企業經營所需要的營運資金，並非完全出諸企業本身的自備，而是透過銀行的借貸來週轉調度的。銀行一面居於資金供求者之間，爲之中介；同時也居於衆多企業者之間，爲之互通有無。近代經濟之貴乎有銀行者在此。社會企業大衆依法定的利率和條件向銀行要求借款，是天經地義的，除因經濟恐慌等特殊情形，銀行界有完全滿足企業界要求的義務。當然，銀行也是以營利爲目的的企業之一，它不能完全犧牲營利目的來爲其他企業服務。但同樣的，它也不能完全無視於對其他企業的服務而一味追求營利。在健全的經濟社會裏，調和銀行這兩種矛盾的方法有二：一是由於銀行得自由設立而形成的業務競爭；一是國家銀行的領導與監督。顯然的我們今天的銀行業所以未能發揮這種對企業界服務的功能，其原因便是由於銀行業沒有競爭，因而得以專心致力營利，而拋棄了其應有的對工商業服務的責任所致。我們要想打通游資流往生產正途的通路，消除銀行業界這項缺點，是我們必須努力的目標之一。

其次，在一個物價不穩定的社會，人們對於貨幣的現實價值之估計爲高。加以產業不發達，資本利潤率大的引誘，利率之高於一般產業先進國家，是必然的現象。我金融決策當局不知是爲了什麼目的，常唱出似是而非的低利政策的高調，把銀行利率降到與市場利率懸殊的低度，說是爲了供給工商業低利資金，以減輕其經營成本，維持物價的安定。實際上是完全不切實際的，銀行利率是低了，但是工商業並不能以這樣低利向銀行借到其所需要的錢。卽使想盡方法借到了一點點，除了一份明盤的銀行利率，還要負擔一份暗盤的「利率」，兩相合計，距離黑市的利率也就相差無幾了。這還是少數有辦法的企業，大多數的企業仍然要靠黑市的高利貸來維持。試問這種樣子的低利政策，除餵肥了少數銀行以外，還有誰實受其惠？所以要打通游資流往生產正途的通路，第二個努力的目標便是要制定接近黑市利率的高利率，俾能吸收游資轉而貸放予需要資金的企業。卽使利率稍高，祇要銀行有錢可貸，能使工商業免於高利貸的剝削，及暗盤利息的負擔，就其全部利息支出來說，必仍然減少甚多。於是銀行吸進的游資，轉而貸出，頂替了原來的高利貸。這些被擠出來的原爲高利貸的資金，再因銀行的安全與高利的吸引而投入銀行。銀行再爲之轉手貸出。如此循環數次以後，高利貸都變成了銀行放款，工商業的經營便步入了正軌。隨着產業的興盛，物價的平穩，利潤率的低降，再逐漸壓低銀行利率，當然再不虞資金逃避而爲害社會了。這時的低利政策才是符合事業需要而能嘉惠全民的政策。

再其次，便是從速建立公開的資本市場，以便利一部份不以將資金存入銀行收取利息爲滿足的資金持有者，讓他們在合法的場所，向合法的對象，發揮其投機的才幹，或畀予其直接問鼎企業經營的機會，以免其俟隙流竄，興風作浪，造成市場上不正常的波動。

這樣使游資通往投資之路暢通了以後，不但今天的生產資金匱乏，游資到處生事的怪現象，必將消除於無形，而且亦將助長資金的蓄積與成長，加速產業的旺發，與經濟的全面繁榮。不過以上這種種作法除開放銀行之設立以實現其業務競爭之利一項外，都是以幣值的持久安定爲前提的。如果貨幣不能持久地保持其穩定的價值水準，則所有的措施，一切的努力，都得歸於無效，甚而反見其害。我們知道，所謂通貨膨脹，信用鬆弛等一類名詞，其所意指的具體事象是什麼？祇是少數對經濟學有造詣的人所能了解的，而社會上絕大多數的人們卻是不能明瞭，亦不願去理解的。他們所關心的，祇是貨幣與物資的交易比例，亦卽貨幣購買力的升降。他們祇相信這些事實，至於造成這事實的背後原因爲何？他們是在交易比例，亦卽貨幣購買力的升降。他們祇相信這些事實，至於造成這事實的背後原因爲何？他們是在所不問的。所以祇要是物價不斷上漲，他們就不信任幣值的穩定。至於係發行多少貨幣，儲存多少黃金，他們不管，除非他們能按這樣的比例買到黃金。黃金在我國民間仍然是根深蒂固地被認作價值尺度的。如果他們不相信幣值穩定，則他們寧願購取黃金或物資存儲，或以高利出借，以求保值而不願儲蓄投資的。所以一切導儲蓄於投資，納游資於正軌的措施，必須以幣值安定爲前提，舍此無路可由。因此當政府爲平衡預算，穩定幣值而發行公債的前夕，我們謹撰此文以獻，深願政府以發行公債爲發軔，繼續採行一連串的有效措施，以開啓本省經濟繁榮的機運。

刋於民國四十八年六月一日「中國賦稅」第五十四期

談百元鈔票問世

百元面額的新臺幣發行後，一些爲社會觀瞻所繫的人物——若干高級民意代表和報刊，竟然響起一片憎惡反對之聲，實在叫人納罕之至。他們一則誇大的說這是「大鈔」出籠，再則更張冠李戴地把發行百元鈔與通貨膨脹拉上了關係，甚至幼稚地混爲一談，以聳動聽聞。致缺乏經濟常識的社會大衆閱讀後，惶惶然若大禍將至，末日將臨。使得原來稀鬆平常毫無影響的一件小事，在他們的筆觸與唇舌的搖動鼓吹下，透過對於經濟無知的羣衆的心理反應，竟被渲染成爲一件空前的大事了。這實在是件不幸。更不幸的則是這些人強不知以爲知，強不懂以爲懂，並以他那不知不懂的見解傳播於衆！

首先，我們來看看百元面額的新臺幣，算不算得「大鈔」，我們知道，在十二年前的現在，新臺幣剛發行的時候，與美鈔的兌換率是五對一，那時新臺幣的最大面額是十元，相當於美鈔二元，如今新臺幣與美鈔的兌換率是四十對一，百元面額的新臺幣，不過僅值美鈔二元五角。當初相當於美鈔二元的新臺幣十元券不算「大鈔」，今天相當於美鈔二元五角的新臺幣百元券便要稱爲「大鈔」，難道這五角美鈔之差，便是大小之別？何況，這十二年來本省經濟有飛躍的進步，繁榮的經濟社會，對於面額較大的鈔票，有其方便性的需要。再說這十二年來，美鈔也在緩慢的貶值，當年的二元美鈔，其購買力也許並不低於今天的二元五角。如此看來，硬加新臺幣百元券「大鈔」頭銜的人，不是毫無根據的在信口雌黃嗎？

其次，我們再來看發行百元鈔是不是就等於通貨膨脹？其實，這壓根就是毫不相干的兩回事。所謂「通貨膨脹」，是說在一個特定的經濟社會裏，其貨幣的供給量或流通量，超過這個社會在正常情況下交易的需要。因此，通貨膨脹一詞所指的經濟現象，祇會跟貨幣的發行量、銀行票據的流通量發生關係，與鈔幣或票據面額的大小，根本是風馬牛不相及。無論如何，也不能混爲一談。更具體的說明白些，我們新臺幣的發行額（包括輔幣），截至本年五月底止，是廿六億一千萬元，如果這數量未構成通貨膨脹的話，就貨幣方面來說，不問銀行發行的是廿六億一千萬張一元券，或二億六千一百萬張十元券，或二千六百一十萬張百元券，都不會扯上通貨膨脹的問題。因爲其發行總額仍然是廿六億一千萬元，貨幣供給量並無增減。在這種情況下，如果發生通貨膨脹現象，那便是貨幣以外的因素所造成，與貨幣面值的大小無關。反過來說，如果截至本年五月底止的貨幣發行量廿六億一千萬元，已經構成通貨膨脹了，那麼不問其發行的貨幣的面額是一元或百元，都絲毫不能改變通貨膨脹的事實。因此，我們固然恐懼於大陸失敗時期通貨膨脹的往事重演，但我們該關心的應是貨幣發行總額的多少，以及影響貨幣發行的財政原因，而非貨幣面額的大小，否則「拾到紅草當火吹」，指鹿爲馬，胡嚷一陣，本來平靜的人心，也會被攪得慌張失措起來，亂了步伐。

對於這次發行百元鈔，大家都強調心理作用的影響巨大，殊不知最能影響大衆心理的，還是諸公的筆和口，諸公這樣寫，這樣說了，大衆也就跟着這樣想了。如果諸公不這樣寫，不這樣說，大衆也就不會這樣想了。因爲對於經濟方面的知識，在我國民間還是非常普遍的缺乏。

最後，我們來談一談有些人所發出的疑問「既說不是增加發行，那爲什麼要發百元鈔？」以及「百元鈔既有好處，爲什麼不在十二年前發行？」的問題。百元鈔的發行，雖非增發通貨，但是它的發行是有其好處的。它的好處是：①減少各金融機構及各大公司企業每天點數鈔票的麻煩，和人力時間的浪費。②便利行旅的携帶。③減少商民因錢財暴露而招致的被竊被盜的危險。④節省政府發行紙幣的印刷費用。這些好處，就是發行百元鈔的理由。至於百元鈔爲什麼不在卅八年臺幣改革的當時發行？而要遲到十二年後的現在才發行的理由，就更簡單了，因爲十二年來，新臺幣的價值已大大的貶低，加以十二年來本省經濟的長足發展，使百元券在若干交易方面有其迫切的需要，所以政府便在此時使之發行問世。這可以說是紙粹爲了適應社會的需要而採取的行動，絕無增加發行的動機。否則，政府大可不聲不響地增發相等數額的十元鈔，又何必故意張揚用發行百元鈔的方式來惹人注視呢？試想政府會愚蠢到如此缺乏先見的地步嗎？

因誤解發行百元鈔而引起的風波，我們希望就此平息，不要再疑神疑鬼，自相驚擾，徒亂人意了。我們該切諫力爭的是導致通貨膨脹的財政原因——預算收支的眞實平衡問題，而非由十元鈔兌換出來的百元鈔問題。

刋於民國五十年七月一日「中國賦稅」九十八期

時論部門

當前國是之我見（為慶祝　蔣公總統七十華誕徵文而作）

本年十月三十一日，是我國元首總統　蔣公的七秩大慶。以一國元首之尊，及　蔣公勳望之隆，國人爲他老人家的壽誕，舉行些慶祝儀典，於情於理都極允當。可是我們英明的　總統，謙沖爲懷，一再婉謝了各方祝壽的舉動，而要求國人就他所提出的六項問題，提供意見；並說：「良以大陸淪陷迄今七年，數億同胞慘遭災難荼毒，水深火熱，政府尚未能予以拯救，其已逃出鐵幕之同胞，尚有多人轉徙流離，未能各安生業，而海外僑胞亦有被共匪伺機藉端迫害之事，尤爲懸念，凡此均使個人寢饋不安，所以各方面對個人的光寵，反增個人無限的愧疚。茲特重申意願，以爲海內外同胞與其藉祝壽來表示對國家元首的愛護，曷若對國家反共抗俄政策之貫澈，以及內政應有之興革，貢獻具體意見，以此紀念本人生日，庶幾較有意義。」

這短短的幾句話，充分地流露出，他老人家愷悌慈祥民胞物與的胸襟，與夫以國家爲已任的英偉抱負。他老人家畢生盡瘁國事，三十年來，一身繫國家之安危。對國人的獻替，可以說不爲不多。如今以七十歲高齡，仍然爲領導反共抗俄大業，而宵旰憂勤。平心而論，國人之負者多矣，而 蔣公反以自疚自愧相謙抑，我國人子弟讀了他老人家上面那一段訓詞後，能不由衷奮發，感激涕零，而思有以符 蔣公的期望嗎？是以：這次中華婦女反共抗俄聯合會舉辦祝壽徵文，限對 總統六項昭示發抒意見。本人激於愛國家，愛領袖的赤忱，披瀝肝膽，草成此文，我並不希望用這篇東西去賺獎金，出風頭，所以全篇文章，但求眞確地表達意見，對文辭章句，則一概未加潤飾，我唯一的夢想，是企望這篇文章能夠上達 總統，獲得他老人家的一覽之榮。如能因此文的意見，而有裨治道，稍補時艱，當然更是我所夢寐以求馨香祝禱的。

一、關於建設臺灣爲三民主義模範省的各種應興應革的要政急務

甲、健全行政機關，樹立廉能政府：

現在本省各級政府機關，冗員充斥，臃腫龐雜，因循敷衍，貪墨成風，官箴之敗壞，行政效率之低落，已經到了幾乎令人不能相信的地步！如果再不改弦更張，澈底改革，這樣的政府，就會叫人民傷心失望，而喪盡了對一切的信心！任何宣傳口號和理論的標榜，都將無法挽救這種從根本上喪失信心的可怕後果！本省耆宿蔡培火先生曾在行政院說：「人心不是我們的!!」這話是如何值得我們反省和警惕啊?! 因此，我認爲要想建設臺灣成爲一個模範省，必須要先健全行政機關，樹立一個有作爲而廉正的政府。要達成這個目標，就必須要做到以下三點：

㈠重行制定政府組織體系，明確劃分權責：

現行的行政機關，龎雜重疊，因之機能割裂，事權不清；也因之而養成了一大批的官僚政客，有事便爭相推諉，有利便爭相攘奪。要除去這些毛病，必須重行制定政府機關組織體系，對各單位的權責，各官員的職掌，明確劃分，才可以永杜推諉磨擦的流弊。

㈡實行公務員退休制度，重行擬定各機關的編制：

現在很多機關有些並不辦公的年老職員，眞正辦公的卻是一些下級職員，而這些下級職員中，又大多數是些沒有實缺，不能參加考績晉升的臨時編制人員和臨時人員，這種情形，不僅使他們因沒有晉升的希望而沮喪了工作的熱忱，機關裡也因他們的趨向消極敷衍，致降低了辦事的效能。所以這種情形如不獲改善，機關行政效率的提高，恐怕是沒有任何可能的。因之，我主張一面從速實行公務員退休制度，使年老而無公可辦的職員退出辦公廳，以消除機關裡的暮氣，使後進的人沒有了效尤敷衍的藉口；一面重行擬定各機關人員編制，將所有必須的額外人員一律納入編制，務使事事有人，人人有職，（編制上的職位）這樣才能使他們有所進取，才能鼓舞起他們的服務情緒，提高機關的辦事效率。

㈢提高公務員待遇，根絕貪污：

今天的貪污風氣，仍是我們政治上一大污點。根究它的原因，雖然說社會風氣是一大因素，但公務員待遇的不足養廉，以致使很多有爲有守的人，因家累或災病所迫，一時衝動，挺而走險的，亦確係事實。因之要根絕貪汚，除矯正社會風氣外，還要同時改善公務員的待遇，使他們能够富裕地維持一個最低水準以上的生活。如果能做到這種地步，我更主張制定一項嚴懲貪汚的法律，如戡亂期間懲治貪汚條例，對於那些甘心墮落，出賣國家的利益和個人人格的敗類，科以極刑以正官常，而肅紀綱。

至於提高公務員待遇所需財源的籌措，我認爲是沒有甚麼問題的，限於篇幅，這裡未便詳述，不過我可以簡略的說，我們的歲入，每年都有增加，可是歲出也跟着膨脹，但細究歲出膨脹的項目，很多人認爲並非必要，且有虛靡浪費之嫌。如果我們能把近六年來的預決算拿來，作一通盤比較和研究，便會覺得我們的預算，實在大有商榷的餘地。

乙、貫澈民主憲政：

㈠近代的民主政治，是離不開政黨政治的。所謂政黨政治，就是要有兩個以上的政黨，（最好是兩黨）基於平等的地位，從事合法的和平競爭，由客觀的人民用選票來裁判其優勝誰屬。等到某一黨由選票的裁判獲得了執政的機會，成爲政府黨以後，其他的黨，便以反對黨的姿態，在野監督。如果政府黨在執政期間，其政治設施不能使人民滿意，那麼，在下次選舉時人民便可用選票來摒棄其繼續執政，而選出某在野黨接掌政權，原來的政府黨這時候便退爲在野黨，再作重握政權的努力。這樣由數黨更迭執政，各黨都爲了要爭取民心的擁戴（選票），而竭力改進自己，同時監督對方，批評其施政的得失，才可使政治的改革成爲可能，也才可使人民眞正享有他們在政治上的主人權利。 國父曾經說過：「政黨之作用，在提攜國民以求進步也。甲黨執政，則甲黨以其所抱持之政策，盡力施行之。而乙黨在野，則立於監督者之地位焉。有不善者則糾正之，其不盡善者，則更研究至善之政策，以圖進步焉。」可見政府黨與在野黨，是相輔相成的，缺一不可的。反對黨是執政黨的諍友，監督者；同時，在執政上也是政府黨的合法競爭者和繼承者，政府黨如果失去了在野黨的諫諍與比賽，必將漸漸流於自大，自滿，自用，甚至抱殘守缺，因循敷衍，不思振作，不謀改進。我們今天要想改革政治，必須樹立民主憲政楷模，就必須要扶植民青兩黨，使他們能夠成爲本黨有力的競爭者，和合法的反對者， 總統在「反共抗俄基本論」上也曾有過這樣的主張，祇是沒有被認眞奉行而已！最近王師曾先生在他的「政治建設的根本問題」一文中有這麼一段話，他說：「……政黨政治必須有兩個以上的政黨平行並進，在目前中國的情形，須要國民黨有容忍他黨活動的雅量，不利用政權壓抑他黨之發展，然後他黨才有和平合法以謀發展的機會與可能，因爲政黨是以知識份子爲中心，必須讓知識份子的職業與社會地位，不受黨籍的影響，然後知識份子才能享有信仰自由，並選擇政黨之自由，知識份子有選擇政黨之自由，然後各黨發展的機會才平等，現在知識份子作公務員、教書，以及經營與政府有關的工商業等，無一不受黨籍的限制，卽非國民黨黨員不行，非加入國民黨不便，像這樣的情形，國民黨以外的政黨是很難發展的。……（下略）」王先生這番話，實在值得我們虛心接受，和愼重檢討的。

㈡憲政的另一意義，便是法治。法治的基本精神，是司法獨立，所謂司法獨立就是法律至上，神聖不可侵犯。法律是政府和人民必須澈底遵守嚴格奉行的客觀制約，非經合法程序，不得爲任何變更適用和增損。必須如此，人民的權利與自由才有保障。所謂「法之不行，自上犯之。」所以我們今天不想實行法治則已，要想實行法治，首先必須要求我們政府的大官們以身作則，切實尊重司法審判的獨立，不加任何干擾。在法律之前，絕對不允許有特殊或例外的人和事的存在。除此以外，我們必須切實作到除司法機關以外，任何保防和治安機關，非經司法程序，不得逮捕人犯。（屬於軍法管轄範圍的判亂犯，間諜犯自屬例外，但須經偵查確定，不可先行逮捕覊押，再行偵查，以杜寃獄。）更不可用刑逼供，摧殘人權。唯有如此，才可使人民享有免於恐懼的自由。

㈢任何一個政府，都不可能不犯錯誤，因爲政府是由許多人組織而成的，這許多人當中，絕對難免良莠不齊，個人我們尙且不能要求他不做錯事，何況一個政府？人不怕有錯，就怕錯了還不知道改悔，政府也是一樣。所以一個良好的政府，必須要有健全的輿論，有了健全的輿論，才可能產生公正的輿論批評，有了公正的輿論批評，政府才易於發見其施政的得失，有了發現才可以反省檢討，予以改進。所以公正的輿論，是任何進步的政府應該容忍與保障的。近代發揚輿論的工具，是報章刊物，所以我們要想獲得健全的輿論，就必須保障報章刊物的言論自由，我們且不說言論自由是憲法上明定的基本人權，應該保障；就是從政府本身的利益着想，也必須保障，除非我們放棄民主憲政的政治理想。當然，今天本省並非沒有言論自由，祇是自由的程度還不甚充分而已。我們不能想像完全沒有自由言論存在的現象，因爲那種情況下的政權，一定已是日薄西山，奄奄待斃了。所謂「清議亡而干戈興。」這是一句經過多少治亂興衰殺伐爭戰才獲得的寶貴教訓啊！

二、關於革除舊有官僚政客習氣之具體意見

今天我們的社會上流行着一種鄉愿式的作人作風，這種作風在表面上看來，好像沒有什麼壞處，他們不堅持任何主張，信念，他們也不反對任何主張，信念，在他們眼裡沒有是非善惡，所謂聖賢盜賊，在他們看來都是一樣，至少在他們的態度上是如此。他們不願爲實現任何理想而奮鬪，因爲他們怕惹是非，怕受責備，實際上是怕得罪人。這種鄉愿式的人物，在官場中，便是官僚政客，所不同的，祇是他們對待部屬或下級，又有一副威嚴的面孔和作法而已。今天社會上的鄉愿多，政府裡的官僚政客也多。這些官僚政客們更怕得罪人，(不能奈何他的下屬例外)尤其怕得罪上司，因爲他們是絕對地爲作官而作官。他們的口號是人和第一，政策是敷衍至上，多一事不如少一事，任何改革的主張，任何政策的建議，他們都認爲荒謬狂妄，但他們也不會反對，他們會馬上召集開會，討論研究，或向上級請示，表面上說是爲了調和各方意見，骨子裡就是：怕得罪

人，怕負責任怕丟了官。等到他們把責任推得一乾二淨，事情拖到不能再拖的時候，他們這才引經據典地引援訓詞，法規，遺教或理論，然後下達一紙皇皇明令，開始實行，過一段時間再督導考察一番，便宣稱已圓滿完成。這是說這些政策或主張是由於有力的團體所提出，或由於社會的一致要求者而言，如果僅是他們部屬或不重要的人或團體所獻議，他們會非常客氣的要求你向別的機關建議，或者乾脆答覆你「困難殊多，暫行緩議」。他們永不會和人辯論爭議，至多祇會「說明」困難，試想這些大小官僚擠滿了政府，我們要想改革進步，有所作為，豈非狂妄荒謬？我們今天要想政治革新，除了在政府組織與權責方面有所更張外，次一最大目標，便是要清除這些官僚。

清除的方法：第一、要循名責實，力行責任政治，任何機關任何官職，都有其一定的權力和責任，其事權範圍以內的政務，他必須完全負責，政令推行失敗，或無所建樹的，必須令其去職，或降級。使敷衍因循的人，無所存身。這樣，他們除了離開政府職位，就必須革面洗心，重新作人。第二、年事過高的官員，應該讓他們退休，一則可以空出職位，用以拔擢新人，再則亦可清除機關裡的暮氣，因為官僚與暮氣是分不開的。一個暮氣沉沉的人，那裡還有責任感？更那裡會有為實現理想而改革奮鬬的決心？老年人的政府，也許是穩重的，可以守成的，但絕不是有作為的，能進取，能開基創業的。第三、任用幾個骨格崢嶸，高風亮節的耿介之士，給予他們相當的權位，使他們有所展布，這樣自可使政風不變，氣象一新。近年來，政府的用人，總是以忠貞為第一，國家處在這樣一個外寇侵凌，內奸盜國的變亂時代，忠貞自然重要，但是唯唯否否一味聽話的人，祇能說是順從，不能說是忠貞，因爲忠貞是對國家民族而言，如果祇會順從聽話，而不能拯救國家的危亡，建樹復興的偉業，這種人充其量祇可以作爲私人的僕從，而不能給予政府的名位，何況一味唯唯諾諾順從聽話的人，到了危急關頭，是否眞能忠貞不渝，還大成問題。春秋時齊國的易牙，把自己的兒子肉蒸給齊桓公吃，這種人在當時看來，該算是忠於其主了吧，可是齊桓公死後，他卻慫恿庶公子趁喪奪取政權，弄得桓公的尸骸都腐爛了，還不能安葬。無疑的，他在齊國這次政爭中，是罪魁禍首，他破壞了齊國的團結，降低了齊國的國際地位，這位易牙先生也能算忠於齊桓公嗎？反過來我們再看看唐朝的魏徵，魏徵在太宗朝剛正嚴肅，不阿媚主上，時常犯顏直諫，給皇帝很多難堪，看來當然不很順從，但魏徵倒是一位忠肝義胆的名臣。所以敢於直言極諫的人，倒是比逢迎諂媚的人可靠得多，有作爲得多。因此，我堅決地認爲登用一些正氣凜然強項敢言的人，罷黜一些唯唯承命貌似忠順的人，也許是革除官僚習氣的一個有效方法。

三、關於革除奢侈浪費等不良風習的問題

近幾年來，臺灣社會的奢風，不僅吹垮了我們僅有的一點戰時氣象，同時，也或多或少地助長了政治上的貪污風氣。例如近年來盛行西服，西裝革履已成了普通衣着，如果不能穿上一套洋裝，站在人面前，就似乎有點寒酸，可是一個公務員月入不過數百元，維持生活尚感勉強，千餘元一套的西服，談何容易！於是，愛慕虛榮的，便不惜犧牲清白，用不法的手段去賺錢。開始，可能祇是少數胆大妄爲品行卑劣的人，可是社會上最大多數的都是普通人，不是聖賢，他們經不

起誘惑和鼓勵(做壞事的人反倒穿好的吃好的,當然無異乎鼓勵人學壞。)漸漸地最大多數的普通人也向那少數胆大無行的人看齊了,剩下少數潔身自好的,雖不願同流合汚,但也被迫不得不東挪西扯去借債做衣服。因此,這一風氣就給窮困的公務員羣,平添了許多罪惡和困惱。這不過祇舉出衣服這一例子而已,其他相似的情形,(卽由奢風而誘迫出來的貪汚)眞是俯拾卽是。這種奢風如不能澈底糾正,我們的革命氣象就永不能出現,貪汚的風氣也就永難戢止。那麼如何才能澈底革除呢?這不是寫文章喊口號所能濟事的,必須要拿出具體辦法來才成。我現在仍以作衣服一事爲例,提出一個具體的辦法,藉供參考!我主張全國公敎人員一律由政府製發質料一致的制服(如卡其布中山裝)規定每日穿着,至少上班時應穿制服。這主張也許有人要藉口有害本省毛紡工業產品的銷售而予以反對,因此,我主張政府一面勸令部份毛紡廠改營棉紡,以適應棉織品需要的增加。對於因限於設備不能改紡的工廠,爲免其停工,造成員工失業起見,政府得一面按其平均生產費無限制收購其產品,以之製發三軍將士服裝,若再有餘,則以原價配售公務人員。至於廠商自行銷售部份的貨物,政府應重課其稅,這樣卽使不能抑止民間的奢風,亦可因而增加政府的收入,何況公務人員在今天社會上,仍具有極大的影響力,如果公敎人員穿了布衣,那麼社會上穿毛織品的風氣,必因而失勢。我之所以主張由政府收購毛織品以作軍人制服,是因爲我覺得在今天唯有軍人才有榮譽配穿毛織品,並且軍人穿得好,不但不會造成社會奢風,反倒能收振奮軍心,鼓舞士氣,及增加社會對軍人的崇慕嚮往之效。

除了奢風，今天本省社會還有一種很可怕的不良風氣，便是鄉愿作風，這種足以腐蝕社會正義感的鄉愿作風，（前文業已作具體說明，此處不贅述。）據我觀察是首先開始於政府機關，然後逐漸傳播到民衆團體和整個社會。現在就連大中學校的青年，也都受到了這一可怕的風氣的感染，漸漸地失去了青年人那股面對是非，明辨是非的勇氣了！如果我們再不即時抑止這種萬惡風氣的蔓延，那麼，我們列祖列宗所遺留給我們的一點立國根基的道德勇氣，必將被它蠶蝕無遺，其情勢的嚴重，比諸洪水猛獸實無多讓。可是抑止鄉愿作風的傳播，倒沒有什麼具體方法可以採用，比較可行的方法，便是借重宣傳，利用報章雜誌、戲劇、廣播等工具，戳穿鄉愿的面目，痛加貶斥。同時，表揚一些擇善固執明辨是非的實人實事，讓社會知所效法。這樣雖不見得能澈底消滅鄉愿，至少亦可使它銷聲匿跡，不再蔓延傳播。

四、關於團結海內外反共救國意志及擬制反共抗俄反攻復國之行動準則問題

反共抗俄戰爭，是全民族的戰爭，必須全民族同心協力，共同奮鬭，才有勝利完成的把握。這些道理已經是盡人皆知的了。可是，如何才能團結全民族的人心和力量，而一致奮鬭？卻是我領導反共的政府當局所應深切愼重考慮的課題。我對於這一課題的意見是：召開一個容納海內外所有反共非共篤愛中華文化的中國人舉行一次全民族的反共救國會議，以制定一個反共救國綱領，作爲反共復國聖戰進行期間一切措施的最高指導原則。有了這項爲全民族所擁護的反共救國綱領，自然便會產生無比的號召力，足以凝結人心鞏固團結。然後反共復國的勝利完成，才有堅實而確切的把握。不過要特別注意的是召開這個會議旨在救國反共，對於人選的決定，但求其有助於這個目標的圓滿達成，任何嫌隙恩怨與黨派歧見，都必須泯除淨盡，這一點是會議成敗的關鍵，所以筆者特別不憚瑣贅地鄭重指出。

最後，我謹引用兩位古代名儒的話來結束本文。漢董仲舒對武帝策問說：「聖王之繼亂世也。掃除其跡而悉去之。譬之琴瑟不調。甚者必解而更張之乃可鼓也。爲政而不行，甚者必變而更化之。乃可理也。古人有言曰『臨淵羨魚。不如退而結網。』今臨政願治。不如退而更化。漢得天下以來。常欲治。而至今不可善治者。失之當更化而不更化也。」宋朱熹上孝宗封事說：「夫仗節死義之士，當平居無事之時，誠若無所用者。然古之人君！所以必汲汲以求者，蓋以如此之人，隨患難而能外死生，則其在平世必能輕爵祿。臨患難而能盡忠節，則其在平世必不能詭隨。平居無事之日，得而用之，則君心正於上，風俗美於下。足以逆折姦萌，潛消禍本。自然不至眞有仗節死義之事。非謂必知後日必有變故，而預蓄此人以擬之也。惟其平日自持安寧，便謂此等人材必無所用，而專取一種無道理，無學識，重爵祿，輕名義之人，以爲不務矯激而尊寵之，是以綱紀日壞，風俗日偷，非常之禍伏於冥冥之中，而一旦發於意慮之所不及，平日所用之人，交臂叛降，而無一人可共患難，然後前日擯棄留落之人，始復不幸而著其忠義之節。」

刋於民國四十六年一月十日「中華婦女月刋」七卷五期

論整飭政治風氣

——所望於新內閣者——

陳辭修先生素以英明果敢，忠藎耿介，著稱於當代，先生盡瘁國事三十餘年，治軍從政，所向有聲。此次以副元首之尊再膺大命，重秉國鈞，消息初傳，舉國振奮，父老奔走相告，咸謂國之得人。旬日以來，內外輿情，爭相馳贊，具見國人擁戴之殷、期許之切。本刊欣慶之餘，本乎愛國憂時之忱，謹撰此文，以爲先生之重揆樞政賀，亦所以爲先生之重揆樞政而勉也。

自立法院通過同意先生組閣以來，海內外報章雜誌，於如何貫澈民主憲政，如何恢宏器度，鞏固團結諸端，獻議已多，其中不乏眞知灼見，嘉謨良猷，本刊於此等大經大則，不擬再踵事增華，贅述陳言，惟論者於如何整飭政治風氣一端，言之尚少，本刊茲謹就此，抒陳管見於次：

政府自播遷以來，於茲九載，軍經之進步，國人共見，世所同欽，惟政治風氣，則每況愈下，而年來敗壞之甚，有令人痛心疾首，不忍卒言者，苟不急圖矯治，影響所及，則政府清望，反共信心，均將瀕於傾墮，而不可收拾矣！此非故作驚人之論，實心所謂危，不敢不言也。矯治之道，亦屬至易，要在執政者一念之間耳，蓋所謂政治風氣之敗壞者，迨指政府機關之貪墨成風，營私舞弊，與夫因循敷衍，推諉塞責等現象而言。究其成因，厥爲待遇菲薄不足養廉，編制不良權責不清。若能對症針砭，則起死回生，亦復何難。爰申論以明之：

一、提高公務員待遇

公務員者乃以服務公職爲其職業，其待遇亦若工商界人之獲取工資利潤者然，乃其工作之報酬。故孟子曰：「下士與庶人之在官者，同祿，祿以代其耕也。」所謂「代其耕也。」，蓋謂公務員乃以其官祿之所入，以代其耕耘之所得，俾克盡其仰事俯蓄之道。而今日之公務員，低如委任級者，月入薪給三四百元；高如簡任級者，月入亦不過六七百元，以此菲薄之收入，欲賚之以仰事俯畜，迨事實所不能。「安貧守志，本聖哲之垂訓，我國士大夫君子。素懸爲道德之信條，然其應用，亦自有其限度，卽當能免於飢寒也。所謂飢寒起盜心，蓋衣食所迫，災病所驅，當此之時，其挺而走險者，初非甘於自毁，實逼處此也！聖賢原不可期之於人人，故管夷吾謂：「衣食足而後知榮辱。」王荆公謂：「以今人之制祿，而欲士之無毁廉恥，蓋中人所不能也。」顧炎武謂：「今日貪取之風，其所以膠固於人心，而不可失者，以俸給之薄，無以瞻其家也。」諸先哲之所見，皆洞識人情之至論。蓋尋常之人，尋常之事，非以尋常之理以度之，尋常之方以濟之不可也。世之高唱革命道德之論，以求人人為聖為賢者，皆屬矯情無能之輩，大政治家所不取也。今之公務員中，即令有志行高潔之士，守正不阿，寧死不辱，亦必以室家重累，而奔走於兼差兼業之途，雖夷館役工之職，引車賣漿之業，但求家人溫飽，亦不得不含淚為之！如此而欲其精勤黽勉，克修厥職，而不怠不荒於本職者，烏可得乎?!置此而不論，徒嘆貪風之不可或戢，行政效率之低落，寧非緣木而求魚乎？

揮毫至此，則思及財政當局必將以提高待遇之財源無着，而蹙眉搔首矣，實則財源多矣，患在諸公之敢與不敢耳。苟能不畏權勢，以政度財，剔除預算中非政府機構之經費，剔除掩匿於國防預算中之不當支出，剔除若干毫無必要之政治訓練機構之經費，再益之以名目繁多之公營事業員工之福利、補助、津貼等經費，與部份政府機關之出差，加班，獎金，特支等迫人作偽之變相給與經費彙靠總而統一平均分配之，則提高公務員待遇至供五口之家勉強維持生活之程度，必將綽有餘裕。惟徒弄收支之吏，所見不敢及此耳！

二、重訂機關編制改善人事制度

政府遷臺後，政務之劃分變革至巨，而各級機構之編制，則仍維舊貫，益以人事之凍結，數年以還，至若干機構之編制，早已不合時宜，（如各縣市稅捐機構）由於政務之繁重，不得不增置人員，以格於法令規定，乃有臨時編制人員，額外人員，臨時人員之設，此等人員，無論就任用資格，工作能力，及所負職責言，皆與編制內人員，毫無二致，獨以名分之不同，而致待遇懸殊，任使各異。彼輩之供職，唯求啖飯而已，工作雖努力勤奮，亦無與考績升遷之機。於是上焉者，乃存五日京兆之心，時作別覓枝棲之想，工作則不求有功，但求無過。下焉者，乃投機取巧，敷衍塞責，甚至玩法弄權，伺機舞弊。蓋以既無前程升遷之望，棄之亦不足惜也。復有若干機關，因駢枝機關之設立，致職權重疊，責任混淆，於是，上下其手乘隙作弊者有之；推諉拖沓，爭權攘利者有之。政府組織體系中，充斥此等機關此等人員，則其行政效率，復何可問？其貪汚事件之增多，又胡足怪？整飭之道，則非重行制定政府組織體系，及各級機關之編制，以明確劃分組織，消弭龐雜重疊，機能割裂之現象不可。其他如厲行責任政治，有其權者，必課其責；負其責者，必握其權，以及實行退休制度，拔擢新進人才，遣退年老官員，消除政府暮氣，均將有助於行政效率之提高。

綜上所述，可見政治風氣敗壞之原因，在於公務員待遇之過低，與夫政府機構之組織及編制之不良。改善之道，首在提高公務員待遇，否則，食不飽，力不足，官不足以庇身，俸不足以贍家，其表現於政治上者，自爲才美不外見，缺乏蓬勃朝氣，與工作效率，甚至而見利忘義，遇汚卽貪矣。次在重定政府機構之組織與編制，務求循名覈實，實至名歸，杜絕推諉敷衍爭權諉過之現象，則官常之謹肅，政治之修明，可計日而待焉。

茲當辭修先生秉政伊始，用掬愚忱，獻此蒭蕘，期仰贊高深於萬一也。

刋於民國四十七年七月十六日「中國賦稅」第三十四期

論稅務人員專業化

本月一日，財政部部長嚴家淦先生告記者稱：「關於稅務人才的培養，賦稅研究小組已擬定方案，分三方面辦理，一爲調訓，一爲選訓，一爲教育。選訓調訓係就現有稅務人員中選拔訓練；教育則列入學制內培養人才。（同一消息謂：財政部爲培植稅務人才，已商得教育部同意，在政治大學內增設財稅系，並已呈報行政院，如時間許可，本學期卽開始招生。）將來在稅務人事方面，將採甄別考試，將稅務人員與事務人員分開，使稅務人事制度化，走上正軌。」

看了嚴先生這段談話，我們不禁感慨萬千！溯自民國肇建，採行新式財政制度以來，已經四十年了。四十年來，我國的稅務法規和體系，雖然有了嶄新的建立甚至可以說已經現代化了。但是，就整個租稅制度和其作用來說，無可諱言的，仍然距離各先進國家的水準甚遠。考其原因，雖然我國國民經濟狀況之不逮他國，爲因素之一，但租稅制度本身的欠缺，關係實屬最大。其中尤爲重要的，便是稅務人事制度的未曾確立。由於稅務人事制度的未曾確立，因之四十年來，稅務界人才寥落。但政令須得人而施，制度亦須賴人以舉。徒有法制規章，如沒有適當的人才去推行運用，這法制規章，還不是空有其表？這便是我國新租稅制度建立以來，所以未能發揮近代化租稅制度的優良成效的根本原因。所謂「人存政舉，人亡政息。」所謂「徒法不能以自行。」等古訓，雖說過分強調了人治的功能，但是在一個新制度創建的初期，這兩句話，仍然是具有它不容忽視底價值的。所以我們認爲要想完成我國近代化租稅制度的建設，除了要在稅務行政，和稅務法規等方面，作全盤的檢討和改進以外，建立專業化稅務人事制度，實乃根本之圖。假使嚴先生眞能有此抱負，在其任內完成稅務人員專業化的新制，那麼嚴先生必將成爲我國稅制史上一位不朽的巨人。

本刊向以促成我國現代化租稅制度之建立，爲主要發行宗旨。因之對於嚴部長上述談話所揭示的目標與遠見，感到由衷的讚佩與擁護。我們更願藉此機會對稅務人員專業化新制之建立，略抒管見，以供當局作爲擬定實施方案時的參考。

第一、現代國家立國的基本條件有三：其一、爲行政權力的分配與制衡，其二，爲國防體系的建立，其三，爲租稅制度的實施。這三大條件的良窳，可以窺見一個現代化國家立國基礎的強弱。於此可見租稅制度的重要。而近代租稅的作用，又非復中古以前那樣，單純地以滿足政府財政需求爲目的。由於財經科學的進步，租稅作用，已賦予嶄新的意義。其中最重要的，是：①稅源寄託於國民所得，國民所得依憑於國民經濟的榮枯。所以要想稅源豐裕，租稅制度必須能促進，至少是不損害國民經濟的正常發展，而非僅在要求預算收支之平衡。②租稅的對象，已由對物，對事，而轉以對人爲主，即納稅能力的重視。其目的不僅在使租稅之負擔均允，尤在確保國民之基本消費能力，維持經濟整體再生產之持續。凡此種種，皆有其專門學術與理論，非任何人皆得通曉而優爲之。故稅務人員專業化制度之建立，乃量才任使之用人原則與事實所必須，非炫新立異，徒爲理論之標榜。

第二、近代國家對於其事業人才的教育方式，大致皆分爲，㈠政策創造（Policy-making）㈡事務領袖（Bussines direclorship）㈢實際工作人才（Pratical worker）等三種，分別施教，按能任使，因爲這三種才能決難求備於一人，而國家則必須具備此三種人才不可。第一種人才重學養器識，不特貴其學有專長，尤重其更具通識，即具有通識的專才，如此方能適應時代，配合相關事物，而爲一個具有善爲選擇能力底知識標準的人才。第二種人才專重專門學術的培養，但求其能掌握部份實際業務，瞭解全盤態勢爲已足。第三種人才，專重其術，有一事之精，一技之長，斯可矣。過去在外人管理之下的海關，和鹽務機關，便是如此建立起他們優良人事制度的。其優點在於能使所有人員皆得各展所長，循序漸進。旣可杜無能倖進之途，又可使人才久安其位。稅務人員專業化制度之實施，大可資爲借鑑仿其意而行。惟其中第一種人才之培養非在學校內教育不可，調訓選訓皆難望其有若是造就之功。

第三、我國古代「官吏」分途，「官」是決定政策的，是發號施令的主體，握有施政之權，而負其責。「吏」是奉行故事，傳達意旨，辦理庶務的。「官」出身科舉，仕途陞遷，國有常制。所以國家付予他們官位，他們爲了顧念自己前途，多能淸操自持，勉於爲善，以望榮顯。現代的公務員，雖不能作這種分類。但仿其意旨，使公務員專其所業依法陞遷，以增加他們對本身職業的親切感，一旦疏虞隕失，便足以影響他的一生事業前途，這樣自能提高他們對業務職掌的責任心。這個原則，當然也可以適用於稅務機關的公務員。是則予以合理的劃分，使稅務人員分途，使之各專其業，當然也是可以預見其效果的良法美制。

綜上所述，可見嚴部長上述談話所勾劃出來的稅務人員專業化新制的重要輪廓，與本刊向所主張者，大致略同。我們也能相信，在這些設想周詳的原則之下，由賦稅研究小組諸先生殫思竭慮所見規劃成的實施方案，也一定是完備可行的。不過我們猶有不能已於言者，便是始此事者的胸襟器識，也將是決定此一劃時代新制的成敗關鍵。回憶當年我國創辦統稅直接稅之時，也有過「新人新政」的口號，確想步武關稅鹽務之後，以國人之才智，自建規制。當時所招用之青年幹部，都係甫出大學之門的有爲學子，初時亦頗能獨樹一幟，傲視儕輩，果然予人以風氣一新之感。惜曇花一現，好景不常，未幾卽舊習復染，吏氣日深，由絢爛而趨於平淡矣！窺其原因，迨由於主其事者，內有喜怒好惡之念，外受背景後臺之脅，以至「善善而不能用，惡惡而不能去」賞罰黜陟之間，別有恩怨利害之權衡！則新制云者，乃不可復問矣！翁序東先生曾云「青年初入稅務，守爲兩待考驗。自好者，容有君子恥居下流之怨；狡黠者，反視爲利藪之鵠。激濁揚清，有賴於賢者。稍一不愼，何難吏習復染，而江河日下。」諸葛武侯亦云「吾心如秤，不能爲人作輕重。」願我賢明當局，在此稅務人事新制籌建之初，三復斯言。

刊於四十七年十月十六日「中國賦稅」第四十期

也談行政改革委員會的建議

總統爲革新政治，提高行政效率，特於去年二月間下令組織總統府臨時行政改革委員會，並派當時甫從美國考察歸來的今行政院副院長王雲五先生主持其事，參照美國胡佛委員會的工作，羅致專家學者，就當前各級政府之組織權責，政令措施等作全面深入而客觀的檢討，然後擬定改革的具體建議呈核。該會於去年三月十日成立，預定六個月完成工作，同年六月十日開始呈送建議案，以後陸續呈送，至九月十日將最後一批建議案送達總統府後，如期結束。六個月中，該會總共提出建議案八十八件，均經　總統逐案詳細核閱並親予批示後，分別發交行政院、司法院、考試院辦理。據云除其中一案經　總統批示暫從緩議外，另就其中性質重要且即可籌劃實施者，列爲優先案件，計三十二案，手令行政院對各該案之施行日期，實施方法，分別研究決定後，限期呈報。　總統於日理萬機，宵旰憂勤中，竟不憚繁瑣，對該會提出的八十八件行政改革建議案一一核閱，分別批辦，具足仰見　總統勤政憂時之亟，與改革庶政之切。凡我國人，無論朝野內外俱應深體　總統之苦心，竭智盡能，早日使該八十七件行政改革建議案，正確而切實地付諸實踐，惟有如此，方能具體地表示吾人效忠元首，服從領袖之誠。抑有進者，此一改革方案實踐之程度若何，不僅爲我國內政振敝起衰之關鍵，同時亦爲我實行政治反攻之成敗契機。是以上月十六日前總統府臨時行政改革委員會主任委員王雲五先生在行政院新聞局每週記者招待會中概略說明該會所提出建議案之內容後，與論方面均一致表示熱忱之關注、討論，與讚譽。覩乎王前主委所說明之該會建議案之要點，雖非十全十美，但確屬均能切中時弊，對症針砭，限於篇幅，本刊不擬一一予以評介，謹就其中關於租稅財政部份之若干意見，提出本刊粗淺的認識，以報導於賢明讀者之前。

第一、該建議案主張妥籌財源，改善軍公教人員待遇，根絕貪汚；防衞捐應斟酌併入稅率，並隨本稅歸屬各級政府，爲其收入；維持統一稽征制度，暫不變更；各縣市稅捐稽征處應直隸於省財政廳；稅捐機關之臨時及僱用人員應予甄別留汰，納入正式編列；及設立財務法庭，以加強稅務訴訟案件之審理執行等，皆爲本刊曾一再爲文呼籲，或竭誠擁護之意見。惜乎當局雖無反對之表示，然年復一年，問題始終存在，局外人誠難以瞭解當局究有何種難言之隱，而躊躇不前？政府有些事是知其不可爲而強爲，又有些事明知其可爲當爲而竟不爲！走筆至此，不禁頓足三歎！

自政府宣告不以武力爲光復大陸之主要途徑後，政治之革新，政風之整飭，已屬凌駕於國家任何施政以上之反共根本大計，何以對此等牽涉不廣而收效遠大之根本問題，任其拖延不決?!歲月無情，時乎不再，俟河之淸，人壽幾何?況強寇當前，國步如斯，深願政府當局順應輿情，把握良機，對改革會諸君子心血結晶之改革方案，察其緩急，分別先後，次第付諸實施，以奠立政治反攻之基礎。我們知道爲國際所美稱的美國胡佛委員會是成功的，但我們必須瞭解，胡佛委員會之所以成功，由於其本身之客觀、公正之考察研究與設計者少，而由於美國政府之尊重與實踐者多。沒有實踐的改革建議，其功不著，其效不顯。這點我們希望行政院副院長王雲五先生能留心及之，中國行政改革委員會之成敗，亦必繫乎政府實踐之誠意。

其次，該建議案主張綜合所得稅應規定適當數額，凡在規定數額以內者，概行比例課稅，超過規定數額者，再以累進分級計徵，俟施行有效後，即取消戶稅。同時又主張，將田賦（或土地稅）改爲地方自治稅，百分之十歸省百分之九十歸縣市，另從縣市部份繳省百分之十，由省統籌分配。遺產稅應以百分之十歸中央，百分之十歸省，百分之八十歸鄉鎮。這些主張與本刊一向所抱持之見解，可謂不謀而合。本刊曾不畏時論，獨排衆議，堅持在綜合所得稅之課征未臻理想，及縣市鄉鎮未獲獨立而充裕之財源，得以自謀預算之平衡前，不可輕率廢止戶稅。此非謂本刊獨具慧眼，別有超人之明，亦非謂改革會諸先生之意見，即爲玉律金科之眞理，放諸四海而皆準，但藉此一端，可資證明，凡屬客觀而公正地對當前財政情況作通盤深入考察的人，都會發爲相同的論斷。按現行財政收支劃分法之規定，土地稅（即地價稅，土地增值稅，在未徵收地價稅之區域爲田賦）在省應以其總收入百分之七十分給所在縣市局，其中百分之五十分給所在縣市局，百分之二十由省統籌分配所屬之縣市局（下略，十三條），遺產稅在省應以其總收入百分之卅給省，百分之五十分給縣市局（下略，第十條）除此之外，依該法規定，縣市之收入，尚有百分之十所得稅（第九條）百分之三十印花稅（第十一條），百分之五十營業稅（第十四條），及土地改良物稅（房捐），契稅，屠宰稅，使用牌照稅，筵席及娛樂稅，其他特別稅課等（第十五條）。然縣市局雖擁有項目如許之多的稅收，而中等以下的縣市，尚不能自給自足，更遑論毫無固定收入，專恃特別稅課之戶稅以維持之鄉鎮了。時人不察，多喜放言高論，力主卽行廢止戶稅，試問在基層政府尚無充足可靠之財源以自給前，戶稅如何可廢？矧戶稅之內容就其收入部份言，實與綜合所得稅相同，本質上亦非一無可取之稅乎。

最後，我們希望政府能將建議案全文公開發表，俾國人得以窺其全貌，以免因目前之略知梗概，卽輾轉哄傳，致議論失諸正鵠，研討無所依據，甚至滋生謠諑，製造內幕消息，徒亂人心無補於事。

刋於民國四十八年二月一日「中國賦稅」第四十六期

嶄新的觀念

——陳院長施政報告讀後——

行政院陳誠院長二月二十日率全體閣員列席立法院第廿三會期首次會議，並提出施政報告，全文已見廿一日北部各日報。讀過這篇報告的人，固然不少；但是祇看標題，而不及其文的人，爲數一定更多。因爲大家都看煩讀膩了這種每年兩次的例行公事式的施政報告，都不願再費時傷神來讀這種引人入睡的空洞不實，而又枯燥無味的文章了。可是如果眞如此的話，各位這次卻錯過機會了。陳院長這次所提出的施政報告，雖然尚嫌不够週全，但是確非了無新義的應景文章可比，其中有幾點嶄新的觀念，頗值得提出來供朝野上下熟讀深思：

第一，陳院長說「當前財經方面的基本情況是：一方面我們要及時實行必要的改革，使財經的基礎更穩固，更健全；另一方面，爲了適應社會的發展與人口的增加，我們要在改革的過程中，不斷求進步發展。」這幾句話提出了一個嶄新的觀念，那便是「在改革中追求進步。」這與我們熟聽了多少年的「在安定中求進步」的口號，是有其基本上不同的意義。在安定中求進步的話並沒有錯，但是它要有前提，其前提是一切措施的方針不錯，且已步入正軌，祇要假以時日，循序以進，便可獲得預期的成效，這成效便是進步。但是針對我們當前的情況來說，這個前提是並不存在的。相反地我們有很多措施，甚至是有形無形直接間接地在阻礙着進步。所以我們今天所需要的是變革維新，而不是守成保泰。因此，陳院長所揭櫫的「在改革中求進步」的新觀念，對當前財經處境的扭轉，是具有啓廸性與推動性的。誠如陳院長所說，今後「我們在政治、軍事、經濟與社會、文化各方面，必須有勇氣面對問題，發掘缺點；有決心解決問題，改正缺點。決不可推拖敷衍，使可解決的問題，變成不可解決的問題，使可改正的缺點，變成不可改正的缺點。」

第二，陳院長提出了「精兵政策」的新觀念，陳氏說：「我們確信政治與軍事是不能分開的，大陸本戰場與臺海支戰場也是不能分開的，所以我們必須勵行精兵政策，加速做到局部的軍事優勢。」我們老祖宗就告訴過我們「兵貴精不貴多」，這是顚撲不破的至理名言，尤其是在科學武器日新月異的今天，談戰爭，談克敵致勝的軍事專家們，其唯一注意的，是新式武器的發明與運用，與新式武器的戰鬪人員的技術培養、訓練，至於兵員的多寡，已成爲次要又次要的決勝因素了。自從前年蘇俄放射第一顆人造衞星後，美國艾森豪總統便力倡軍事撙節，儘量裁減其傳統的兵員配置，並將其軍費中的事務費，人事費，舊武器維持費等大加削減，同時停止其戰鬪師的擴張。自一九五七年十月以後，除了維持應付緊急調度所必須的若干機動師以外，常備軍制度已漸爲預備兵團制所代替。這些措施就是精兵政策的具體行動。所謂精兵政策，就是在軍事上求質的提高，與機動化的加強；在財經上節省軍費，減輕負擔，改善軍隊待遇，以旺盛士氣，增強戰力；同時從而平衡國家財政預算，穩定通貨，建立足以長久支持軍事需要的財經基礎。我們知道，近數年來政府一直爲預算的平衡而困惱。由於預算的不能平衡，致通貨不能穩定，稅收需求無已，從而妨害了經濟的發展。追本窮源，便是因爲我們的軍費負擔太重了，超過了我們財經能力負荷的極限。如今陳院長提出了精兵政策的意念，我們認爲是他已把握住打開財政困局的關鍵了。卽純就反共戰爭的前途來說，精兵政策也是適切允當的。因爲我們的反共復國戰爭，若不與自由世界對國際共產集團的戰爭結合一起，而是單純以匪軍爲作戰對象，則顯然的，我們的優點不在兵多，而在兵精，我們無法與共匪作人海戰的比賽，我們祇可以寡敵衆，以利器摧堅，以人心克敵。反過來說，若我們的復國戰爭，是與自由世界對共產集團的決戰相結合，那麼我們必須在武器，戰術等方面，尋求能與盟國相配合協調的兵員編制與能力。所以不論從那方面來看我們今天的軍事問題，精兵政策都是必需的。

第三，陳院長在報告中，不止一次的說：「對外貿易是我們生存之道。」這話初聽似不新穎，因爲我們聽慣了「本省爲海島經濟，需要對外貿易以通有無，以濟盈虛」的話，以爲是異言同意的，其實這兩者之間，是有相當距離的，因為後者祇說明對外貿易為我們所「需要」，前者則進一步說明，對外貿易為我們所「必要」。需要容或有選擇的可能，必要就沒有選擇的餘地了。本此認識，所以陳院長又說：「今後當繼續採行鼓勵對外貿易的必要措施，掃除妨礙對外貿易的各種阻礙，使對外貿易獲得更好的發展。」又說：「在發展對外貿易方面，今後公民營企業要特別注意商品的標準化，建立良好的商業信用。而對於出口商品的檢驗工作，尤須切實改進加強。」陳氏這番話雖祇就政府方面應有的努力而言，但是開拓對外貿易的主要動力，還是在於企業界。所以本刊特別提出此點，希望國內企業家有所懍會，今後我們對於工業的創建，目光必須遠及國外，再不可以託庇於政府的優惠或保護之下，爭得國內一份市場，從國內消費者身上賺取蠅頭微利便沾沾自滿了，企業家們必須要有勇氣，有信心，使自己的產品能競銷於國際市場，方得引為光榮。本刊願再引陳院長的一段話，以勗勉國內工業界領袖們：「今天是一個創業的時代，不是守成的時代，所以我們的理想要提高，眼光要放大，思慮要深遠。」

上述三點，是本刊細讀陳院長施政報告之後最為突出的一些領悟，我們認為這些都是嶄新的觀念，所以不憚辭費，不揣庸拙，為文評薦於讀者諸君之前。

刊於民國四十八年三月一日「中國賦稅」第四十八期

樹立政治新氣象請自改善公教待遇始

—從林斯燊自首案說起—

臺北市政府財政局財務課長林斯燊將其經管的愛國公債調換變賣，以所得款項貸放生息，以維家用，後以良心不安，而繳還此項愛國公債，自首請罪。這條曾被排爲首欄的社會新聞，日前轟傳一時，詳細內容想讀者諸君均已見報，不必再複述。對於這件案子的本身，自然會有司法機關作公平的處斷，我們不擬在這裏作任何的推論與評議。我們祇是想提醒政府當局，重視這件案子所顯示的一個嚴重的事實，那就是：任何一個安分守己的公教人員，在目前的待遇下都無法再生活下去了！乃以林斯燊課長的例子來說吧，林氏是一位市政府財政局的課長，論職務地位，都不能算太低，但是他已因食指浩繁，家累沉重，微薄薪俸不足家用，而將十一個子女送與他人撫養了，但是剩下的六個兒女仍然不能過活，以致營養不良，經常患病，於是飢寒而起盜心，林氏被迫走上了監守自盜的犯罪之路！在其自首停職後，北市記者往訪其家徒四壁的「官舍」，見林氏與妻兒楚囚對泣，哭成一團！這是一幅如何令人觸目心酸的慘象?!尤其令人悲痛欲絕的，是林氏及其家人所哀哀哭泣的，不是爲林氏之卽將身繫囹圄，而是爲其舉家往後的生活無着!!在這號稱復興基地，且被譽爲安定繁榮，自由樂土的寶島上，一位身爲政府中級官員的家庭，依靠薪俸爲生的慘狀，竟至如此！這能說不是對現實政治一個嚴酷而尖刻諷刺嗎?本刊有鑒及此，乃不得不重鼓勇氣，再度爲全省十七萬公教人員及其眷屬請命，竭誠呼籲政府，正視這個可憂可怖的事實，迅作有效措施，切實改善公教人員待遇，消除當前政治上的一大隱患。

公教人員待遇問題，最近像是冷落了一些，很少聽到有人討論了。但這並不是因爲這個問題已經得到圓滿的解決了，而是因爲儘管輿論如何喧嚷，政府總是充耳不聞，時間久了，大家也就叫膩了，祇好丟下它，暫且不談。可是現在的情形是愈來愈嚴重了，自從去年單一滙率實施以後，物價又上漲了許多，其中波動最大的，便是一些基本的生活必需品，相形之下，越發使公教人員的生活擔子變得沉重而不勝負荷了。問題擱置到今天，已經臨到非設法來解決它不可了，可是我們的政府依然像若無其事地不聞不問，難道政府眞的不曾理解到這個問題的嚴重性?

方今政治風氣的敗壞，行政效率的低落，都是根源於公教人員的待遇過薄，本刊曾於四十七年七月十六日陳內閣組成不久的時候，發表「論整飭政治風氣」一文，詳爲剖析（見本刊卅四期），請讀者諸君參照閱讀，此處不擬再贅，不過其中有一段話，我們要把它節錄在這裏，以強調我們這一看法的正確性，那段話是這樣的：「……安貧守志，本聖哲之垂訓，我國士大夫素懸爲道德之信條，然其應用亦自有其限度，卽當能免於飢寒也，所謂飢寒起盜心，蓋衣食所迫，災病所驅，當此之時，其挺而走險者，初非甘於自毁，實逼處此也！聖賢原不可期之於人人，故管夷吾謂：『衣食足而後知榮辱。』王荆公謂：『以今人之制祿，而欲士之無毁廉恥，蓋中人所不能也。』顧炎武謂：『今日貪取之風，其所以膠固於人心，而不可失者，以俸給之薄無以贍其家也。』諸先哲之所見，皆洞識人情之至論。蓋尋常之人，尋常之事，非以尋常之理以度之，尋常之方以濟之不可也。世之高唱革命道德之論，以求人人爲聖、爲賢，皆屬矯情無能之輩，大政治家所不取也。」

我們今天要是不想改革政風，澄清吏治，以樹立廉能政府的楷模則已，否則，我們必須要從改善公教人員的待遇着手。除這樣作，是沒有辦法使政府清明有爲的。

寫到這裏，我們不能不提一下政府屢次據以爲拖延調整公教人員待遇的「理由」，就是所謂「財政困難」，其實這是說不通的。因爲財政的目的，就是在於持續而有效地維持一個推行國家政務的政府體系，以遂行其爲民服務爲國興利的職能。而擔當這種職能，以實地推行政務的主體，便是公教人員。所以政府職能的強弱，國家政務的良窳，端視公教人員服務公職的安心專心與忠心的程度爲如何而定。維繫公教人員這種安心專心與忠心的起碼條件，便是給予他們一份不必爲生活分心擔心的待遇。所以維持公教人員獲得合理生活的待遇，才是財政的基本目的。好像種田的目的便是爲了給人飯吃一樣。如果因種田困難而要人不吃飯，這能說得通嗎？拋開公教人員的待遇不管，而推之爲財政困難，也和這比譬一樣是說不通的。何況財政困難的存在，多多少少是政府當局缺乏認識和魄力去開創一個新局面的因循作風所致。如重疊駢枝的機構，粉飾虛張的開支，動用國帑而非屬政府機關的社、團、會、院，以及各色各樣並非急要的龐大開支，每年耗用國庫之大，數達億萬，要能把這些浪費的錢拿來改善公教人員的待遇，一定會綽然有餘的。總統日前在國民黨八屆二中全會上諄勉從政黨人努力創建新氣象，我們竭誠呼籲政府，以改善公教人員的待遇開始，來樹立政治的新氣象。

刊於民國四十八年六月一日「中國賦稅」第五十四期

能「面對問題、解決問題」嗎？

——再論改善公教待遇問題——

本刊第五十四期的社論，曾以臺北市政府財政局課長林斯燊盜賣中籤愛國公債，放款生息維持家用，然後自首請處一案爲顯例，痛切指陳今天任何一個安分守己的公教人員，在現行待遇下，無法生活的事實，呼籲政府當局正視這項有關政府風氣良窳的大事，迅謀改善之道，以丕變政風，實踐 總統在國民黨八屆二中全會上勗勉從政黨人創建政治新氣象的訓示。就在該期本刊發行的同時，報上披露出立法院在上月三十日秘密會議中通過的「應請行政院辦理事項」十一項的決議案全文。該原文說：「公敎人員待遇，按統一薪俸不敷維持實際生活。比年以來，各機關迫於事實需要，相率各自爲計，另謀補貼，名目繁雜，多寡不一。長此以往，不僅影響政風，即法定預算亦將失其控制效能。本年度國家總預算仍按統一薪俸編列，殊嫌不切實際。應請行政院本化暗爲明化繁爲簡原則，依法另訂調整方案，速送本院審議。」立委諸公所鄭重指出的目前這種「不切實際」的薪俸，將「影響政風」的看法，與本刊上期社論之立論旨趣，可謂不謀而合。俱見事屬情理所當然，沒有人能不承認這個事實。這幾天所有民間報刊，對於立法院這項決議案，都一致喝采稱道，並寄予熱烈的希望。本刊謹再就前論所未及之處，提出兩項補充意見：

第一，首先我們要談的，就是立委們所指出的方今公教人員待遇上的「各自爲政，另謀補貼，名目繁雜，多寡不一」的現象。老實說這一現象的存在，是使今天公教人員待遇低薄的情勢與影響，格外顯得嚴重的三大原因之一。這三大原因是①：公教人員的正當薪俸收入確實不足維持起碼的正常生活。②社會上一般的生活水準較高，因之在若干方面迫使了公教人員的支出增加。關於這兩點，我們且置之不談，此處所要特別詳爲闡述的，是另外一點，那就是：③同屬政府遴用的公務員，則因供職的單位不同，或職務的高低而待遇殊異。於是在物質的享用上，應酬社交上，閑暇消遣上，都顯出了相對懸殊。試想，以同樣的出身，同樣的經歷，同樣的地位，難分高下的才能，甚至是多年職務相等的同班同屆畢業的同學，祇因爲某種造作的或偶然的機緣，或時會不同，而分在不同的機關工作，竟至使彼此間的生活水準有偌大的懸絕，人非聖賢，這種情形，能不使那些愧不如人的人在心理上，精神上，感到極大的折辱和不服，因而在情感上觀念上失去了平衡與正常嗎？我們切不可唱什麼「處涸轍以猶歡」，「窮且益堅不墜青雲之志」的高調，我們必須承認「人非個個聖賢」，那些不爲世俗榮利所動的，祇是少數幽棲巖穴的高士，不是所有的人都能做到的。這是在橫的方面，另外，在縱的方面，若干高等白領階級的大官，他們的收入不是太少，而是太多，他們的生活，不是活不下去，而是享受得過分。所以我們說待遇上的「各自爲計」「多寡不一」，是使今天公教人員待遇低微的情勢與影響，顯得格外嚴重的最大原因。我們今天倡議改善公教人員待遇，必須首先從調整與平均的意義上着手，「抑富濟貧」，應該是「化暗爲明」的又一解釋。記得陳辭公曾經說過，在反共戰爭持續的今天，軍公人員的待遇，是以維持大家生活爲原則，不該計較俸給制度的本來意義。那麼我們要求調整與平均待遇，不是正和最高行政當局的主張一致嗎？何況，即使按照俸給制度的固有意義，依地位、責任、能力、差別給俸，也不能有領幾萬元幾十萬元與月領幾百元的懸殊?!而美援及公營金融、實業等機構的優厚待遇，更是毫無道理可言，其中除了極少數的人員應有技術性的高津貼以外，絕大多數的工作，都是所謂一般公務員力能勝任的。在那些機構工作的人員，與一般公務員並沒有兩樣，他們服務機關的工作與其他機關之不同，乃是政府職能分工的必然現象，不能據之以爲獲得不同待遇的理由。我們堅決反對在待遇上應有所謂公務機關與事業機關的差異。正如軍事機關不該和行政機關待遇不同的原則一樣。

第二、其次我們要談的，是怎樣來調整公教人員待遇？關於這個問題，我們且分別爲以下七點來說明：

一、以不增加國庫負擔，就現有支出額統籌勻分爲原則。

二、裁併重疊駢枝及一切不必要的機關，收回非政府機構的經費，停止一切不必要的浮濫開支。以這些撙節下來的經費，作爲提高公教人員現金給與的財源。

三、剔除一切已經變成或是將來可能變成黑市待遇的各種名目的給與，如特支費、機要費、交通費、水電費、福利費、職務加給、出差費、加班費、服裝費、醫藥補助費、研究費、津貼、獎金……等預算，併入現金給與經費，統一分配作俸給支出。

四、房租津貼，眷屬補助保留，但應重新擬定基數，隨薪俸逐年調整。（詳見第六點）。至於加班費，如今各機關都人浮於事，已無存在必要。

五、出差費改爲發給公務換票證，由公路鐵路機關按月向行政院或省政府結算付款，出差人員食宿，由政府設立統一機構及委託旅社飯店供給，出差公務員憑證投宿，不得支領費用。

六、現金給與仍以統一薪俸爲基數，於每一預算年度開始時，由主計機關按當時物價指數核定該年度俸給倍數，公教人員以統一薪俸乘該倍數卽爲其該年度每月實領俸給。如此，旣可維持公教人員生活於一定水準，避免物價波動的影響；又可避免調整公教待遇時對物價所發生的心理刺激。我們以爲這是一項能够常遠行之的好辦法。

七、各機關除發放員工薪俸外，硬性規定不得另有任何給與。政府應嚴格執行預算，並責成審計機關切實監督。

如果政府確有誠意要爲公教人員謀生活改善之道，我們以爲這七點都是踏實可行的。今年二月二十日，行政院長陳辭修先生列席立法院第二十三會期首次大會時，所提出的那篇曾博得輿論界一致贊揚的施政報告中，曾有過下面這幾句話：「現在我們在政治、軍事、經濟與社會文化方面，必須有面對問題，發掘缺點，有決心來解決問題，改正缺點，決不可推拖敷衍，使可解決的問題變成不可解決的問題，……」這幾句話眞是錚錚然擲地有聲。我們覺得把這幾句話用到改善公教人員待遇問題上來，是更具現實意義的。不知我們最賢明的施政當局以爲然乎？

刊於民國四十八年六月十六日「中國賦稅」第五十五期

問題祇解決了一半

—由修正通過的公務人員退休法談起—

公務人員退休法修正案，已經立法院於十月廿三日的院會中三讀通過，完成了立法程序，即將咨請總統公佈實施了。公務人員退休法，在我國並非創舉，早在民國三十二年，就曾經由國民政府公佈過一項「公務員退休法」，後來又於民國卅六年經過一次修正，這次通過的「公務人員退休法」，算來應是第二度修正了。以前兩次退休法的施行，所以未能收到促進公務員新陳代謝的效果，主要原因，在於退休金額失之過低，不足以維持公務員退休後的生活。所以法案的存在，成了一紙具文。這次修正通過的退休法，已將退休金額作相當的提高了；月退休金部份，已自原來規定的月俸額百分之四十五至六十五，提高到退職時所支月俸額的百分之七十五至九十；一次退休金的核發，係按階級與服務年資計算，假定一位任職達二十六年的委任一階一級的公務員，辦理退休時，可以支領到一次退休金二萬九千元，如爲薦任一階一級，便可支領三萬六千元。這筆退休金，如能善爲運用，解決退休後的生活，應無問題。卽使存款生息，亦約略能與現支俸給相等。所以這次新退休法的通過，各方都給予很高的評價，譽之爲我國近年來人事制度上的一大新猷。我們也認爲這次修正後的退休法，如果推行得當，也確實能成爲我國文官制度上一個新階段的開始。其意義不祇在於使畢生服務於政府機關的公務員，在年事漸高精力漸減的晚年，得以退職家居，悠遊林下，而不慮溫飽；更有價值的貢獻，是新退休法實施以後，將有效地創發了全國公務員的新陳代謝作用，及持續地確保了政府機關的生氣和活力，從而奠定了我國近代化的公務員制度的良好基礎，使樹立廉潔有爲的政府和刷新政治風氣成爲可能。但是這個效果的顯現，必須要有其他相輔的措施，配合實行，才能使新公務人員退休法一經施行，功效立見。否則，新公務人員退休法的本身再好，終究不是萬能，仍將難逃未修正前的命運，不過是人事法規中的一頁點綴，其作用祇在於聊備一格而已。

　　我國近年來政治上所顯露的現象，大致是各級政府機關冗員充斥，臃腫龐雜，因循敷衍，貪墨成風。以致官箴隳壞，行政效率低落。以這樣的政府，這樣的政風，面對這樣凶狠的敵人，要想贏得這次持久而艱巨的反共聖戰，完成復國大業，不論我們揭櫫的目標如何莊嚴正大，我們喊出的口號如何響亮動人，我們標榜的理論又如何堅強有力，都將予人以難乎其難的感覺，老實說，我們要想確保臺灣、建設臺灣，進而擊潰共匪，光復大陸，必須針對上述政治上的病徵，痛加針砭，方能去腐生新，起衰振弊。我們必須先有健全的政府，而後才能推行和實現健全的政策。這決非高調，或偏激之論，而是屢驗不爽的不易之理。那麼，我們政治上究竟患的是什麼症候，要如何診治呢？歸納起來說，病根是在「人」，而與現行體制法令規章無關。我們並不提倡人存政舉，人亡政息的「個人人治主義」，但我們卻不能不承認一羣人（公務員）在政治上的重要作用。因爲政府是人組成的，政府是推行政務的機器，人便是這具機器的配件，配件不健全，機器自然不能正常的運動。所以用人是政治上的大事，忽視不得。我們近年來的用人制度有些什麼缺點呢？我們認爲：第一、是因人事凍結，斲喪了新陳代謝的機能。於是頑劣的弄權舞弊，玩法瀆職而無所戒懼；庸碌的敷衍塞責，怠忽職守而無從懲勸；賢能的，忠勤奮發，奉法盡職而無由進取。如此久而久之，竟形成了一種反淘汰現象，頑劣的，夤緣結託，漸居高位，庸碌的更起而效尤，推波助瀾，賢能的屈抑難伸，而又不屑所爲，便祇落得徬徨憤激慨歎的份了！第二、是待遇太低，不足以贍養家小，於是貪汚納賄成了各級公務人員爲維持生活無法拒絕的手段。於是乎，雖同爲公職，由於單位職權地區之不同，而有肥瘠之分。因而掌管遷調大權的人事機構，便成了活動肥缺的熱衙門了。所以有人說淸末捐官的惡風，如今又改頭換面的在自由中國復活了。這雖屬笑談，卻不無幾分眞實性。至於那些無從貪、不會貪，或不願貪的人，爲了生活，祇有找兼差，找副業，鎭日爲生活打路道，花心血，那兒還有餘心餘力貫注於本身所職掌的公務?!如是，則行政效率焉得不低，工作焉得允當？貪汚成風，和行政效率低落相結合，政治風氣還可聞問嗎!?從上面的分析，我們淸楚的看得出，人事凍結和待遇過低，互相影響，互相激蕩，形成了今天政治上惡劣腐敗的表象。如今修正的公務人員退休法通過了，它的實施，將凍結得成爲一汪死水的，充塞在各級政府機關裏的人員開闢了一條宣洩的渠道。死水開了閘，就必然要讓源頭的活水進來。退休者遺留下的空位，必將由遴拔的新人來替補。這樣川流不息，人事的冰封自將迎春而化，人都是有進取心的，一旦有了正常的升遷機會，進取心會激勵他們認眞負責，奉法盡職的。如果再能輔以大公無私的考核制度，和提高公務人員待遇到合理的標準，那麼如今政治風氣的敗壞現象，必能一舉廓清。所謂羞惡之心，人皆有之；所謂衣食足而後知榮辱，如果公務人員的待遇足堪維持一個文明人類應有的一般生活水準，除了下愚不移的少數人以外，誰也不願自毀名節，去作見不得人的犯法勾當。貪汚與公務人員的生活絕緣以後，職位就再沒有肥瘠之分。待遇的差異，祇是階級高下的分別，大家當然就不會再夤緣鑽營於權要之門，而將回過頭來，潛心致力於職業上的研修了。公務員生活既不虞困窘，當然也就不必再分心傍務，而專心致志於公事了。這樣工作受到了重視，職業受到了愛惜，則行政效率自然增強，公務處理自會允當，今日一切不良的風氣和現象，自將不再復見。所以我們說新的公務人員退休法的通過。祇把問題解決了一半——解開了人事凍結的死結，——另外的一半，公務員待遇過低的死結，如果不能隨着解開，則新公務人員退休法，仍將不能發揮其應可發揮的功能。

刋於民國四十八年十一月十六日「中國賦稅」第六十五期

祝第三次國民大會開幕

第一屆國民大會第三次會議，卽將于日內在臺北市中山堂揭幕；這一次會議所面臨的使命之艱難，以及影響之深遠，逈非前兩次會議所可比擬。目前國際間正洶湧着一股妥協的逆流，東西兩集團的冷戰，由太空競賽，而領袖互訪，終至於產生了姑息的所謂「大衞營精神」！國際反共形勢，正呈現一派淒風苦雨混沌沈悶的低潮景象，而且在可得預見的未來，還沒有足以激起高潮的可能因素存在。也就是說：照這樣灰色的和平，還將要維持一段相當長的時間。再加上我們在前年中美會談後，原有過不憑藉武力以光復大陸的承諾和聲明。在這種種情況圍繞之下，我們的反共復國大業，在短時間內，恐不可能有多大具體的進展。我們所能做的，祇是以優良而開明的政治情況，去爭取大陸民心，從其內部去瓦解敵人而已。也就是時下所謂的：「政治反攻」。這是我們國家目前所處的環境。這次國民大會面對如此困難的世局，應如何爲國家策定一條平穩康莊的復國大道，其使命之艱巨不言可知。再說這次會議的影響，當前我們在政治上所面臨的最大難題，是如何在維護憲法尊嚴的前提下，尋求產生國家領導人的途徑。我們的憲法明確規定，總統任期為兩任。而現任總統　蔣公，又已連任一次。依照憲法，理難再行連任。我們要使　蔣公繼續擔任總統，就勢非修改憲法不可。而　蔣公又曾以執政黨領袖，及國家元首身份，一再昭告中外，反對修憲。因而使這一難題的解決愈益困難萬狀。所以這次國民大會對此一問題解決的方式，不僅需要權變的智慧，而且更需要謀國的忠誠。其解決方式的正確與否，不僅是我國十二年憲政的考驗，而且關係後世歷史的榮辱。所以我們說這次集會的國民大會，其使命與影響是無與倫比的。且這使命與影響之間，還存在着相互為用的關係。也就是說：失敗於此，就絕不能成功於彼。寄望身負國民重託，手握國運臧否的國大代表諸公，珍視身後令名，與歷史功過，而謹慎於其職權之行使。我們期望諸公都成為國運扭轉的功臣，憲政史册的俊哲，這是我們全國國民在本次國大開幕前夕所馨香祈求祝禱的。

日來盛傳部份國民黨籍國大代表，擬在本次會議中，提出的議案有二：一是修改憲法或臨時條款，達成現任總統　蔣公的合法連任；一是修改憲法，恢復五五憲草所規定的國民大會具有的創制複決二權。對于這兩項擬議中的議案，本刊持有以下的見解：

①　蔣公及國民黨中央，均已一再明白宣示，反對修憲。以國民黨籍代表佔絕大多數席次的國民大會，如果竟然通過修憲的議案，便是公然的違反黨魁意旨和黨的決策。這在黨內紀律，及

民主政黨黨員應有的政治風範上來說，都是說不過去的。

②憲法臨時條款，旣具有與制定憲法相同的制定程序，以及具有與憲法相同的效力，那麼憲法臨時條款，在實質上，便是憲法的一部份，修改憲法臨時條款，實質就等於修憲，作用與修憲毫無差異。

③誠如總統 蔣公以前所昭告國人的，憲法是我們反共復國的有力武器，我們必須尊重它，維護它，才能達到反共復國的目的。自淸末以來，多少義士仁人，不惜肝腦塗地，矢志追求的，就是民主憲政。我們今天的這部憲法便是我國數十年來流血犧牲努力於現代化革命運動的結晶。它象徵着國人追求民主政制的意志，它保障着國人的權利與自由，它也匡範着國家的政治秩序。我們賴有這部憲法，而躋身於民主國家之林，列足於國際壇坫，而得以維繫合法的國家地位於不墜。今後，我們尤將要憑藉這部憲法的光華，以號召大陸民心，摧毀敵人鐵幕。對于這樣尊崇神聖的立國寶典，我們怎能輕言修改。

④創制複決二權的行使，原爲 國父權能政制的理想，但 國父權能分立政制的設計，是以立法監察二權列爲治權的結構，故由政權機關的國民大會行使創制複決二權，以資制約。現行憲法所設計的中央政府組織。是以立法監察二權爲政權機關，行使民主國家的議會權。議會權的本身，便包括有創制複決二權。因此是否應再由國民大會行使創制複決二權，我們的政體方算完備？這在原則上便是很有研究餘地的。

⑸即使大家認爲在現行憲法規定的政體下，創制複決二權仍應由國民大會行使爲宜，此時此地，來作這樣大規模的權力調整，也是非常不必要的。因爲國民大會要行使這二權，必須要先修改憲法的有關條文，其次，還要設置常設機構。前者是小題大做，後者也困難重重。

根據以上的分析，所以本刊對于部份國大代表即將提出的兩項議案，都認爲是不可行的。那麼國民大會行使創制複決權事，可以暫行擱置；總統任期問題卻不能不予解決。本刊認爲解決總統任期問題，不必修憲，祇須經由大法官會議解釋：每屆國民大會祇能選舉一次總統、副總統在新國民代表大會無法產生集會前，現任總統、副總統無限期連任。因憲法規定國大代表的任期與總統、副總統同爲六年，其涵意當然是一屆國民大會祇能產生一屆總統、副總統，如今國大代表既無法改選，總統、副總統如非因被罷免，自亦毋庸改選。

刊於民國四十九年二月十六日「中國賦稅」第七十期

從調整待遇來建立俸給制度

調整軍公教人員待遇的問題，經過將近兩年時間的醞釀，如今總算是有了端倪，中央及省，現在都已在分別籌集財源，與研擬調整方式，並宣佈在短期內作成定案，自下一會計年開始的七月份起實施新待遇。這對全國公教人員來說，自然是件莫大的喜訊。但是目前大家仍然不免憂心忡忡，關心着調整後的新待遇，對于他們的實際生活將會提供多少改善？本刊對于改善公教人員待遇問題，過去曾一再爲文呼籲，當茲調整方案尙未實施前夕，本刊願再就改善公教人員待遇問題，提出我們的意見，藉供政府參考：

首先，我們希望能由這次的調整而建立一項全國一致的，可以垂諸久遠的薪給制度。我國現行的公務人員待遇，可以說並無制度可言，中央與省不一致，省與縣市鄉鎭又不一致；事業機關與行政機關不一致，行政機關與行政機關之間也不一致；甚至同是一個省政府或縣市政府，其所屬廳處科局之間的待遇也不一致。這種現象造成了人才的偏在，和彼此之間的怨詛嫉憤。行政院在二月十六日向立法院提出的施政報告中，曾說明：「軍公教人員薪給微薄，致發生各種變相津貼，既不足養廉，又不足以建立制度，刻正設法作合理的調整，漸求建立代化的薪給制度。」這一見解是非常值得重視和稱許的，因爲如果我們不能建立一項合理的薪給制度，那麼卽使一年有一次調整，仍不免有人會因待遇的不平而心懷怨望。那麼如何才能建立一項可暫可久的合理的薪給制度呢？我們建議：①廢止現行的統一薪俸，而以原有的底薪作爲薪給標準，每年按物價水準調整一次。此項調整倍數於每年制定國家預算的同時，由立法院審議決定。②取消一切津貼，福利，供給等變相給與。③保留眷屬補助費、結婚補助費、生育補助費、子女教育補助費，而訂定合理的基數，作爲每年調整的標準。④取消實物配給制度，以簡化薪給的內涵。不過，要想這些規定都能奉行不逾，必需要有嚴密的預算制度，使任何機關的任何收支，毫無遺漏的納入預算，再輔之以詳確的會計，監督與審核，方能有效。經過這樣的改革以後，全國各級機關不分財經軍政，其俸給水準便可能一致了。那麼現在因分歧而產生的一切不良現象，自會消弭於無形。這是廓建立俸給制度於這次待遇調整的最上策。

如果不能採行上述的調整方式，那麼祇好退而求其次，照政府曾經透露的方式調整。卽按照現行的統一薪俸給與，另外不分職級各加發定額的生活補助費若干元，其他各種名目的給與及變相津貼，如服裝費、醫藥費、房屋津貼等一律取消，惟仍保留職務加給一項。這項在政府擬議中的調整方式，也未嘗不好，祇是生活補助費旣屬固定的等額給與，那麼保留職務加給，作爲身負某種職責的官員的額外酬庸，固屬言之成理，但是併眷屬及子女教育等補助費也一律取消，未免完全抹煞了政府過去若干年來所標榜的「生活費主義」，而強調了「俸給主義」。這一轉變，在猶處於備戰非常時期的此時此地來說，是否相宜，我們認為是值得再加考慮的。因為按照其本身負擔的加重，而略增其給與，祇要能避免浮濫之弊，於情於理，都是可以說得過去的。

其次，我們希望能趁這次調整待遇的機會，把各級政府機關的福利制度通盤檢討一下。其中最為重大的就是宿舍的分配和醫療設施兩項。這兩項對于安定公職人員的生活具有極大的影響。因之我們建議：①設立全國性的公職人員宿舍管理機構，負責統一籌建調配管理全國公職人員的宿舍。目前各級政府機構關于宿舍配給的措置，極為分歧而紊亂。有些機構本身雖有宿舍，但盡為其上級單位或其他單位的人員所佔住，以致其本單位人員反而無屋可住。此其一。對于無宿舍配給的公職人員，其發給房租津貼的數目，更是千差萬別，有高達八九百元一月的，有五六百元一月的，也有三、四百元，一、二百元一月的，最低的竟祇能領到政府規定的每月四十元！同為公職人員，而其不平如此，此其二。公職人員之配給宿舍的，亦仍是雜亂無章，有配得獨院大廈的，有配得日式住宅的，有配得公寓式樓房的，有被擠在鴿子籠式的大雜院的。這些分配，沒有一致的標準作為依據，完全是因機關因人而異。此其三。因此，我們主張建立一個全國性的機構來統一宿舍的分配與管理。這一機構設立後，全國各級政府機構的宿舍全部移交該機構接收，然後再按地區、職位，與家庭人口重新統一分配。凡公職人員就職後，均向該機構之分支單位辦理申請宿舍手續，有宿舍則配給宿舍，沒有宿舍，則按月給付統一的房租津貼。能如此辦理，前述的種種不公平的紛歧現象，才能澈底消滅。我們深知要這樣辦，困難與阻擾之巨大是必難避免的，但我們不是仍以革命者自相期許嗎？革命者是不畏難的，反共革命之難，更千百倍于此，我們能因困難而怯步嗎？②裁撤少數機關的醫療機構，以其現有的器材藥物、人員與經費，合併成立公教人員保險醫院，參加公保醫療服務。因爲公教保險的醫療業務開辦已久，凡公職人員皆可享受免費醫療的福利，這些個別專有的醫療單位，已經沒有存在的必要了。如果說有，那就是標示着這個附有專用的醫務室所的機構不同凡響高人一等而已。

我們認爲給予公教人員適當的待遇，以維持其生活的安定，是澄清吏治刷新政風的起點。政府既已決心排除萬難來設法調整公教人員的待遇，那麼何不大刀濶斧的把所有公教人員待遇方面的病根全部找出，而操刀一割呢？長痛不如短痛，與其養疽貽患，何不一勞而永逸呢？

刊於民國四十九年四月十六日「中國賦稅」第七十三期

國父與臺灣（為紀念國父百年誕辰徵文而作）

我國近三百年來的民族復興運動，幾乎可以說都與臺灣有密切的關係，甚至說臺灣是我國近代民族運動的策源地，亦不爲過。

明朝末年，鄭成功起兵抗清，於永曆十三年（公元一六五九年，清順治十六年）北伐失敗後，知金廈地狹，不足以圖大舉，乃於永曆十五年（一六六一年，順治十八年）三月糾合漳泉潮惠四州志士進兵規復臺灣，設治墾殖，敎民練兵，以臺澎一隅之地，與清兵隔海對峙，延續了大明正朔達卅七年之久。自鄭氏經略臺灣之時起，這個孤懸海外的寶島，便遙遙地領導着我大陸本土的民族運動，據諸家筆記記載，與史家的考證，在大陸南北各省民間，普遍發展，潛力雄厚的洪門或天地會、哥老會、三合會等組織，都是具有反淸復明的意識的秘密革命團體，根據溫雄飛著「南洋華僑通史」及「洪門會與中國革命之關係」（李華棠著），及劉聯河著「幫會三百年革命史」等書的載述，歸納起來，大致可得到以下四點結論：①這些組織是輔佐鄭氏的陳永華先生所創立，陳氏自居爲香主二哥（化名陳近南），尊鄭氏爲首領「洪棍」（即大元帥）。②洪門五祖便是鄭成功的部下蔡德忠等。③洪門的秘籍「海底」就是鄭氏在臺灣金山會盟將士，宣誓反清復明意旨的金臺山實錄。

我先　總理中山先生在奔走革命時期及歷次舉義中，得力於海內外洪門兄弟的協助，可說是至大至鉅。　總理本人爲便於糾結志士，利用華僑社會的人力、財力，曾於民國前九年（公元一九〇三年，清光緒廿九年）在壇香山加盟洪門，并被推爲洪門大元帥的「洪棍」（見帥學富著「清洪述源」）。可見　總理的革命運動是與源自臺灣而一脈相承的興漢排滿組織相結合的。至於總理童年（十三歲）曾因熟聽太平天國的故事而孕生革命思想，已見於近人的　國父傳記，且編入劇本，拍成電影，成爲盡人皆知的事實，毋庸詳敍。而太平天國的領導階層如洪秀全、馮雲山、洪大全等人之深受洪門思想的影響，也是不爭的事實，所以說　總理的革命意識肇因於源自臺灣的民族運動，應非毫無根據。

總理雖曾說他決定傾覆清廷，創建民國的志向是始於民國紀元前廿七年（公元一八八五年，清光緒十一年）中法戰爭失敗之後，但是他積極推進革命運動，見諸實際行動的時間，應該是始于民國紀元前十七年（公元一八九五年，清光緒廿一年）甲午戰爭失敗後，中日簽訂馬關條約，割讓臺灣的那一年。因爲在此以前，　總理還抱持着一線希望，認爲清廷雖腐朽無能，不足與謀，但當國的重臣如李鴻章等，尙屬思想開明，或可用其富強之策，挽救國運。所以　總理曾在民國紀元前十九年（公元一八九三年，淸光緒十九年）遊歷北京時上書當時淸廷的北洋大臣李鴻章，說以「人能盡其才，地能盡其利，物能盡其用，貨能暢其流」的「富強之大經，治國之大本。」可見此時的　總理，對于救國之道，還沒有死心踏地的採取以武力爲革命的唯一途徑。到了次年（公元一八九四年）朝鮮發生了東學黨事件，演成中日之間的大戰，結果淸廷陸海兩軍俱敗，　總理乃走檀香山聯絡同志創立本黨最初的組織——興中會。又次年（公元一八九五年）春，馬關約成。四月，李經芳受命爲割臺專使，在基隆外海的日本兵艦上完全了交割手續。日本以樺山資紀爲首任臺灣總督。我臺灣愛國人士，羣情憤激，乃成立臺灣民主國，公推唐景崧爲總統，改元永淸元年，宣佈獨立抗日。血戰月餘，終以械竭援絕，爲日軍征服。這些慘痛的事實，燃燒起全國各界志士仁人雪恥救國的迫切希望，　總理目擊心傷，於是乃遄返香港，積極策劃革命行動，并發表宣言及興中會章程十條，略謂：「中國積弱，非一日矣，上則因循苟且，粉飾虛張，下則蒙昧無知，鮮能遠慮。近之辱國喪師，翦藩壓境，堂堂華國，不齒于鄰邦，文物冠裳，被輕於異族，有志之士，能不痛心，夫以四百兆蒼生之衆，數萬里土地之饒，固可發奮爲雄，無敵于天下，乃以庸奴悞國，荼毒蒼生，一蹶不興，如斯之極！方今強鄰環列，虎視鷹瞵，久垂涎吾中華五金之富，物產之多，蠶食鯨吞，已效尤於接踵，瓜分豆割，實堪慮於目前，有心人不禁大聲疾呼，亟拯斯民於水火，扶大厦之將傾，用特集會衆以興中，協賢豪以共濟，紓此時艱，奠我中夏。」其中的「近之辱國喪師，翦藩壓境。」便是指甲午之戰與割讓臺灣而言。是年九月九日，　總理以香港同志爲幹部，第一次舉義於廣州。以事機不密，軍械被獲而失敗。先烈陸皓東、朱貴全等以身殉難。這是　總理發動的本黨第一次武裝革命行動，前距馬關簽約，割讓臺灣的二月，爲時七閱月。根據這些史實來推斷，我認爲臺灣之被割，是促成先　總理積極進行武裝革命的主導因素，這大致是可以被接受的推論。再證以上述宣言中的「翦藩壓境」一語，自是十分可信的。

以後，在民國紀元前十二年（公元一九〇〇年，清光緒廿六年）閏八月十五日的第二次起義，　總理命鄭士良入惠州發動，自己曾親來臺灣，準備率領日本志願軍人渡海接應，事前幷已獲得臺灣總督日人兒玉的同意，許以武器接濟我惠州革命軍。後來雖因日本內閣改組，政策突變，不准日人直接介入我國革命運動，致惠州起義功敗垂成，但後來在一九一〇年的廣州革命之役（卽三二九的第九次革命）曾有臺籍志士參加，便是　總理這次在臺期間所播下的革命種子。

綜上所述，可見　總理一生的志業，無論是在革命思想的孕育，革命行動的決定及革命事業的開展中，都曾與臺灣直接間接地發生了密切的關係。面對革命大業遭遇空前挫敗的今天，我革命黨人在這塊曾與　總理革命事業有過重大關聯的土地上，來紀念我　總理的百年誕辰，緬懷德烈，眞不禁感慨萬千，奮激無似。

民國五十四年十一月

增訂部分

國稅稽征工作的體察和獻議

提要

一、五年來臺北市國稅收入增長率，超過營業總額增長率一・七倍，超過國民所得成長率二・一倍，稽征同仁的努力，實爲主因之一。但稽征成本，却在緩慢下降。

二、所得稅、獎勵投資、遺產稅、營業稅等法律，在實際工作及績效上，均值得全盤檢討，加以改進。

三、在考慮租稅政策時，不能完全忽略「公平負擔」與「納稅人便利」等基本原則，同時也要考慮到稽征工作上實行的可能性，以配合財政需要，適應經濟發展，促進社會財富合理分配，建立三民主義公平富庶繁榮的社會。

前言

本人從事稅政工作廿多年，民國五十六年臺北市升格改轄之後，更直接參與國稅稽征工作，而且是在首善之區的臺北市，光陰荏苒，瞬焉五載矣，在這五年多的工作當中，親身體察歷練，使我在感受上，有了兩大收獲，其一是從工作成果中所得到的鼓勵，其二是從歷練中所產生的獻議。

壹、成果與體察

一、稅收之優劣，實以稅籍及資料之完整為基礎，特以所得稅之課征為然，故着手之初，即以蒐集資料，整理稅籍，列為第一要務，同時力求改進課征技術，簡化納稅手續，貫徹便民服務，以期爭取納稅人合作。經不斷之努力，頗著成效，即表現在稅收方面逐年均有大幅遞增。

㈠五十七年度預算數為十四億五千二百七十五萬餘元，全年實征淨額十六億一千七百四十萬餘元，較預算超征一億六千四百六十五萬餘元，超征比率一一·三%較五十六年度實征淨額增加三億七千七百四十四萬餘元，增加比率為三〇·四%。

㈡五十八年度預算數為二十一億九千一百三十六萬餘元，全年實征淨額二十六億一千四百八十九萬餘元，較預算數超征四億二千三百五十三萬餘元，超征比率一九·三%，較五十七年度實征淨額增加九億九千七百四十九萬餘元，增加比率六一·七%。

㈢五十九年度預算數為二十八億四千七百三十一萬餘元，全年實征淨額三十二億三千四百八十二萬餘元，較務算超征三億八千七百五十萬餘元，超征比例一三·六%，較上年度實征淨額增加六億一千九百九十二萬餘元，增加比率為二三·七%。

㈣六十年度預算數爲三十八億七千七百六十萬餘元，全年實征淨額四十二億五千六百五十四萬餘元，較預算超征三億七千八百九十三萬餘元，超征比率九·七%，較上年度實征淨額增加十億二千一百七十二萬餘元，增加比率爲三一·六%。

㈤六十一年度預算數爲五十二億七千八百八十萬餘元，全年實征淨額六十億一千六百七十五萬餘元，較預算數超征七億三千七百九十五萬餘元，超征比率一四%較上年度實征淨額增加十七億六千零二十一萬餘元，增加比率四一·四%。

二、臺北市國稅局成立當時（五十六年七月一日）的經濟背景是這樣的：

全國（臺灣地區）國民所得：每人八、四六一元。

臺北市人口：一、五六〇、〇八八人。

臺北市納稅營業單位之營業總額：九四、九二三、七六七、四二五元。

全國國省地稅稅收總額：一五、三〇五、七六二、〇〇〇元（包括臺北市國稅收入在內）。

臺北市國稅實征數：一、三四五、三三二、〇〇〇元。

臺北市國稅稽征成本（每千元）：一八·五二元。

依據以上所列舉的資料，我們獲得了以下三項比率：(1)臺北市國民所得平均國稅負擔率一〇·一%；(2)臺北市總營業值的國稅負擔率一四·一七%；(3)臺北市國稅收入在全國稅課總收入中的比重：八·七八九%。

由於經濟的快速成長，對外貿易的飛躍擴張，帶來了工商事業的繁榮及國民所得的激增。五年後的今天，前面所列舉的六項數字，都有了巨大的變化。

據民國六十年的統計，是這樣的：

全國國民所得：一三、一六八元。

臺北市納稅營業單位的營業總額：一七七、二四五、三二五、〇〇〇元。

臺北市人口：一、八二三、九二二人。

全國國省地稅稅收總額：三四、二三八、〇〇〇、〇〇〇元。（包括臺北市國稅收入在內）。

臺北市國稅實征數：四、四六七、五五〇、〇〇〇元。

臺北市國稅稽征成本（每千元）：一一．七〇元。

從這些新數值計算出來的前開三項比率是：

⑴臺北市國民所得平均國稅負擔率：（一八．六％）

⑵臺北市總營業值的國稅負擔率：（一四．一七％）

⑶臺北市國稅收入在全國稅課總收入中的比重：一三．〇五二％為便於觀察比較，特列表於下：

民國65年與60年臺北市國稅稽征績效比較表（曆年制）

項目	五十六年	六十年	增長率%	附註
臺北市國稅收入	1,345,332,000.00	4,467,550,000.00	332.0	
全國（臺灣地區）稅課總收入	13,960,430,000.00 15,305,762,000.00	29,760,450,000.00 34,228,000,000.00	213.2 223.6	不含臺北市國稅 含臺北市國稅
臺北市國稅收入占全國總稅收之比重	8.789%	13.052%	148.5	
臺北市納稅單位之營業總額	94,922,767,425.00	177,245,325,000.00	186.7	
臺北市國稅收入占全市營業總額比重	14.17%	25.2%	177.9	
國民所得	8,461.00	13,168.00	155.6	
臺北市國稅收入占國民所得之比重	10.1%	18.6%	184.2	
臺北市總人口	1,560,088.00	1,823,912.00	116.9	
臺北市國稅稽征成本（每千元）	18.52	11.70	62.8	56年是56.7.1至57.6.30 60年是60.7.1.至61.6.30

資料來源：行政院主計處：中華民國主計月報
臺北市稅捐處：臺北市稅捐統計
臺北市國稅局：臺北市國稅統計第四期

有了這張表，我們可以清楚的獲致以下三點印象：第一、臺北市國稅收入的增長率，超過臺北市營業總額增長率一·七倍，超過國民所得成長率二·一倍。質言之，就是說臺北市國稅收入的增長，並非完全由於經濟發展，國民所得成長或工商業繁榮的結果，稽征同仁的努力，亦為主因之一。第二、臺北市國稅收入的增長率，較排除臺北市國稅後的全國各稅總收入增長率高達一·五五倍。這一點顯示全國各稅征績雖均在大幅激升（這五年來平均每年上升二四·七二%）中，但臺北市國稅的成長尤為突出（平均每年上升四六·四%）。第三、臺北市國稅的征績雖佳，但稽征成本（包括人力、物力）卻在緩慢的下降。

就大家所關心的所得稅言，綜合所得稅自基期五十六年度之二億七千四百十三萬餘元。（係會計年度之淨收入額，以下同）六十一年度增至十六億二千四百十四萬餘元，基比指數高達五九二·五%。前後年度之環比指數，分別為：五十七年度一三九·六%，五十八年度一五六%，五十九年度一五四·七%，六十年度一二九·六%，六十一年度一三五·七%，營利事業所得稅自基期五十六年度之四億九千四百六十四萬餘元，至六十一年度增至廿二億七千三百十九萬餘元，其基比指數為四五九·六%。前後年度之環比指數，分別為：五十七年度一三五%，五十八年度一四三·八%，五十九年度一一九·五%，六十年度一四一·六%，六十一年度一三九·八%。

上述指數，明白的顯示，綜合所得稅的增長，遠較營利事業所得稅為高，五年間，前者的成長率，高於後者一三二·九%，對於建立綜合所得稅為直接稅重心的租稅政策目標言，這不是個十分可喜的趨勢嗎？當然，這些成就，由於稽征行政上的改善與加強，容有不可抹煞的效果外，納稅人在愛國心的策勵之下，對於納稅觀念的改變，乃至社會力量之輔助，實爲主要因素，我們從不敢有居功的想法，但我稽征同仁能够掌握時代機運，追踪經濟繁榮，完成賦課使命，在統計數字的分析考驗下，面對國家建設進步的成果，而無所遜色，也該可以說不負政府與社會的期許，這一成果給與我們稅務工作同仁以莫大之鼓勵。

貳、感受與獻議

一、營利事業所得稅在稽征方面所遭遇的困難很多，不過我祇想選擇內中一點來談：

由於經濟繁榮，國民所得日高，購買力自也隨之日大，因而營業單位也就日益加多，而配屬查帳工作的人手，限於編制，卻無法增加，目前已到了非大幅更張作業方式，查帳進度便無法配合年度結算的地步。改進之道有二：第一、繼續推進會計師簽證辦法，以減少逐案查核帳證的人力。第二、對於營業規模較小之結算申報案件（如營業額在五百萬元以下之公司行號），參照本局自五十九年以來所呈奉財政部核准實施之書面審核辦法兼採日本的「相談所」精神，以協議調整方式，使之符合書面審核條件與標準，儘量避免調查帳册憑證。俾小型企業，雖無力委託會計師簽證申報，亦可享受免予查帳之煩擾，同時也減輕了本局的工作負荷。

二、綜合所得稅方面，我想提出兩點意見來一談：

甲、我國綜合所得稅結算申報書，雖有綜甲、綜乙之分，但使用兩種申報書的納稅人，其權利義務則完全相同，毫無差異。兩種申報書之基本結構，及所需各項計算步驟，亦完全相同，僅其中預留塡報之空格，較多較少而已。爲簡化便民起見，似可予以合倂爲一。其第一頁爲基本申報書，另附印各種有關附表，原應使用綜乙申報書者，僅需塡報第一頁卽可；原應使用綜甲申報書者，則需加塡附表。此一合倂，對任何人皆未增加任何負擔，可以說有利而無弊，徒見簡化而已。

乙、現行規定，對於非我國境內居住之個人，或在我國境內無固定營業場所之營利事業，而有我國來源之所得時，應由給付之機關、團體或公司、行號，按十%或十五%扣繳率，扣繳稅款，卽予完成納稅義務。這項扣繳率，較之在我國境內居住之個人，或有營業場所之營利事業所適用之扣繳率（除薪資扣繳辦法不同外，其他各類所得之扣繳率，均爲十%），相差無幾。但在我國境內居住者之所得，則須於被扣繳之後，再按六%至六十%之累進稅率，課征綜合所得稅。相形之下我國對於外國人取自我國來源之所得，所適用之扣繳率，顯然偏低。且偏低結果，並非對於賺取所得者有利，而是惠及這位所得者所屬之國家。因多數國家均准其國民取自外國之所得，可憑其在國外繳納所得稅之證明單據，抵繳其當年度應納之所得稅額。同時，對於外國人所得扣繳率之偏低，在與外國簽訂租稅協定時，居於不利地位，因租稅協定目的之一，卽訂約雙方互相讓步，各求於課稅內容及稅率方面有利於其國民。如原定對其國民之稅率偏低，乃無異削弱我自身折衝立場。因之，我國對於外國人所得之扣繳率，應大幅提高（美國爲三十%與其簽有租稅協定者，依協定之規定），一以維護稅收，免利他國；一以增強而後與外國簽訂租稅協定時之談判立場。其次，對於外國人所得之扣繳率，採用差別待遇，即營利所得之扣繳率較其他各類之所得之扣繳率爲低之規定，也應考慮取消，因經濟發展所需之外來助力，勞務與資金同等重要，無所軒輊也。

三、本人在此想再談談爲獎勵投資而立法的各項租稅減免措施：

在研究經濟成長或經濟發展的經濟學者間，對於形成經濟成長或發展的主要原因爲何？迄今尚無一致的定論。此一問題，幾乎與一個社會的所有文物制度，均有關聯。而其重要性有時亦難分上下。比較一致的觀點，是投資在經濟成長中佔有主要原因的地位。各國爲求經濟成長，多對投資活動，加以鼓勵，原因在此。我國正全力促進經濟之成長，所以極爲重視投資活動之增加。爲此目的，我國亦有多種獎勵投資措施之特別立法。惟我國之獎勵措施，重在對於投資後產生之所得，免除或減輕其營利事業所得稅之課征。如新創立之生產事業免稅五年或四年；原有生產事業增資擴展，其增加投資所發生之所得，免稅五年或四年；生產事業之營利事業所得稅減征十%；生產事業之營利事業所得稅及附加之總額，不得超過百分之十八等。這些鼓勵之措施，確可減輕其稅負，增加其稅後所得，充實其內部資金蓄積，加強其再投資能力。但是某一事業之投資與否，投資能力僅爲必需條件之一，而非充分條件。但這些資金，如不用投資，勢必增加股東個人之財富，供其個人或其家屬，享受豪奢生活之用。換言之，一家生產事業因免稅、減稅而產生的所得，並非一定增加投資，也可能是增加個人財富的蓄積。我國獎勵投資的減免稅措施，已行之十餘年，在增加投資，促進經濟發展方面，確有其貢獻。但經濟發展之結果，爲國民所得之提高，在國民所得提高之同時，似也不能忽略了財富集中的預防，和國民所得大量流於奢侈浪費之防堵。所以本人認爲，在鼓勵投資的租稅措施已行之十餘年，其績效已顯著顯現的今天，我們應該全盤檢討（包括社會政策）策定一項既可避免財富之過分集中，及杜塞資金之大量流於奢侈浪費，而同時又能確使資金注入產業之擴充發展的有效措施，以端正獎勵投資的方向，而收統籌兼顧之效，現在實在是時候了。

四、現行遺產稅法，是民國四十一年修正公布的，距今整二十年了。二十年來，臺灣地區由於經濟發展，國民所得增高和物價上漲等因素，使當初的規定，很多都已不能切合實際。最顯著的，莫如起征點與扣除額之規定過低。相形之下，乃見稅率偏高。非僅助長了逃漏的誘因，也不合課征遺產稅的社會正義原則。遺產稅法的另一缺點，是對於生前（死亡前五年以上）的分析贈與行爲，無所限制。因之許多富翁財主乃利用此一漏洞，在生前有計劃的合法轉移其財產與其親屬，以至死後查明其遺產竟微不足道！此亦爲遺產稅征績不佳之一大因素。現在正由立法院審議中的遺產及贈與稅法草案，乃針對上述缺陷而作的修正。將起征點（即免稅額）自臺幣六萬元提高到四十五萬元，將四％到七十％的累進稅率，降低爲三％到五十％。現行稅法規定遺產總額達臺幣六百萬元，便應適用最高的七十％稅率，修正案提高到遺產總額達六千萬元以上，才按最高稅率五十%課征，兩相比較，自以新法爲合理。

新法規定，對於贈與公有事業之遺產，不計入遺產總額，捐贈文化、公益、慈善事業之贈與，不以三萬元爲限，公敎人員死亡時，因參加公敎人員保險，互助所得之給付，不計入遺產及增課贈與稅，以杜逃漏。都是十分進步可行而又切合現實的。所以本人殷望新法早日完成立法程序，公布施行，俾使這一推行已屆卅二年（民國廿九年實施）的進步稅目，獲得生機，顯現其在整個稅制與社會政策上的重要地位。

至於究應採取遺產稅制，抑或繼承稅制之爭論，基於稽征實務立場，本人認爲，在稅法中如能明訂每一繼承人應繼分之確認方式，而不慮繼承人之取巧規避，使稽征工作困擾不堪，窮於應付，自以採行繼承稅制較爲進步。否則，爲簡便起見，總遺產稅制亦未嘗不佳。因其可補所得稅之不足，使其畢生有意無意之逃漏所積，在死亡時，算一次總帳，誰曰不宜？如說分遺產稅制可以鼓勵財富分散、符合社會目的，那是不切實際的。我國傳統的家族觀念，與泰西不同，祇要有多數繼承權人存在，遺產總會分割的，課總遺產稅也一樣。祇是分遺產稅（即繼承稅）具有所得稅性質，能符合量能課稅的原則而已。

在遺產稅稽征工作中，一項最大的困擾，是死亡人生前債務的扣除。這項規定，自屬十分合理，但舉證與查證俱極困難，如能在這些方面，增訂條文，明確規定認准及剔除的準據，倒是很有價值的。

五、現行營業稅是採用多階段課征方式，由製造或進口，經過大盤、小批，而至零售，每一階段，皆要課稅。因而轉手越多，稅負越重。就國內生產之貨品言，一貫作業的大廠商，因不需轉手，所以負擔的營業稅少，而小廠商，因加工的過程多，所以負擔的營業稅也多。這是不公平之一，就國外生產之貨品言，因出口者在其本國內無營業稅負擔，成本低，而我國產品，因購入原料過程中，負擔了營業稅，成本高，自然不利與外貨競爭。這是不公平之二。故歷年來，對營業稅制的批評，指責最多。現行的貨物稅亦然，由於課征的範圍擴及工業原料及大衆必需之消費品，除了課征方式不同，及僅課之於製造進口階段外，與營業稅已無多大區別。至於印花稅，早已淪爲營業稅的附加。這三種項目，名異而質同，最不合理的地方，是其稅負擾亂了市場價格，使調節供需，配置資源所賴的經濟學人所謂的「一只不可得見的手」（價格），失去了它的功能！從發展經濟的觀點看，三稅的合併、更生，實在是刻不容緩，勢在必行的。

擬議中的營業加值稅，便是上述三稅合併後的新生命。其課稅基礎，祇是貨物轉手之際所添加的價格，所以可免重複課征、扭轉累積之弊。對於價格機能的擾亂最少，所以學者們說它是「中性的租稅」。亦卽對其課稅的客體，不發生經濟性的扭曲作用。所以西歐北歐各國，均已先後採行。

就稽征機關而言，本人除承認其具有上述的優點與特性外，最大的一項貢獻，是使外銷品的退稅，變爲簡單明確了。這對稽征機關，實在是一大嘉惠。不過，任何新制度的推行，必須上下適力合作，及社會全體的支持。否則，上乘理想的制度，也會一敗塗地。王安石的變法失敗，可為史鑑。所以本人雖寄望此一新稅制之早日實施，以解除貨物稅、印花稅的缺陷與困擾，但也同時期望在實施之前，對於稽征同仁及社會大衆，要作有計劃的敎育與宣傳，使他們經由瞭解、贊同，而支持、合作，成為新稅制推行的助力。

結論

近代理論經濟學認為租稅政策是財政政策的一部份，就是說租稅政策是國家財政政策中重要的環節。經濟政策的目標，是藉國民經濟的成長與安定，以提高國民的生活水準。財政政策則是就政府與民間資源，經由公共支出與稅收，作適當的再分配，而以安定經濟，促進經濟發展為中心。不過在考慮租稅政策的時候，也不能完全忽略傳統的「公平負擔」與「納稅人便利」等租稅的基本原則，卽不能無視納稅人的負擔能力和納稅意願。在經濟政策的要求以外，同時也要考慮到，在稽征工作上必須有其實行的可能性。因之用特別措施，給予個別特定的經濟單位以減稅、免稅或其他優惠待遇，不論其目標是如何正大久遠，都有悖公平負擔的租稅原則。除了對象普遍，範圍廣泛的一般性減免稅外，特別性的減免稅措施，愈少愈好，能完全避免最佳。

賦稅改革，關係國計民生，茲事至大，必須愼密研求切實可行的方案，以配合財政需要，適應經濟發展，促進社會財富的合理分配，從而建立三民主義的公平進步富庶繁榮的社會。

制定「租稅通則」芻議

序論

近代法治主義，是以立法權與執行權之分立爲前提，公權力之行使，祇在有法律根據時，才承認其效力。其目的在於保障國民之自由及財產。若由歷史上觀察，租稅法律主義，對於近代法治主義之奠定，實爲中堅角色。在近代以前，爲了封建領主或專制君王的戰費籌措，或其個人慾望之滿足，多恣意聚歛，不卹民力。因此，在勃興的市民階級，及以此爲背景的國民代議機關，乃對之抗爭，其結果，遂以「不出代議士，不納稅」之號召，確立了國家非基於國民代表議會所通過之法律，則不得行使課稅權之一種憲法原則。依此歷史背景，在十八、十九世紀之立憲國家，莫不創設了租稅法律主義規定之先例，如日本明治憲法第六十二條「新課租稅及變更稅率，應以法律定之」；一七八七年美國聯邦憲法第一條第八項「國會具有關於賦課並征收直接稅、間接稅、輸入稅與國產稅等立法之權。」德國在一九一九年八月十二日公布的威瑪憲法第八條，亦有類似的規定（均見國民大會秘書處編印「憲法論文集（二）」三三一頁至三三四頁）。我國憲法第十九條亦明定「人民有依法律納稅之義務」。可見非依法律規定，不得賦課任何租稅之精神，乃憲政文明，民智開啓的世界潮流大勢，非任何力量所可抗拒的。

租稅法主義的一般要義

一、**課稅要件法定原則**：就是說課稅客體、課稅主體（納稅人）、課稅標準，等一切課稅要件及征收程序，均須以法律予以規定之原則。這一原則，比照刑罰權行使之所謂「罪刑法定主義」，亦可謂爲「課稅要件法定主義」。雖然在解釋上，並非不許委任以其他方式替代，如基於行政權所爲之規定、補充、闡釋，但亦祇限於具體的，個別的委任。至於一般的，空泛的委任，則與「課稅要件法定主義」之旨趣違悖，所以課稅要件，不許可以不明確的概念委任行政權自由裁量。不過如基於稽征權的確保與公平負擔的理由，在某種條件限度內，仍得允許有限的例外的存在。

二、**合法性原則**：就是說凡具備了課稅的要件，稅務官署就無減免的自由，惟有依據稅法課征。亦就是，租稅法律是強制的，拘束力及於征納雙方，不允許行政權有差別處分的自由。

基於上述租稅法律主義的原則，來觀察我國現行租稅法規，則尚難令人滿意。毋庸諱言的，我們有不少稅法的規定，過於粗疏，簡略，甚至殘缺不全，在執行適用上，非待財稅官署裁量、釋明，或補充規定不可。如送達程序、查征時效、期間期日，及各種減免或加添稅額之計算等等，不勝枚舉。所以民國五十一年間，應聘來華考察的美國稅務專家柯洛克先生，在他對我國租稅的檢討與改進建議中，便曾說過：「征稅法律累積甚多，政府未予編訂爲法典，且竟未予彙編，而其內容簡單含混，又多缺漏，解釋旣極困難，適用自亦不能一致。」（中國財政季刊第九期三十七頁）

也許是由於柯洛上述的意見，發生了效力，在民國五十四年間，財政部曾有過「租稅征收法草案」的提出。依據當時報章揭載，其主要內容有四點，卽：

一、納稅義務之延伸：除一般納稅義務人外，有連帶納稅義務人，承繼納稅義務人及第二次納稅義務人之規定，以杜規避納稅責任。

二、租稅優先權之確定：規定除具有擔保之債權及法定之優先權外，租稅債權應優先於普通債權而受淸償。

三、執行權之歸屬：規定將稅務案件之執行權，自司法機關收回，由稅務機關自爲執行，以收事權專一之效。

四、提前征收與延緩征收：對於納稅義務人在未到法定征收期間之稅負，如遇其財產情形將有變動，或其本人卽將脫離我國政府統治權管轄時，規定得提前征收或緩繳，以適應客觀情勢需

要，及便利納稅義務人。（見民國五十四年十一月十三日徵信新聞報）

這項擬議中的章案內容被揭露後，頗有人持反對論調，有人說「如果不經司法程序，賦予稽征機關以強大的財產執行權，可以逕行查封或拍賣國民財產，則人民的財產權將失去保障。今天稅捐機關所核定的稅務案件，已經是錯誤百出，流弊叢生，納稅人對畸重畸輕的案件，已非常不滿，……假如再賦予財產執行權，不但侵犯了司法權的尊嚴，而且由於稽征機關的動輒執行，糾紛將層出不窮，爲國家賈怨，沒有比這件事更厲害的了。從國家長遠的政治益着利想，此事是萬萬行不得的。」又有人對租稅債權優先受償表示異議，理由是「優先權既無公示方法，不免有害交易安全，影響所及，工商業或竟因之而不振！」

不知是否是受了這些反對意見的影響，制定租稅征收法的擬議，雖在財稅從業人員一致呼籲及熱烈的期待下，卻無聲無息的胎死腹中！光陰荏苒，轉眼又已七年，爲了健全稅政，維護稅收，防杜取巧，消滅漏欠，完成稅法體系，根治本源，以配合全面革新及行政革新之號召，筆者乃不揣愚陋，舊話重提，寄望我財稅當局，儘早完成這項統一的租稅法典，從速爲我國租稅史創立一個新的里程碑。

本論

筆者構想中的租稅法典，其內容與上述報章所揭露過的「租稅征收法」頗有不同，拙見以為，為了使稅法簡潔明確，使納稅人易於瞭解，並使稅法的基本結構，充分表達無遺起見，除了屬於租稅實體法體系的規定，如納稅義務的發生、成立、確定，暨賦課標準等，應分別立法外，舉凡租稅序法，租稅救濟法，租稅處罰法（租稅刑法）、租稅執行法，均包括在內，因之這部筆者構想中的租稅法典，擬名之為「租稅通則」，其名稱雖與日本戰後制訂之「國稅通則法」近似，但內容則融合其「國稅征收法」「國稅通則法」「國稅犯取締法」於一爐而治之，茲謹列舉其主要內容，並加以說明於次：

一、稅務文書之制作（包括形式，與實質）送達，與期間，期日之計算：

目前各稅法，對此均無規定，有之，亦不過是行政官署，對於特定稅目所為之個別規定而已，制作形式既無準據、規格；制作內容，亦無原則、要件，以至繁簡不一，程式各殊。甚至鈐印關防，簽署職司俱欠一致，實在太嫌疏略，亟宜見諸法令，互資信守。

至於課稅通知與納稅書單之送達方式，亦與前述相同，迄無法律明定，不過準用民刑事訴訟法之有關規定而已。雖然援引適用，並無不可，但稅務文書與司法文書，性質上究有公法與私法之不同，其送達之方法，方式與處所（如營業代理人，稅務代理人，財產管理人之代收等），仍宜研析其差異而為妥適之訂定，方合法治國之常軌。其他如營業人之設立登記，在營利事業登記規則，規定應自事實發生之日起十五日內為之，所得稅法則規定應於開始營業後十五日內為之；而筵席及娛樂稅法又規定應於營業或變更登記發生之十日前為之，參差不一，頗滋紛擾，與此近似的，尚有征納期限，滯納期限之起訖計算等，皆宜迅作統一明確之規定，俾便瞭解遵守。

二、租稅之課征與退還的時間限制：

現行各種稅法對於征收及補征權力的行使，尚乏明確完備的一致規定，有之，唯所得稅法第一一五條之規定而已。至於溢繳或誤納之稅款，納稅者之返還請求權應否有時間之限制，更是迄無法律明文規定。因之租稅稽征機關之執行適用，除了依據殘缺不全的行政解釋或司法判解，以類推比附，東拼西湊外，祇有援引成例，或竟自爲規定。其紊亂紛芸，眞可說是莫衷一是。例如，退稅請求權究竟應依民法關於不當得利之規定，受請求權因經十五年不行使而消滅（或曰「減損其效力」）之限制？抑應依決算法第八條之規定，在本年度終了後五年內，未經債權人請領者，免除支付之義務？就不無疑問。後經解釋，適用決算法之規定，但臺灣省政府五三年七月七日府訴忠字第四八一三九號訴願決定，則有溢繳稅款之退還，可不受決算法五年之限制。又如違章漏稅案件之補征，財政部四四臺財稅發字第七七三五號令解釋，並無期間之限制，而所得稅法第一一五條則規定：「對於申報確定之案件，五年未經調查另行發現依法應課稅之所得額者，不得再行課征」；同法第三項規定「未依法自行辦理結算申報，或故意以欺詐及不正當方法逃漏所得稅者，自申報期限屆滿之日起，逾十年未經發現應課稅之所得額者，不得再行調查補征。」則又有了期間限制！同法第二項規定「已確定應征收之稅款及有關之利息、滯報金、怠報金、短估金、滯納金，自塡發繳款書之日起，七年內未征收者，不得再行征收。」則又與決算法第七條之規定不同。這在並無類似規定的其他各稅，如發生相同案件，如何適用，眞是難予取捨！抑有進者，上開條文中之「不得再行課征」「不得再征收」「不得再行調查補征」，雖均屬征稅權行使期間之限制，但其性質，究屬喪失時效，抑爲斥除期間，亦應明白確定，否則又將發生已逾上述期間之納稅義務人，如其自行補納稅款，國家否有權領受？以及納稅人有無權利依不當得利之規定，請求返還之困擾。

三、租稅債權應優先於一般債權：

現行各稅除土地增值稅依據實施都市平均地權條例第卅二條，及營業稅基於修正營業稅法第五十五條，具有優先於普通債權而受清償之規定外，其他各稅法均無此規定。亦卽政府本於公法所發生的租稅債權，與民間本於私法所發生的普通債權，居於相等的法律地位。於是刁頑之徒，乃利用此一法律漏洞，假藉救濟程拖延時日，同時虛構債權，轉移財產而達其規避稅負之目的。所以應以法律明定租稅債權之優先地位，當可稍塞訟源，減少欠稅。

四、稽征權審計權界限之明確劃分：

自四十四年五月九日大法官會議釋字第四十六號解釋「……征收機關核定公營事業之所得額與審計部審定同一事業之盈餘，如有歧異，自應以決算書所載審計部審定之數目爲準」。依此解釋，審計權應僅及於公營事業決算盈餘之審定，本於稅務機關之稽征權無涉。乃審計部援引審計法第二條，視稅務機關核定之課稅通知書與繳款書，爲國庫收入命令，認爲審計機關有抽查之權，而訂定「抽查稅課收入應行注意事項」，主動進行抽查一切稅課稽征，並發生通知補稅情事。不僅侵害行政權之獨立與完整，抑且影響國民納稅義務之確定。愚見以爲審計權之行使，應限於糾舉稽征機關之不忠、不法行爲，以追究公庫受損之責任。對於稽征權限，則不宜干擾，所以如何確定兩者分際，使各得其宜，法律應作明確規定，不容往事重演。

五、複查程序之統一規定：

現行各稅法，有規定須先經複查或類似複查程序，而後方可提起訴願者，如：所得稅、遺產稅，證券交易稅、營業稅、房屋稅、契稅等，其他各稅則可逕行訴願，此其一。同具複查程序之各稅，其應履行之條件，亦不相同，有須先行繳納部份稅款者，有須先行全部繳納者，亦有不須先行納稅者，此其二。經由行政救濟程序確定之案件，對其應補稅額，有加計利息者，亦有不另加計利息者，此其三。稽征機關對於複查案件之處理，各稅法之規定，亦不一致。有應設立複查委員會審議者，大多無規定應設立複查委員會，而逕交主辦單位處理者，此其四。於複查決定之期限，有規定爲廿日者，如所得稅法；有規定爲十五日者，如營業稅法，亦有規定爲十日者，如契稅，此其五。

綜上所述，其紛歧可見，宜乎有統一之規定，以資簡明，似已不待辭費。

六、罰則及其加計利息之統一規定：

現行稅法對罰鍰之處罰，有規定爲一定金額者，有規定爲短漏稅額之倍數者，（自一倍至二十倍、三十倍不等）。對於滯納金之加征，有規定為每逾限一日，按滯納稅額加征一%者，有規定每逾限三日，按滯納稅額加征二%。滯納期過後，有規定應就各種滯欠總額，按日加計利息者，亦有無此規定者，種種不一，莫可詰究。亟宜研定共通之原則，為統一之規定，如漏稅罰鍰，一律按短漏額之倍數處罰，違反行為義務之罰鍰，一律為定額之罰鍰。統一規定納稅期限，取消滯納期，一律就逾限日期，按日計息，一併征收，以資簡明，而利遵行。

七、罰鍰裁定，滯納執行及行政救濟制度之改革：

現行制度，違章案件之裁罰，及處罰確定案件、滯納案件之強制執行，由地方法院設立之財務法庭辦理。而財務法庭設置之依據，為行政院於民國四十九年五月十四日修正公布，同年七月一日施行的「財務案件處理辦法」第九條、十條。這項辦法是未經立法程序制定公布施行的行政命令，所以財務法庭本身卽未具有法律地位，故其裁定，須假藉刑事庭名義為之而擔當抗告裁定之高等法院，則無財務法庭之設，案件一律由刑庭審理。可是財稅罰鍰及滯納案件之執行，依據司法院之解釋，卻又準用民事系統的強制執行法，而罰鍰、滯納案件之本身，則又為不折不扣的行政罰。體制之混亂、系統之紛歧，至此已極。再說，欠稅催收，滯納執行，皆為稅務稽征權之一部，現制則予以割裂，改由法院辦理，而法院乃以民刑訴訟之審判為其職權，地位尊崇，今乃替代行政機關而為財稅案件之執行，形同稅務機關之催征單位，如此制度，對於司法權，行政權皆為嚴重之損害。

且就實務言，違章漏稅案件之罰鍰部份，如經法院以「漏稅違章之證據不足」，裁定不罰，但補征欠稅，則已確定執行。且已依最高法院五十三年六月廿五日臺抗字第二九一號民事裁定意旨作成追補欠稅之公文書，取得執行名義，移送法院執行，此種嚴重之矛盾歧異，將如何補救？以求其統一？此其一。如欠稅人本於法院之裁定，指責稅務機關無權制作追補欠稅之公文書，依強制執行法第十二條之規定，向執行法院聲明異議，謂執行名義不存在，以對抗其執行，又將如何處理？此其二。凡此困擾，不能謂非源於制度而生。其他如：稅務機關是否得認爲強制執行法上之債權人？司法院卅六年院解字第三三八七號解釋，與司法行政部四十五年令民字第二七三〇號令之見解兩歧；稅務機關聲請依保全程序，對於違章欠稅人之財產假扣押，須提供相當擔保等，皆爲難以根本解決之難題，亦均有待租稅通則之訂定，以求全盤之解決。

筆者淺見，以爲治本之道，仍在恢復體制之完整，即財稅機關收回行政罰鍰權及行政執行權，設立財稅執行單位自爲執行。至於行政救濟程序，亦當配合改變，減省現行的複查訴願，再訴願三級爲複查、訴願二級。同時仿照法國行政審判之二級制，將現行之行政法院改隸行政院，並於其下增設初級行政法院（內設稅務法庭），以建立完整的行政審判體系，則前述諸弊，當可一舉澄清。

考現制之財務法庭，其設置係源於四十八年十一月十三日行政院第五九二次院會之決議，該決議案之第三項，曾明言「在目前尚未設置稅務法庭之過渡時期，並應參照總統府臨時行政改革委員會所擬『財務罰鍰與稅捐滯納案件處理改進方案』第三項辦法規定，加強稅捐滯納之舊案清理工作。」至於稅捐征收技術之改進問題，該決議案，亦曾明白指示「應由財政部研擬具體意見報核。」流光如矢，時不我與，轉眼十三年已經過去，如今，也該是提出具體改革方案的時機了。

八、納稅義務之延伸：

欠稅人死亡，及公司組織之法人團體倒閉、解散或破產後，其積欠稅捐之求償，現行稅法由於規定尚欠周密完備，均以失去催收對象，或無執行名義，而無確切有效的方法繼續催征或執行！如民國五十年間，某貨運公司解散，經選任其監察人爲清算人，然其董事長於申請註銷登記時，並不列報清算人，致該公司所積欠稅金罰鍰，雖經依法訴追，終局判決仍毫無所獲。這一法律上的漏洞，給予刁頑之徒一個合法逃避稅負的機會，使政府損失可觀的稅收。對於守法納稅的國民而言，自是顯失公平。爲了堵塞此一漏洞，阻止逃稅歪風的蔓延，未來的租稅通則，對此自當有所規定。但應參酌民法、公司法、強制執行法與破產法等之有關條文，作毋悖法理，毋害私權之延伸，如共同生活之夫妻及遺產之繼承人，公司組織之執行業務股東等，均宜使負連帶清償之納稅義務。上述案例，如能增訂法條，規定「法人註銷登記時，如係辦理清算者，原負責人應報明清算人姓名、住所，怠於此項申報，致政府稅收受有損害，該原負責人應負連帶賠償之責任。」當不虞其託辭卸責了。

結論

第五期四年經濟計劃的完成，已爲吾人建立了一個可以向更高層次發展的、健壯堅實的經濟基礎。第六期四年經濟計劃的實施，更爲吾人展現了一幅欣榮繁茂的經濟美景。吾人深信，健康的租稅結構，是健康的經濟結構所不可缺少的重要一環，因此，筆者殷望，通過租稅通則的制定，爲健康的租稅結構，提供一項足可憑以發展茁壯的完整體系，也爲行政法典的制定，提供一項具有價值的範例。

筆者淺陋，謹以二十年從事稅務工作體察所及，拾綴成文，草率膚淺，在所難免，唯此一念之誠，一得之愚，願高明遠識之士鑒而教之。

刊於民國六十二年七月十五日「思與言」雙月刊第十一卷第二期

祝望營業加值稅早日實施

—兼談貨物稅的因應與配合—

筆者是贊成實施加值型營業稅的，而且認爲是越早實施越好，所謂三思而行，再斯可矣。我們已反覆思維、討論、辯難了八九年，至今仍然在徘徊瞻顧，而施行無日，未免太牛步化了些！天下沒有絕對完美的事，尤其是制度上的改革，那能說設想得十全十美，毫無瑕疵。何況是財稅制度的改革，和社會經濟活動息息相關，而現代的經濟活動，則是變幻莫測，瞬息萬變的，我們如何能設想得步伍其變遷，跟踪其演化？而不虞絲毫悞失。我認爲如果能針對現實情況，作充分的準備，合理的規劃，並預留廻旋改正的餘地，以備萬一，就足够了。過份的審愼、持重，便成了畏首畏尾。

筆者主張加值稅實施之初，不妨縮小其範圍，而後配合社會經濟情況及政策的需要，逐步逐步的擴張，也就是採取分期、分段的漸進方式推進。

如何分期、分段實施呢？筆者認爲：

第一步先將營業稅、印花稅停征，改征加值稅。貨物稅暫不納入，但其稅率與稅價之查定，應配合其實施而作適當的修訂，其理由如下：

一、實施加值稅的基本作用，在於消除營業稅的多層次課征而形成的累積滾轉，稅上加稅現象。擺脫販賣層次越多，稅基越大，稅負越重的不合理。而貨物稅是在出廠階段一次課征，不再重課的稅，沒有營業稅的上述缺點。

二、加值稅的另一優點，是維持租稅的中性作用，使一切資源、財貨，不因課稅而攪亂其經濟價值，保持其在生產關係中原有的價值比重於不變，使一切資源的配合與使用，在價格機能的自然調整下，趨於合理，臻於允當，達於至善。目前的貨物稅雖不合這項要求，那是由於稅率和課稅物品選擇的不合理所造成。如果能伴隨加值稅的實施，同時對貨物稅的稅價、稅率作妥善的修訂，它的這項缺點，將可減到最低限度，甚至完全消除。

三、印花稅自大幅度實施「總繳」後，已是名存實亡，成爲沒有印花的印花稅，其百分之七十的稅收來自營業稅，坦白的說，它已淪爲營業稅的附庸，隨營業稅之改制而廢棄，是勢所必至，理所當然，祇要加值稅的稅率規劃得當，國庫收入，亦不虞短少。

四、貨物稅是當今國庫四大財源之一，除公賣利益外，與所得稅、關稅，鼎足而三。上年度（六十六會計年度）稅收實額達一百七十五億，本年度（自六十六年七月一日至六十七年六月卅日止）預算、估計在兩百億元以上，占國家歲入約百分之十四。在實施加值稅之初，爲了穩健，也為了儘量壓低加值稅稅率，以減少新稅對物價及社會心理的衝擊，所以筆者認為暫時不予合併為宜。

第二步，如果營業加值稅的初步實施，獲致了相當程度的成功，而且具備了穩定的開拓前景，那麼便是貨物稅的局部停征，以之納入加值稅系統的時機成熟了。筆者主張在此階段，仍未可掉以輕心；仍應該保留占貨物稅稅收百分之七十二的糖類、油氣類、電氣類、水泥、車輛類等五種貨物稅，繼續征收，而將其餘的廿一種貨物稅停征，納入加值稅範圍，理由如下：

一、保留的五種貨物稅，具有消費稅的優良條件，它們需要相當規模的生產組織與設備，便於稽征，不慮逃漏，它們可以委託代征，查帳課征以極低廉的稽征經費，獲致巨額的稅收。維持現制，無害於稅制與國家經濟政策，亦無悖於資源合理配置的原則。唯一可議的是車輛類，它包括機車與汽車，這牽涉到國家行動工業的政策與交通道路的設施，應該與其售價，進口關稅作統合的研究、分析，以憑取決。但本文的主張，自信仍具有極高的可行性，合理性。

二、這五種貨物稅，稅收巨大，舉足輕重，對於物價具有主導作用，尤其是消費物價水準。政府如果控制了它們，可以配合物價政策，作機動調整；反之如果把它們納入加值稅範圍，機動調整的可能性便消失了。也許有人懷疑，這是不是傷害了租稅的中性原則，其實不然，因為它們不是生產財，而是消費財，與資源配置的要求適當，以服務於現階段我國經濟發展的拓展外銷政策無關（如果它們外銷可以退稅，並不發生影響外銷的後果）。其中水泥、油氣兩類雖兼具生產財性質，但也是最具有政策性格的生產財，理論上、實質上都宜乎賦於其獨立性與特殊性。

三、反過來說，如果把它們納入加值稅範圍，反倒令增加許多纏夾與困擾，因爲它們的計稅、轉嫁與取得，都將是導致紛擾之源，雖然這是一般貨物的共通現象，但對這五種貨物來說，不是化繁爲簡，而是變簡爲繁，經租稅行政的觀點來說，顯然是不必要的，我們又何必徒爲一已的虛名而自蹈複什的困擾呢？

第三步，營業加值稅施行等三五年後，新稅的課征方法，優點和貢獻已被工商界各階層所普遍認知與樂意遵行了，那時我們臺灣地區的經濟發展，應該已擠入已開發國家行列了。我們的稅制、財政、經濟架構，應該更可踏實堅牢了。這個時期，也就是把剩餘的貨物稅項目，全部納入加值稅系統的最佳時機。在它們加入加值稅行列的時候，因稅率差異所發生的稅收差額，筆者主張以營利事業所得稅方式向各該業者課征補足，這是筆者多年來的一貫主張，即轉換間接稅爲直接稅的正當方式，就像放棄所得稅作爲獎勵投資，開發經濟的手段，而以關稅讓與方式取代一樣，具有立即降低間接稅，同時又能相應的增高直接稅比重的迅速效果。而且對於投資人來說，會讓他們有立即受惠的感覺，可以說是一舉而有三得。

寫到這裏，筆者看到三年前尚在仰望我們經濟風采，羡慕我們外銷成就，而今天已絕塵疾馳，瞬息間便將我們抛在身後的大韓民國已在十天前的七月一日實施加值稅了，而且氣魄豪壯，一舉將營業稅、貨物稅、娛樂飲食稅等八種間接稅全部停廢，納入新稅課征（另外未列出其名目的四種稅，都是我國貨物稅的稅目）。同時，在實施前十天就展開對新稅作深廣的宣傳與解說，並且自六月廿八日起實施物價管制，依據新稅實施的影響，干預物價結構。另外還有財政、貿易、關稅、金融等多項目的全面配合措施，可以看出大韓民國政府對此一稅之推行，是全力以赴的。怪不得她開始建立汽車工業，僅僅三年，她的小馬車已然進軍國際市場，威鎮臺灣。這回的加值稅競賽又復如此，我們經五十八、九年叫嚷起，頭尾九年了，竟然又讓韓國人趕着先鞭貞叫我們這些大中華民國的有識有心人士羞慚滿面，唏噓太息。加值稅的實施，是改善我國經濟體質的要藥，不單是財稅單位的事，是整個政府的事，是整個中國人的事，希望政府發揮整體精神、團隊精神、革命精神，全心全力來辦這件事。

刊於民國六十六年八月二十日稅務旬刊第九三二期

改革貨物稅芻議

本（八）月十九日報載，行政院蔣院長在聽取財政部爲他舉行的加值型營業稅制簡報後表示，應繼續研究此項新稅制的可行性，尤其是它的實施，可能對物價發生的影響，以及應行準備的配合措施。同時，行政院也許是爲了怕這一消息，會對社會產生某種暗示，從而發生某種不良影響，所以緊接着表示，對於這項新稅制，蔣院長沒有作任何決定。言外之意，是暫時不會馬上付諸實施，是很可確定的了。那麼一直在等待加值型營業稅的實施，以畢其改革之功於一役的貨物稅，必須面對着單獨改革的道路了。其實對於貨物稅來說，這條道路，毋寧是比較適當，比較好走的。因爲貨物稅是一種對於特定物課征的消費稅，是從消費的角度，來捕捉社會負稅能力的一種稅制，跟所得稅之從所得財富多少來捕捉負稅能力；財產稅之從擁有財產多少來捕捉負稅能力一樣，原無所謂孰優孰劣。譬如說吧，某甲每日所得鉅萬，擁有的財產，富可敵國，但他守財成癖，從不消費；同時，另有某乙與甲之所得與財富相同，但他享樂成性，日夜揮霍，於是身無餘財，亦未置片瓦寸地；同時，又有某丙，叨父兄資財產業之餘蔭，無所得而揮霍、享樂與某乙同……。對於這甲、乙、丙三人來說，如果祇有所得稅、財產稅，而無消費稅，則某甲負擔特重，某乙次之，某丙卻無稅負；如果祇有所得稅，而無其他二稅，則甲、乙稅負相同，某丙仍無稅負；如果祇有財產稅，而無其他二稅，則乙丙皆無稅負，某甲仍屬不免；列表示意如下：

納稅人	所得稅	財產稅	消費稅	附記
甲	有	有	無	甲有所得、財產，但無應課稅之消費。
乙	有	無	有	乙有所得，但爲其奢侈消費之生活，享用迨盡。
丙	無	無	有	丙享受與乙同，但無所得，亦無財產。

……鎮日生活奢侈，享用豪華的人，在無消費稅課征的稅制下，反無稅負，亦即對國家依法不負納稅義務，衡諸事理，當然不平。尤其是違反了開發中國家的獎勵儲蓄、抑制消費、厚集產業資金原則。所以應該同時有消費稅的課征，才能彌補這一缺陷。是故單就稅制來說，所得稅和消費稅，財產稅，初無優劣之分。而且從經濟與社會觀點來說，三者也是不可偏廢的。因此，我認爲先拿貨物稅來單獨進行改革，建立一個適合我們現階段經濟環境和社會生活所需要的消費稅制，未嘗不是一件很有意義的嘗試。

那麼，對於現行貨物稅制度，要如何來改革重建呢？我想還是先從它的缺點說起，然後才能對症下藥，起死回生。根據輿論的反應，以及專家學者的意見，現行的貨物稅制，有以上五項大缺點：

第一、它所選擇的應稅物不適當，不該課稅的課了，如糖類、紡織纖維類、水泥、飲料品、香皂、縫衣機、紙類……等。

第二、稅率配置不當，該低的不低，該高的不高，如富厚之家享用的冷暖氣機稅率百分之十，而大衆化的飲料品稅率竟高達百分之四十。

第三、稅價的查報，計算與核定，雖應稅品數達萬千，亦應每月全部查報，雖變動不過十分之一，亦必全面調查，浪費人力，病商而不利課，莫此爲甚。

第四、查驗證、印照之粗俗陋劣，破壞了現代商品的包裝美。

第五、外銷品的退稅或冲銷記帳稅款之手續、方式與計算，過於瑣細而幾近繁苛。

夠了，就這五項，已足可宣布這項作爲現代消費稅主角的貨物稅的死刑了，何況在一位內行的稅務從業人的眼中，它的病還不止於此呢。

現在，該談到對它的改革與重建了，爲了清析，我想仍用分條方式，逐項陳述我的構想，以資明確。

第一、爲了表示這項的改革，是起死回生式的重建，是「周雖舊邦，其命維新」的大更張，我建議改以「貨物稅法」的名稱立法。不錯，依照我國的法制，「條例」「通則」都是法律的名稱，但總不如「法」來得明白、正式。既然其他永久性的正統各稅，都名之爲「法」，何以貨物稅的法，要名之爲「條例」呢？同理，它的稽征規則，我也主張應更名爲「細則」，以示一致。這不是咬文嚼字，這是觀念上的澄清。

第二、關於應稅物的選擇，我認爲應該符合「大規模製造的非生活必需品」的原則（最好是具有享樂或奢侈傾向的物品）。這「非生活必需品」的認定，是指在臺灣地區現實生活水準下，以大多數人所公認的爲準。這一論斷，如果不錯，我認爲汽水、可樂、香皂、紙張、電表、縫衣機、電燈泡、紡織纖維、皮統皮革等，都該不屬貨物稅課征範圍。至於糖、水泥、調味粉三項雖也接近上述的原則，但一則因爲它們稅收比重較大，替補爲難，二則稽征方便，並無逃漏之虞，三則一旦免稅，尚有浪費傾向，且其浪費對國家社會均非有益……等顧慮，故仍應列爲應稅貨物範圍，徐圖取捨。

其次，這幾年流行且暢銷的享樂性、奢侈性的貨物，如電子琴、鋼琴、電子音響裝置、照相機、地毯、吸塵器……都是很符合貨物稅征課原則的貨物，應該在新的貨物稅制中，成爲重要的角色。

另外一項值得特別一談的，是飲料品中天然果汁，現行規定是給予有條件的免稅優待（以符合規定的成分爲限）。這又是食古不化的例證！四、五十年前是對的，今天正好應該反其道而行，也就是說天然果汁應稅，而汽水類才應該免稅，這才符合今天的消費稅條件。理由很簡單——高級享用品與大衆化飲料之分而已。

第三、是稅率的調整，這項改革，眞所謂茲事體大，絕非憑一己之觀察、衡度所可臧事，必須要依據正確的資料，詳細的計算，及分析其內外銷的成本、利潤、關稅負擔，暨與其代替品的價格關係，然後才能有所決定。閉門造車，必有餘患。不過，有一點倒是可以確定的，那就是「簡化」。現行稅率，自百分之百到百分之五，共有十二種之多（不包括公賣局代征部份），也實在太雜亂無章了。我主張簡化爲四級，比如甲級，是現制的甲類化粧品：指甲油、眉筆、香水……等純奢侈性用品，仍應課以百分之八十的稅率。乙級，油氣類，爲了以高價抑制其浪費，促使其盡量節省，我主張應統一課以百分之五十的稅率。丙級，其他的化粧品（包括現制的乙類化粧品，和丙類中的花露水）、鋼琴、電子琴、冷暖氣機、音響裝置、地毯……非生活必需的享樂物品，課以百分之三十的稅率。丁級，其餘的貨物，包括新增的錄音機、照相機、鮮果漿、咖啡等，一律課以百分之十五的稅率。如此豈不簡明易記，且便於計算？茲就現制與理想中新制的應稅物品與稅率，列表如下：

應稅貨物類	現制的稅率%	新制的稅率%	備註
(一)糖	六〇	一五	現由煙酒公賣局代征的洋煙洋酒未列入

(二)糖精	六〇	一五	
(三)棉紗	二〇	免	
(四)麻紗	二〇	免	
(五)毛紗毛線	二〇	免	
(六)人造絲合成絲	二〇	免	
(七)人造與合成纖維絲	二〇	免	
(八)混紡紗	二〇	免	
(九)皮統、皮革	一五	免	
(十)塑膠	二三	免	
(十一)橡膠輪胎	二〇	免	
(十二)水泥	三〇	一五	
(十三)飲料品	四〇	免	
(十四)化粧品			
甲類	一〇〇	八〇	
乙類	八〇	三〇	
丙類	二〇	免	其中花露水改列乙類課稅餘免稅
(十五)電燈泡管	二〇	免	
(十六)紙類	五	免	
(十七)調味粉	二九	一五	
(十八)平板玻璃	二三	一五	
(十九)電氣類			

電冰箱	一五	一五
電視機	一〇	三〇
冷暖氣機	一五	三〇
電表	一五	免
(二十)縫衣機	一〇	免
(三)元條及其他型鋼	一〇	免
(三)車輛類		
汽車	一五	一五
機車	一〇	一五
鋼琴、電子琴	無	三〇
音響	無	三〇
地毯	無	三〇
電吸塵器	無	三〇
收錄音機	無	一五
照相機	無	一五
果汁果醬	無	一五
咖啡	無	一五

第四、關於稅價的查報與核定問題，我得分兩點來談：

首先，我反對貨物稅應該一直是從價稅的說法，以往的說法如此，沒錯，但世間沒有永遠不變的原則，何況是社會科學範疇內的租稅理論。我們不能爲了這一並無多大實益的理論，而浪費龐大的人力和物力。何況今天的實際價格，由於推銷方式、付款條件、廣告、獎金、售後服務……等的花招百出，稅務機關根本無從捕捉其眞實價格，我們爲什麼還要捧着一本陳年老帳來以不變應萬變呢？我主張新的貨物稅法，應大部份採用政策性的核價，以配合政府對於該種貨物的經濟政策、社會政策、物價政策；小部份採用「從量課稅」，以擺脫目前廠商爲追求低稅價目標，而不斷變更名稱、包裝，使「新產品」登記案件有層出不窮的困擾。尤其是化粧品，改爲從量課稅後，可以鼓勵他們改良品質，精益求精，而不慮價高稅重，從而抑制洋貨，杜塞外滙漏巵，拓展外銷，有裨國計民生。這才是新，這才是進步。墨守成規，徒滋弊竇，孰得孰失，不待智者而自明矣。

其次，退一步說，卽使堅持貨物稅非從價課征不可，那麼現行的完稅價格計算公式，也必須廢棄。我們知道現行的完稅價格是以產地附近市場的一個月平均批發價格，減除原納稅額及由生產地運達市場的運費（統一按稅價一〇％計算），另外還有按出廠價格，按零售價格，及國外進口生皮應征稅額，其他進口貨物應征稅額……等計算公式多種，使貨物稅價的計算，益趨繁瑣。推考其原由，皆因不含稅之一念而生，至於扣除一律按一〇％計算的運達市場之運費，在統稅時代，容或有其必要，到了今天，除了與「扣除原納稅額」一樣，使貨物稅徒負高稅率之虛名外，實在沒有多少實質意義。我主張新的貨物稅法，應拋棄這件歷史包袱，統一而簡化其計算公式，使完稅價格大致相等或接近其出廠價或批發價。不再以高稅率低稅價的老套來課征新的貨物稅，才是實事求是，不弄玄虛的現代化辦事態度。

第五、查驗證、印照必須力求精美，要用最好的紙張，最好的印刷，最精緻的設計，最新式的黏貼劑來處理。務求這種國稅繳納的標識，不只不破壞貨物的包裝美，最好還能增加其包裝美。因爲現代的商品，不祇是價格的競爭、品質的競爭，同時也是款式的競爭，包裝的競爭。稅務機關祇要求課稅目的的達成，而無視納稅人感受的時代，已經一去不返了。我們再不可祇顧防弊，而罔顧其他。我們應該在稅制設計上追求盡善，絕不可再在防弊上追求盡善。

第六、外銷貨物的冲帳與退稅，我主張採取分離作業，就是購進原料時由進貨商繳稅，不辦記帳。出口成品時，由出口商退稅。進貨後的分合轉手等過程，不予過問。至於退稅的計算，視貨物性質，分別訂定「定率」「定額」退稅標準，不必錙銖必較，斤兩悉稱，而流於苛細，得不償失。所謂「楚人失弓，楚人得之」，又復何患？政府與人民誰占點小便宜，祇要無損於大經大則，又何必斤斤計較呢？

這裏還隱藏着一個問題，必須提出一談，就是不辦原料記帳後，廠商的提前繳稅問題。其實，現在廠商批銷貨物，幾乎沒有現金交易的。兩者都同樣的發生了現金調度與利息負擔問題。因爲貨物稅是出廠時繳稅，繳稅是現金。但是出廠後是否全可立卽銷售，是問題，卽令全可立卽銷售，是否悉數收到現金，更是問題。因此，貨物稅廠商提前以現金繳稅所構成的利息，成了他們一大負擔，我們不能無視於這個事實。因此我覺得新的貨物稅制度，應該考慮以遠期支票繳稅的辦法。這是一項重大的改革措施，具有蘇解商艱的宏效，值得研究採行。

筆者深信，經此改革後的新貨物稅制，必將成爲我國新稅制的中堅，非但利民裕課，且將有裨於社會公平與正義的樹立，而間接促進政治之團結，以及經濟的發展。（六六、八、廿六脫稿）

刋於民國六十六年九月卅日稅務旬刊第九三五期

改革消費稅的管見

—從三次賦稅改革談起—

中央政府遷臺後的二十八年中，曾經有過兩次革命性的稅制改革，第一次實施於民國四十年，第二次實施於民國五十年，茲簡述這兩次改進的要點、時代背景以及其特色如下：

第一次的改革，是在已故 任顯羣先生擔任臺灣省財政廳長的第二年，也就是民國三十九年的九月展開的，首先是任先生在臺灣省政府九月十一日的國父紀念週會上，發表「改造稅制芻議」演講，隨卽延攬中樞及地方各界名流、學者，以及中外專家座談、協商、溝通意見。九月廿八日，省府委員會議通過財政廳所提的「戡亂期間臺灣省稅制改革綱要草案」同時呈報中央核備。十一月九日正式成立「臺灣省政府稅制改革委員會」。任先生以財政廳長身分擔任主任委員，另外聘請了省參議會副議長李萬居先生、臺灣大學經濟系主任林霖、名流許丙等十八人爲委員。財政廳第一科科長鮑亦榮先生兼任該委員會執行秘書，是委員會的眞正負責人。這個委員會自十一月九日起至十二月十四日止，開了六次大會，費時卅五天，修正通過了「臺灣省稅捐稽徵暫行條例草案及附表」，次日提經省府委員會通過，惟將草案易名為「戡亂期間臺灣省稅捐稽徵暫行條例」，旋即報奉行政院於是年十二月卅日核准施行，同時咨送立法院審議。政院核定的名稱是「戡亂期間，臺灣省內各項稅捐統一稽徵暫行辦法」，計卅條，施行期間一年。自四十年元旦實施。

參與這次改革的諸位先生，所表現的工作態度、積極精神，眞是令人歎服。這就是政府遷臺初期，中國國民黨改造階段的革命朝氣，和財稅界前輩的治事風範。假如我們一直保有這種精神和風範，便不會處處落在起步較我們為晚的大韓民國之後，而受「慢一拍」的譏嘲。

這次的改革，較為突出的特色，依筆者的看法：

第一、是確立了實施統一發票制度，凡公司行號，只要有營業行為，就應該開立統一發票，統一發票的營業額就是核算課稅營業額的依據，公正準確，不偏不私，一掃過去任意查估，畸高畸低的毛病。稅務人員不得再弄權舞弊，守法商人也有了合法的保障。這些制度上，理論上的優點，不能因為有人破壞，不遵行，便說成它的缺點，（這是不公平的）。因為那是我們執行不力的結果，不能歸罪於制度。

第二、是大幅度的停徵了當時甚關重要的幾種間接稅，如化粧品、皮革的貨物稅、礦產稅、物產礦、契稅、營業牌照稅等，以配合中央的低物價政策，並建立以直接稅為中心的賦稅體系，這種魄力與遠見，在稅務界來說，是令人由衷激賞的。

第三、是大幅度的、全面的減輕稅負，如營業稅率，由百分之二，降爲千分之六，其他如戶稅、綜合所得稅、營利所得稅、薪資報酬所得稅、利息所得稅、財產租賃所得稅、房捐、筵席稅等，或爲提高免稅額、或爲放寬起徵點、或降低稅率、或從寬折算，在在都在實踐「改革」所標榜的「稅制與稅收衝突者，寧棄稅收」的精神，並非表面的敷衍，盡作門面語者可比。

第二次的革命性改革，筆者認爲應該是民國四十九年九月十日經總統令公布施行的獎勵投資條例。雖然在此前後，曾經有過四十七年元月成立至四十八年五月底結束的賦稅研究小組（財政部與臺灣省政府聯合設置），和五十一年二月成立的稅務行政研究小組（臺灣省政府財政廳奉准設立）但由於主客觀條件的限制，其貢獻與影響均遠不如獎勵投資條例的具有劃時代的作用。

自第一次的稅制改革實施後，臺灣地區的賦稅課征，已形成一套能適應當時財政經濟需要的體系，民間經濟活動所產生的財富，透過這一體系，提供政府推行政令，重建產業結構，完成自給經濟所必要的財源。第一次改革所建立的稅制，雖然也曾有過修正、增益、補充與回復，不過大體上仍是依循着第一次改革後的規制，並無突破性的變更。但由於經濟社會的發展、演進，這一體制，逐漸因客觀的環境變遷，已不再能因應時代的要求了。以財政制度配合並促進經濟發展，是國家長期經濟建設的基本原則。在民國四十七、八年間，政府檢討經濟發展情況時，發覺經濟的進一步發展，有賴於稅制的密切配合與支援。但再進一步研究檢視，又發現要獲得這項直接有力的條件，至少須修訂數以十計的財稅法律，可能需要數年之久！但是我們貧血的經濟，急待資源資金的投入，才能更形茁長、壯大，而我們的資本形成不足，資本市場尚待建立，唯有引進外國資金，華僑資金，才能應急，於是政府乃決定制定一項特別法，在最短時間內完成立法程序，排除其他法律的規定，而優先適用。這便是「獎勵投資條例」產生的時代背景。說來十分巧合，這兩項在我國稅制史上具有里程碑重要性的「條例」（統一稽征暫行辦法，後來也經由立法程序，正式製定。於民國四十年六月十六日以總統令公布，更名爲：臺灣省內中央地方各項稅捐統一稽征條例），都是以急就章方式，迅速制定施行，而以特別法的姿態，暫時凍結，變更其他稅法關於同一事項的規定。

獎勵投資條例全文共卅五條（不分章節），其中有關稅捐減免的條文，自第五條至第廿四條，及第廿六條、第卅二條，共二十二條之多。民國五十四年一月四日修正後，增訂爲五章五十二條，其中有關稅捐減免的條文，是第五條至第卅二條，及第卅五條、第卅七條、第四十五條、第四十八條，共三十四條，較修正前的原條文，增加了十二條之多。

此次改革的特色，主要的爲：

第一、是稅捐的減免，誘導國外投資。這在低度開發國家中，是最爲有效的方法。重點則在所得稅，如新創設的受獎勵事業，及增資擴充之受獎勵事業，可免營利所得稅五年，其投資收益，及未分配盈餘，用以擴充生產設備者，免征所得稅。不在我國居住之個人，或事業，其投資於我國生產事業，所得之股利、盈餘，可享受特惠稅率及優待、進口機器設備，其進口稅捐，可分期繳納，其合於規定條件者，並准免稅，供生產用之不動產、房產、機器，可免征及減半課征契稅……等。

第二、鼓勵國內儲蓄與投資，以促進資本形成，及資本市場之建立。如持有一年以上之股票、公司債，其出售之收益免所得稅，停征證券交易稅，二年期以上之儲蓄存款，其利息所得，免所得稅，保留盈餘用於增加投資者免稅，資產重估之增值免稅……等。

第三、鼓勵外銷，以打開國外市場，加速產業之擴充，經濟之發展。如外銷之營業收入免營業稅，其憑證減征印花稅，國外書立之收據、憑證，成交單等免征印花稅，國外分支機構之營業額免稅……等是。

屈指算來，第二次稅制改革迄今，已十有六年，早該進行第三次的大改革。況且目前我國經濟，正面臨「升級」的轉形期，若非六十二、三年的石油危機的頓挫，我國可能已擠身於工業先進國家的行列，爲什麼至今還枯守著落後的稅制，來拖累著躍升的工業化經濟呢？尤其是在民間投資意願正待加強的這兩年，社會各界對於改革稅制之要求更加迫切，無奈只聽樓梯響，不見人下來，眞是令人百思不解。如說政府充耳不聞，可也不見得，早在民國五十七年三月底，政府就以雷霆萬鈞之勢，進行第三次稅制改革政策的籌劃了，敦聘留美經濟學家劉大中博士歸國，大規模設置行政院賦稅改革委員會，網羅了國內外數十位專家學者，參與其事，聲勢之浩大，前所未有。劉氏等學人，確也不負所託，兩年中寫成的報告書，就分裝了厚厚的八册，涉獵之廣，計議之詳，堪稱相當完美（這並不代表筆者贊同其結論與建議，因爲其報告書之重要部分，皆列爲機密，半數以上未曾公開）。

可惜這樣一個地位最高，規模最大，時間最長，動員人力最多的賦改會，留給我們的，於今不過是一具電腦和一個資料處理的機構而已！結束已七年的賦改會，他的主張和建議，被接納實施的，十不得一！令人無限困惑和太息！就連他引以自豪的一項獻策——裁併貨物、印花、營業三稅，改辦加値型銷售稅，這項在亞洲，在第三世界，都可以說是開風氣之先的新稅，今天卻已讓大韓民國著了先鞭，眞令人慚愧。

以往兩次的稅制大改革，都著重在所得稅，第一次是要求建立以所得稅爲中心的租稅體系，而以健全推行統一發票制度爲手段。第二次是以租稅的減免，特別是所得稅的減免爲手段，促進資本形成，誘致國外投資及拓展外銷。第三次則側重於間接稅，特別是貨物稅、印花稅、營業稅、關稅的改造與革新。對於所得稅，只是在獻議以現代的、科學的方法，加強其作業的處理，偏重於技術方面，對於其大經大則，則並無多大的更張。這也無他，不過是卅年來，多少稅務同仁、學者、專家，憚精竭慮的改進再改進，已使所得稅的體制，近於完備了。需要大刀濶斧的改革之處，已屬不多之故。所以近年來，大家千呼萬喚的，則是要求消費稅的變與新。我現在便就這方面來談談個人的看法，供專家學者作研究的參考。

談到消費稅，首先讓人連想到的，便是關稅。雖然關稅並非純粹的消費稅。關稅類目繁多，牽涉至廣，詳論改革，不是一兩篇議論文章可以談得明白的，所以祇能略道梗概，申訴其改造的方法與原則。筆者認爲，現階段的我國關稅，應該依循下面五項原則，作脫胎換骨的大改革。

第一、要將現行的財政關稅，改變爲經濟關稅。我國關稅收入高達三百億，佔全部稅收（包括公賣品代征的貨物稅）百分之廿八！這樣大的比重，不僅美國的百分之一，日本的百分之五，瞠乎吾後，即其他開發中的國家，也罕有吾匹（財政部關務署長王昭明氏六十五年十二月在光復大陸設計研究委員會財政經濟聯合會報告）。我們必須迅速地、確實地糾正這一不正常的，嚴重妨害經濟發展的關稅比重。當我們面對經濟升級的現階段，亟需找出一個強而有力的方法，來刺激投資意願的不振時，關稅正是這項恰當不過的手段。而且實施後，會一舉三得：(1)除因經濟政策的需要外，停止征收一般進口物資的關稅，以大幅降低關稅比重。(2)促進投資意願，加速經濟發展的躍升，恢復領先大韓民國的地位。(3)提高所得稅比重，健全租稅結構。因爲停征非經濟政策性的進口關稅後，必將有絕大部份的關稅轉變成營利事業的盈餘，而以所得稅科目，重回國庫。

第二、繼續課征的經濟政策性的關稅，應與內地稅的貨物稅密切配合，絕不重複課征，以減少稽征層次，稽征人力與手續，從而減少稽征經費，便利商民。

第三、儘量採用從量課稅，以簡化從價課稅的查價手續，以及討價還價的困擾、糾纏與流弊。

第四、無法避免的退稅物資，應採分離作業，卽進口時一律課稅，出口時再退。中間的轉手、分散、併合、改裝、加工，完全放任，以擺脫取證、查證、簽認……等的困擾與流弊。至於利息的負荷，另以金融配合的方式來解決。

第五、退稅一律採定率法，至於是從價或從量，則視其性質核定，但須先期公告，以擺脫審定計算標準、逐項核算的大量人力負擔與流弊。同時，還能兼收鼓勵使用國產原料與配件的效果。

其次，談到印花稅，印花稅完全是舶來品，它是遠從十六世紀的荷蘭興起，逐漸風行歐亞的，我國自清末創辦迄今，由於先天不良，未能與時俱進，無法跟踪時代的維新，以致形成目前的病象叢生，名存實亡的景象。其所以名存實亡，是因爲它稅收中的八．五成，是來自「總繳」，總繳也者，是沒有印花的印花稅之謂。此種性質之印花稅應該廢名從實，乾脆併入營業稅，把營業稅率，作適度的提高。這樣在納稅人來說，不增加分文負擔，而省卻了不少手續，自屬得計，在政府，祇須修改財政收支劃分法，使營業稅增收的成數，解撥國庫，旣不發生財政上的損失，還可以減省主辦機關的人力和經費。實際上，印花稅的存在，除了財政目的外，在今天來說，在經濟上根本不具備任何重要意義和作用。

印花稅到今天還能存而不廢，依個人的看法，是拜營業加値稅之賜。加値稅已被呼喚了八、九年，迄今猶未出來，看來天時、地利、人和，三皆不吉，它之實施，只怕還遙遙無期。爲什麼當軸諸公不捨難從易，先下手改掉印花稅呢？所謂「勿以善小而不爲」，願三復斯言。

最後談到貨物稅：這也是本文的重點所在。貨物稅歷史悠久，遠觀，可以追溯到漢初的鹽鐵，近取，則是直承清末的釐金。不過現行貨物稅的面貌，已非純正國產了。貨物稅原本是間接稅中最具量能優點的稅，如今雖已老邁，但並不腐朽，還有藥可救，還可以革新重整。甚至在加值型營業稅之問世遙遙無期的今日而言，它是唯一能部份替代其經濟作用的間接稅。但是，它的課稅物品與課稅方法，都必須作大幅度的取捨、更張。

本（十）月五日報載行政院蔣院長日前在立法院答覆關於實施營業加值稅問題時說，我國是否實施此一稅制，將視下列三個條件是否能與這項稅制相互配合而定：⑴能促進經濟繼續發展⑵不增加人民負擔⑶能保持物價穩定。蔣院長認爲，這是一項現代的稅制，關係經濟發展至鉅，政府必須研究再研究，才能採取措施。

由此可見這個新稅制暫時不會馬上付諸實施，是很可確定的了。那麼一直在等待加值型營業稅的實施，以畢其改革之功於一役的貨物稅，必須面對着單獨改革的道路了。其實對於貨物稅來說，這條道路，毋寧是比較適當，比較好走的。因爲貨物稅是一種對於特定物課征的消費稅，是從消費的角度，來捕捉社會負稅能力的一種租稅，跟所得稅之從所得財富多少來捕捉負稅能力；財產稅之從擁有財產多少來捕捉負稅能力一樣，原無所謂孰優孰劣。譬如說吧，某甲每日所得鉅萬，擁有的財產，富可敵國，但他守財成癖，從不消費；同時，另有某乙與某甲之所得與財富相同，但他享樂成性，日夜揮霍，致身無餘財，亦未置片瓦寸地；同時，又有某丙，叨父兄資財產業之餘蔭，無所得而揮霍、享樂與某乙同……。對於這甲、乙、丙三人來說，如果祇有所得稅、財產稅，而無消費稅，則某甲負擔特重，某乙次之，某丙卻無稅負；如果祇有所得稅，而無其他二稅，則甲、乙稅負相同，某丙仍無稅負；如果祇有財產稅，而無其他二稅，則乙丙皆無稅負，某甲仍屬不免；列表示意如下：

納稅人	所得稅	財產稅	消費稅	附記
甲	有	有	無	甲有所得、財產，但無應課稅之消費。
乙	有	無	有	乙有所得，但爲其奢侈消費之生活，享用迨盡。
丙	無	無	有	丙享受與乙同，但無所得，亦無財產。

……鎮日生活奢侈，享用豪華的人，在無消費稅課征的稅制下，反無稅負，亦即對國家依法不負納稅義務，衡諸事理，當然不平。尤其是違反了開發中國家的獎勵儲蓄、抑制消費、厚集產業資金原則。所以應該同時有消費稅的課征，才能彌補這一缺陷。是故單就稅制來說，所得稅和消資稅、財產稅，初無優劣之分。而且從經濟與社會觀點來說，三者也是不可偏廢的。因此，我認爲先拿貨物稅來單獨進行改革，建立一個適合我們現階段經濟環境和社會生活所需要的消費稅

制，未嘗不是一件很有意義的嘗試。

現在，該談到對它的改革與重建。爲了說明清楚起見，我想仍用分條方式，逐項陳述我的構想。

第一、爲了表示這項的改革，是「周雖舊邦，其命維新」的大更張，我建議改以「貨物稅法」的名稱立法。依照我國的法制，「條例」「通則」都是法律的同義語，但總不如「法」來得明白、正式。既然其他永久性的稅，都名之爲「法」，何以貨物稅的法，要名之爲「條例」呢？同理，它的稽征規則，也應更名爲「細則」，以示一致。這不是咬文嚼字，這是觀念上的澄清。

第二、關於應稅物的選擇，應該符合「大規模製造的非生活必需品」的原則（最好是具有享樂或奢侈傾向的物品）。這「非生活必需品」的認定，是指在臺灣地區現實生活水準下，以大多數人所公認的爲準。這一論斷，如果不錯，我認爲汽水、可樂、香皂、紙張、電表、縫衣機、電燈泡、紡織纖維、皮統皮革等，都該不屬貨物稅課征範圍。至於糖、水泥、調味粉三項雖也接近上述的原則，但一則因爲它們稅收比重較大，替補爲難，二則稽征方便，並無逃漏之虞，三則一旦免稅，尙有浪費傾向。且其浪費對國家社會均非有益……等顧慮，故仍應列爲應稅貨物範圍，徐圖取捨。

其次，這幾年流行且暢銷的享樂性、奢侈性的貨物，如電子琴、鋼琴、電子音響裝置、照相機、地毯、吸塵器……都是很符合貨物稅征課原則的貨物，應該在新的貨物稅制中，成爲重要的角色。

其中應予刪除的，如縫衣機，它九十%是工業用的生產財，課稅將增加成衣業的成本，削弱其外銷競爭力，違反國家現行經濟政策，即使家庭所使用的十%的縫衣機，也扯不上奢侈、享樂。所以縫衣機應不再課貨物稅。又如丙類化粧品的香皂，連鄉村婦女都早已用它來洗脚，還拿它列爲奢侈品課稅，未免太低估我們的生活水準，故主張丙類化粧品一律免稅。同時爲配合目前社會的實際生活程度，對於甲、乙類化粧品，宜維持課稅原則，但稅率應大幅降低，其實甲類稅率定爲八十%，乙類稅率定爲三十%，就够高了。再如淸涼飲料的汽水，也要課稅，也實在太低估我們的生活品質，何況它成品中之主要成分的糖，原課貨物稅，如果飲料品免稅，那麼稅率六十%的糖的貨物稅收，必將有相當幅度的增加，雖不能全額補償停徵飲料品的稅收損失，但加上從兩種所得稅所增加的稅收(來自停徵貨物稅後，飲料品生產廠商所增加的所得)，即使不能補足，所差應亦不大，況且還有兩項額外的收益，一項是移間接稅爲直接稅，一項是減省徵納雙方相當大的人力、財力。其他如電燈泡、紙、元條型鋼等，均不具備課徵貨物稅的條件，都不應該課徵。這些不過是舉例而已，類似的物品，可能還有。下面談應予增列補充的貨物稅物品。我認爲近年來新興的商品，如音響裝置、鋼琴、電子琴、地氈、照相機等，都是很適當的。因它們的產製，要有相當的設備和規模，遠較化粧品、飲料品等廠易於管理。而且這些產品具有與電冰箱、冷暖氣機、汽車相同的性格，雖不是奢侈浪費的東西，總也不能說是生活必需品，對於能買得起它們的人，略加稅負，以彌補前面幾種停徵貨物稅所短少的稅收，應該是天公地道的。如仍有差額，則以調整稅率的方式來彌補。

另外一項要特別一談的，是飲料品中天然果汁，現行規定是給予有條件的免稅優待（以符合規定的成分為限）。這又是食古不化的例證！四、五十年前是對的，今天正好應該反其道而行，也就是說天然果汁應課稅，而汽水類才應該免稅，這才符合今天的消費稅條件。理由很簡單高級享用品與大衆化飲料之分而已。

第三、是稅率的調整，這項改革，眞所謂茲事體大，絕非憑一己之觀察、衡度所可臧事，必須要依據正確的資料，詳細的計算，及分析其內外銷的成本、利潤、關稅負擔，暨與其代替品的價格關係，然後才能有所決定。閉門造車，必有餘患。不過，有一點倒是可以確定的，那就是「簡化」。現行稅率，自百分之百到百分之五，共有十二種之多（還不包括公賣局代征部份），顯得有些雜亂無章。我主張簡化為四級，比如甲級，是現制的甲類化粧品：指甲油、眉筆、香水……等純奢侈性用品，仍應課以百分之八十的稅率。乙級，油氣類，為了以高價抑制其浪費，促使其盡量節省，我主張應統一課以百分之五十的稅率。丙級，其他的化粧品（包括現制的乙類化粧品，和丙類中的花露水）、鋼琴、電子琴、冷暖氣機、音響裝置、地毯……非生活必需的享樂物品，課以百分之三十的稅率。丁級，其餘的貨物，包括新增的錄音機、照相機、鮮果漿、咖啡等，一律課以百分之十五的稅率。如此豈不簡明易記，且便於計算？茲就現制與理想中新制的應稅物品與稅率，列表如下：

課稅貨物	現制的稅率%	新制的稅率%	備註
(一)糖類	六〇	一五	現由煙酒公賣局代征的洋煙洋酒未列入
(二)糖精	六〇	一五	其中花露水改列乙類課稅
(三)棉紗	二〇	免	
(四)痲紗	二〇	免	
(五)毛紗毛線	二〇	免	
(六)人造絲合成絲	二〇	免	
(七)人造與合成纖維絲	二〇	免	
(八)混紡紗	二〇	免	
(九)皮統、皮革	一五	免	
(十)塑膠	二三	免	
(十一)橡膠輪胎	二〇	免	
(十二)水泥	三〇	一五	
(十三)飲料品	四〇	免	
(十四)化粧品			
甲類	一〇〇	八〇	
乙類	八〇	三〇	
丙類	二〇	免	
(十五)電燈泡管	二〇	免	

(十六)紙類	五	免
(十七)調味粉	二九	一五
(十八)平板玻璃	二三	一五
(十九)電氣類		
電冰箱	一五	一五
電視機	一〇	三〇
冷暖氣機	一五	三〇
電表	一五	免
(二十)縫衣機	一〇	免
(二一)元條及其他型鋼	一〇	免
(二二)車輛類		
汽車	一五	一五
機車	二〇	一五
鋼琴電子琴	無	三〇
音響	無	三〇
地毯	無	三〇
電壓塵器	無	三〇
收錄音機	無	一五
照相機	無	一五
果汁果醬	無	一五
咖啡	無	一五

第四、關於稅價的查報與核定問題，可分兩點來談．

首先，我反對貨物稅應該一直是從價稅的說法。以往的說法如此，沒錯，但世間沒有不變的原則，何況是社會科學範疇內的租稅理論。我們不能爲了這一並無多大實益的理論，而浪費龐大的人力和物力。更何況今天的實際價格，由於推銷方式、付款條件、廣告、獎金、售後服務……等的花招百出，稅務機關根本無從捕捉其眞實價格。我主張新的貨物稅法，應大部份採用政策性的核價，以配合政府對於該種貨物的經濟政策、社會政策、物價政策；小部份採用「從量課稅」，以擺脫目前廠商爲追求低稅價目標，而不斷變更名稱、包裝，使「新產品」登記案件層出不窮的困擾。尤其是化粧品，改爲從量課稅後，可以鼓勵他們改良品質、精益求精，而不虞價高稅重。從而抑制洋貨，杜塞外漏巵，拓展外銷，有裨國計民生。這才是新，這才是進步。

其次，退一步說，即使堅持貨物稅非從價課征不可，那麼現行的完稅價格計算公式，也必須廢棄。我們知道現行的完稅價格是以產地附近市場的一個月平均批發價格，減除原納稅額及由生產地運達市場的運費（統一按稅價十%計算），另外還有按出廠價格，按零售價格；及國外進口生皮應征稅額，其他進口貨物應征稅額……等計算公式多種，使貨物稅價的計算，益趨繁瑣。推考其原由，皆因不含稅之一念而生。至於扣除一律按十%計算的運達市場之運費，在統稅時代，容或有其必要，到了今天，除了與「扣除原納稅額」一樣，使貨物稅徒負高稅率之虛名外，實在沒有多少實質意義。我主張新的貨物稅法，應拋棄這件歷史包袱，統一而簡化其計算公式，使完稅價格大致相等或接近其出廠價或批發價。不再以高稅率低稅價的老套來課征新的貨物稅，才是實事求是，不弄玄虛的現代化辦事態度。

目前取決稅價的方式，陳舊、落伍、不切實際。名為從價，實則除部份公營事業產品外，由於推銷方式（包括宣傳、廣告），與付款條件的千變萬化，四、五十年前的那一套查價、核價的老法子，早已捕捉不到它的眞象（眞實價格）。除非我們能不惜工本，投下大量的查價人力和經費，設置專門機構如財稅資料中心那樣，從事專業性的查價。否則這條老路是走不通的，正確點說，我們必須揚棄它，重新尋找，重新建立決定稅價的新方式。天下沒有永遠不變的原則，社會科學方面，尤其如此。關稅跟貨物稅同氣連枝，關稅不是也有從量課徵的理論與實踐了嗎？反正完稅價格與眞實貨價是脫節的，那又何必一定要堅持從價呢？所以我主張貨物稅應大幅度採用政策性核價，如現行的糖類稅價、水泥稅價的作法，以強調貨物稅的經濟性、社會性、政策性，小部份改採「從量課稅」，如對於化粧品、飲料品。我承認這樣作法，不利於小廠，試想我們現行的經濟政策，不正是在鼓勵小廠合併嗎？我們各種租稅的逃漏困擾，不正是來自小規模營業單位嗎？那麼進步的、減少舞弊機會的課稅新方式，即使眞不利於小廠，而能消除大廠改進品質的障礙；助長其拓展外銷的意願，又有什麼不好？

第五、查驗證，證照，必須力求精美，要用最好的紙張，最好的印刷，最精緻的設計，最新式的黏貼劑來處理。務求這種國稅繳納的標誌，不只不破壞貨物的包裝美，最好還能增加其包裝美。因爲現代的商品，不祇是價格的競爭、品質的競爭，同時也是款式的競爭、包裝的競爭。稅務機關祇要求課稅目的的達成，而無視納稅人感受的時代，已經一去不返了。我們再不可祇顧防弊，而罔顧其他。我們應該在稅制設計上追求盡善，絕不可再在防弊上追求盡善。

第六、外銷貨物的冲帳與退稅，我主張採取分離作業，就是購進原料時由進貨商繳稅，不辦記帳。出口成品時，由出口商退稅。進貨後的分合轉手等過程，不予過問。至於退稅的計算，視貨物性質，分別訂定「定率」「定額」退稅標準，不必錙銖必較，斤兩悉稱，而流於苛細，得不償失。所謂「楚人失弓，楚人得之」，又復何患？政府與人民誰占點小便宜，祇要無損於大經大則，又何必斤斤計較呢？

這裏還隱藏着一個問題，必須提出一談，就是不辦原料記帳後，廠商的提前繳稅問題。其實，現在廠商批銷貨物，幾乎沒有現金交易的。兩者都同樣的發生了現金調度與利息負擔問題。因爲貨物稅是出廠時繳稅，繳稅是現金。但是出廠後是否全可立卽銷售，則是問題，卽令全可立卽銷售，是否悉數收到現金，更是問題。因此，貨物稅廠商提前以現金繳稅所構成的利息，成了他們一大負擔，我們不能無視於這個事實。因此我覺得新的貨物稅制度，應該考慮以遠期支票繳稅的辦法。這是一項重大的改革措施，具有蘇解商艱的宏效，值得研究採行。

第七、我對於現正擴大推行的按內銷比例，由海關就進口原料代爲課稅的方法，不很贊成，理由是：一、其比例是變動不居的，我們如何能够如影隨形，掌握得恰到好處？二、這方式不利於全部外銷的廠商。三、進口原料就課稅，是提前課稅，增加廠商利息負擔。因此我主張外銷品冲退稅的計算，應一律改爲從量和從價的定率制，不再斤斤計較細微的出入，應該寓政策於退稅率的訂定，這才是化繁爲簡的，可以持久的辦法。世界上沒有十全十美的事，所以用人行政，切忌未究其利，就先妨其弊，何況是政府與民間，誰占點小便宜，誰吃點小虧，祇要不影響政策的效果，都不必深究，都不必算得那麼清，我們的目的不是獎勵外銷嗎？那就稍稍讓與那些畸零尾數給外銷廠商，又有什麼關係呢？

我確信經由這樣改良後的貨物稅，將成爲間接稅羣的翹楚，將是一個具有現代精神與性格的老稅，將變成一個能與現階段國家經濟政策相密切配合的良稅。不過，不論怎麼優秀的良好稅制，都必須輔以全力來推行，像現在被公認爲良稅的綜合所得稅，我們能不大力輔導，而以檢查、調查、送罰來規正其實行嗎？將來的加值型營業稅，如果付諸實行，亦必然要如此。貨物稅當然不能例外。也就是說，不論制度好壞，我們都不能靠天吃飯，坐以待稅，我們要行動、要推行，所以我們也要檢查、抽查和調查，不可讓存心取巧的人獲逞，而對不起守法廠商。這不能問收獲有多少，我認爲這些作法不在稅收，是在維護公平，這是執行稅務機關的義務。

在我們與共產極權的生死搏鬪中，經濟生活品質的提高，是最爲重要的一環。在經濟生活模式的角逐較量中，時間是絕對無情的。我們不能再「慢一拍」，再晚一步了。我們必須要劍及履及，說做就做。祇要認爲是應該做的，就要趕快的做，積極的做。

刊於民國六十六年十一月十五日「思與言」第十五卷四期

從庫收觀點看貨物稅的改革

間接稅羣中，佔有關鍵性地位的貨物稅、印花稅、營業稅，是近年來，被要求改革最密集的三項稅目，其中印花稅的革新，已見端倪，上月三十日行政院院會已經通過了印花稅法的修正草案，將現行的三十目應稅憑證，删除了廿四目，祇保留「發貨票帳單」、「銀錢、貨物收據」、「預定買賣契據」、「承攬契據」、「典賣、讓受及分割財產契據」、「娛樂、比賽及展覽票券」等六種課稅憑證。幅度之大，前所未有。具見政府改革稅制，更新稅政之決心與魄力，值得我們鼓舞、興奮與喝采。希望政府能本此方針與魄力，一鼓作氣，再大刀濶斧的將貨物稅的稅率稅目，加以調整更張，使不潔的西子，回復其原有的姣好面貌。爲未來營業加值稅之實施，先行舖路，也爲促進我們消費稅現代化的理想目標，提供了一個可速可緩的客觀條件。

本人在「稅旬」九三五期（六十六年九月二十日）曾發表了一篇「改革貨物稅芻議」的小

文，主張：㈠將現行的十二種稅率，調整簡化爲四種，㈡將現行廿二款課稅貨物，刪除十二款，保留十款。另外新增鋼琴、音響、地毯、吸塵器、照相機、果汁等六種新興的享樂性的非生活必需物品，共十六種（款）。當時筆者沒有作稅收增減的估計，因爲不知道社會各方面對於本人意見的看法，評價如何？所以未作進一步的分析評估，如今，事隔兩個百日，各方面反應甚佳，在大原則方面，幾乎沒有見到相反的意見，尤其是最近閉幕的國民大會第六次會議中，曾通過了一件「請政府合理調整貨物稅率，以利早日實施營業加值稅新稅制而發展經濟案」的提案（林忠代表提案），其見解與辦法，亦與本人之主張若合符節，承蒙「稅旬」當局轉來原文，並囑爲文就稅收觀點評析其可能性，拜讀之後，十分興奮，乃有此文之作。

林代表的提案說：

㈠目前實施中之貨物稅率有許多種類，不但偏高且甚爲不合理，一般民生必需品之稅率反而超過奢侈品之稅率，例如：民生必需品之糖類貨物稅率卻高至六〇％、飲料品爲三十六％、果子汁爲三〇％、水泥爲三〇％、味精爲二十九％，但可稱爲奢侈品之汽車及冷暖氣機之貨物稅率卻僅爲一五％，機車卻爲二〇％。

㈡民生必需品要課征貨物稅，固然與財政有關，但政府爲減輕民衆之負擔，對鹽稅卻斷然予以取消，使一般民衆甚得好評與擁護，爲使一般民衆減輕負擔及便於實施營業加值稅且使外銷品退稅方便而促成外銷工業開展以利經濟之發展，對民生必需品之貨物稅率有予以降低之必要。

㈢尤其對味精，臺灣味精業本來產量及出口量均佔世界第二位，因日本、韓國均未課征貨物稅，且逐漸增加其產量致我國味精之產量及出口量已降至第三、四位，查其原因：第一是受高達二九%貨物稅之壓力，不但負擔重，成本增加，且類似家族公司之數家味精工廠因逃稅方便且有好處，大約有產品之一半在逃稅，一年之逃稅金額高達數千萬元，如貨物稅率降至一〇%，對逃稅及收買稅條重用，當會消失，如此不但可消除逃稅風氣，對味精整個稅收，因增加課稅量及營利所得稅之增加等，並不受多大影響，而外銷量亦可增加。

㈣對能使用汽車及冷暖氣機者，均屬有產階級，對此類貨物稅加以調整一倍左右，亦不致於有什麼困難。

林代表提案的辦法，則很簡要，他說：

㈠民生必需品之糖類貨物稅率應由六〇%降到三〇至四〇%、水泥應由三〇%降到二〇至一〇%、飲料品應由三六%降到二〇至一〇%、味精應由二九%降至一〇%。

㈡屬於奢侈品之汽車及冷暖氣機貨物稅率應由一五%調整為三〇至五〇%、機車應由二〇%降至一〇%較為合理。

六十六會計年度（六十五年七月至六十六年六月）臺灣地區的貨物稅收入（不含煙酒類貨物稅）是一百九十五億三千八百三十七萬元（臺幣），如照本人前開小文的主張，刪除課稅項目及調整稅率後，仍可征起約一百二十六億四千七百萬元，減少約六十八億四千一百三十萬元，減少比率約爲三五%。如照國民大會林案的意見，僅調整稅率，而不刪減課稅項目，則可征起約一百九十一億七千二百三十一萬元，減少約三億六千六百零五萬元，稅收不但沒有減少，還微有超收。列表顯示如下頁。

從下頁這張表中，我們可以看出，本人的意見比較周延細密，而國民大會林案的意見，祇是對幾個具有代表性的重點表示了意見，其他被認爲次要的，便略而未提，但在筆者的立場，祇好對其未表示意見的項目，推定其爲維持原案（現行稅率），對其主張稅率在××至××之間的，一律以其中間數爲準，因而林案與筆者的意見，雖取向相同，而數字卻差距頗大。

筆者的主張，雖然在表面上，減少稅收甚大，但可以從以下兩方面，獲得相當程度的彌補：

第一、近年來的貨物稅平均自然成長率，約爲上年實征額的百分之十六，這是由於經濟自然成長，人口增加，物價上漲等因素所形成，通常約爲經濟成長率的一倍左右，如以此爲據，估計改革後的貨物稅收，約可增長二十億五千九百餘萬元。

第二、新開征的六項貨物稅，約可征起十億元左右，手邊沒有資料，無法作精確的估計。

以上兩項，彌補其差額，雖尚有不足，但其不足的數額，在歷年來皆有大額歲計剩餘的財政現況下，是絕對可以負荷容忍的，何況經此改革後所帶給經濟上的效益（包括所得稅的受益），絕對遠超過些許財政上的艱難困窘的代價。我賢明的政府，應該無所瞻顧，勉力以赴。配合新的時代，開創新的機運，締造新的成功。

刊於民國六十七年四月十日稅務旬刊第九五五期

稅目	現行稅法 稅率%	現行稅法 稅收	本人意見 稅率%	本人意見 稅收	國民大會提案意見 稅率%	國民大會提案意見 稅收
㈠ 糖類	60	1,381,362,652.90	15	345,340,663.23	35	805,794,880.86
㈡ 糖精	60	195,631.80	15	48,907.95		195,631.80
㈢ 棉紗	20	96,183,116.10	免			96,183,116.10
㈣ 蔴紗	20	627,306.70	免			627,306.70
㈤ 毛紗綿線	20	31,996,207.20	免			31,996,207.20
㈥ 人造絲合成絲	20	141,765,750.70	免			141,765,750.70
㈦ 人造與合成纖維絲	20	196,025,693.10	免			196,025,693.10
㈧ 混紡紗	20	278,158,296.40	免			278,158,296.40
㈨ 皮統、皮革	15	127,327,633.40	免			127,327,633.40
㈩ 塑膠	23	1,374,506,659.90	免			1,374,506,659.90
⑾ 橡膠輪胎	20	342,104.775.40	免			342,104,775.40
⑿ 水泥	30	2,573,875,347.00	15	1,086,937,673.50	15	1,286,937,673.50
⒀ 飲料品	40	626,160,155.30	免		15	234,810,058.24
⒁ 化粧品		375,638,141.90		(合) 135,694,578.30		(合) 375,638,141.90
甲類	100	120,016,383.80	80	96,013,107.20		120,016,383.80
乙類	80	105,817,263.40	30	39,681,471.40		105,817,263.40
丙類	20	149,804,494.70	免			149,804,494.70
⒂ 電燈泡管	20	106,549,530.80	免			106,549,530.80
⒃ 紙類	5	521,050,933.50	免			521,050,933.50
⒄ 調味粉	29	367,234,425.20	15	189,948,840.00	10	126,632,560.40

(八) 平板玻璃	23	168,513,845.50	15	109,900,334.00		168,513,845.50
(九) 油氣類		5,616,723,861.79		5,616,723,861.70		5,616,723,861.79
汽油						
柴油						
煤油						
燃料油						
天然氣						
壓縮天然氣						
液化石油氣						
(十) 電器類		1,552,327,236.00		(合)2,116,809,867.43		(合)2,257,930,525.26
電冰箱	15		15		15	
電視機	10		30		10	
冷暖氣機	15		30		40	
電表	15		免		15	
(十一) 縫衣機	10	59,662,120.30	免			59,662,120.30
(十二) 元條及其他鋼類	10	280,414,404.00	免			280,414,404.00
(十三) 車輛類		3,319,936,861.25		2,845,660,166.70		4,742,766,944.64
汽車	15		15		40	
機車	20		15		10	
合計	20	19,538,369.40		12,647,064,893.80		19,172,316,551.40
備註	花露水改爲乙類課稅					

減少 6,841,304,415.51(35.01%)　　減少 366,052,857.91(1.87%)

還是先改革貨物稅罷

最近，改革貨物稅的呼聲又掀起一片高潮，各報章雜誌均登載各種改革的評論與意見，已成爲當前最熱門的財經輿論。

貨物稅課征的主要法律依據，是貨物稅條例，而貨物稅條例已有六年多沒有作實質的修正。六年的時間並不短，尤其是現代社會，經濟情況的變遷與發展，可說是日新月異，六年的變化有多大，可想而知。十大建設都已接近完成階段，而修改貨物稅的呼聲，雖時有所聞，卻一直未見有所行動！揆其原因，可說是受了研議實施營業加值稅之累，而致延緩了貨物稅的改革行動。當初有關當局，打算把印花稅、營業稅、貨物稅等三項間接稅合一爐以治之，創立新型營業加值稅，一舉解決貨物稅的各種問題，事與願違，如今營業加值稅實施還遙遙無期，而貨物稅的改革行動，卻因而躭誤了！

綜合當前各種要求貨物稅改革的意見，大致可歸納為：

一、貨物稅違背量能課稅原則。

二、貨物稅稅率結構不合理。

三、完稅價格（包括查價核價問題）不合理。

四、稽征方式不合理。

其實，貨物稅原是間接稅中最具量能課稅優點的租稅，目前之所以被視為違背量能原則，而被大家所詬病，視為劣稅，主要原因是未能隨時代的進步，配合生活水準的提高，而加以改革修正。只要當局潛心研究，注入時代新觀念，配合時代的進步，貨物稅仍然是一種良稅。它原是從消費角度來捕捉社會負稅能力的一種租稅，與所得稅、財產稅，鼎足而立，不可偏廢的。

從稅率、完稅價格及稽征方式三方面來探討，其所以遭致責難訾議，皆因未能適應時代的進步，而致斲傷了貨物稅量能原則的優點。先從稅率來談：目前工業原料課重稅，如棉紗二〇%，電視機一〇%；民生必需品課重稅，消費品卻課低稅，如糖類六〇%、飲料品四〇%，而奢侈品反課輕稅，如汽車一五%、電視機一〇%，電冰箱、冷氣機一五%。再談完稅價格：貨物稅法規係以批發價為主，但目前批發價因受人為因素的影響比較大，反不如零售價來得確實，稽征機關的調查取證也比較方便。至於稽征方式，原來的駐廠征稅早已不合時宜，應該揚棄了。近年雖有較為簡便的查帳征稅，但仍嫌不夠普及。

從以上三方面來看貨物稅的病，實在都是癬疥之疾，雖惡象可憎，但並非無可救藥，如稅率不合理，可予以調整，稅目不合理，可以增廢取捨，完稅價格不合理，可以改變查價核價的方式，稽征方式不合理，可以別闢蹊徑，另立新制，好像房子的骨架結構，如果堅實牢固，雖外殼殘舊，只要重新裝潢裱飾，便可煥然一新，美侖美奐。

改革貨物稅，各家觀點均言之成理，也頗能切中時弊，但在課征時機方面，則少被提及，茲就選擇性、機動性、合理性三方面來討論貨物稅的改革。

一、**選擇性**：貨物稅，係就列舉之特定貨物課稅，並非全部貨物均課稅，目前貨物稅條例規定應課稅的貨物，只有廿六類，但這廿六類是否合理？應增刪那類貨物，才能達到租稅的經濟作用，主管當局應經常檢討，即時進行修正，以求臻於完善。

譬如，目前流行且暢銷的享樂性、奢侈貨物：如電子琴、鋼琴、音響、照相機、地毯、吸塵器、果汁機及錄放影機等，都是符合貨物稅課征原則的貨物，應成為新貨物稅的重要項目才對。

二、**機動性**：現在科學發達，人民生活水準大為提高，各類商品不斷改良，製作技術日益精巧，而成本售價卻日益低廉，昨日的奢侈品、高級品，今日可能已成為普通日用品（如衛生紙、香皂），準必需品（如電視、冰箱）。因此對於已經選定的課稅貨物，要把握時機，立即納入課稅序列，搶在新產品問世的第一階段開征貨物稅，否則便失去政策意義與社會效果。

例如：高級音響問世後，第一批購買者，一定是高所得者，他們創導社會消費風氣之先，第二批是中上所得者（亦即中產階級），第三批則是薪資所得者及低所得者。高所得者家資豐厚，可以一擲千金，高級音響剛上市，首先購置的必是他們，以示先天下之樂而樂，並炫耀其財富與社會地位；至於中上所得者，其經濟情況雖不能與高所得者相比，但購置音響仍其餘力所及，不影響其經濟生活；至中低所得者，就需要分期付款或存錢購買了。至於薪資所得以下的階層，生活僅够溫飽，那有餘力購置，也就不敢奢求，只有盼望其降低價格的份了。就目前情況來說，第一批、第二批的購買者，大多已經過去了，現在正輪到第三批人在採購。如果現在開征音響貨物稅，可以捕捉到的負稅人，是第三批購買者的末期所屬的那個所得階層，當然已經嫌晚，如果再遲下去，便會成爲失去課稅之意義了。可見貨物稅的課征，把握時機的重要性。

三、合理性：現代化的租稅，其主要目標之一，在於對資源財富作合理的重分配，應以經濟作用爲先，財政目的爲輔才對。經濟作用的觀念是放長線釣大魚，即「養鷄生蛋，而非殺鷄取卵」，一個現代化的稅務行政工作者，應孜孜於追求稽征工作的進步與簡化，在於爲納稅人解決問題，力求符合方便，確實的租稅原則，而非舊時代的稅吏，斤斤計較稅收之增加。因此，對不合稽征成本的稅目，或稽征手續不合理的繁瑣，都應該立即予以取消改革，非使之達到現代化、合理化的水準不可。

例如：稅收少，稽征成本高的貨物稅，如紙類、縫衣機、元條及型鋼、塑膠、車胎等，都是該立刻付諸檢討淘汰改革的對象。

總之，貨物稅條例作合理的修正，已是朝野一致的要求，不能再慢半拍了，我們何不讓貨物稅的改革爲消費型營業加值稅的降生，創造有利的氣氛和契機呢，如果能使新制的消費稅「無痛分娩」悄悄地來到人間，豈不更妙！

刋於民國六十七年十月一日「財稅雜誌」第一一五四期

韓國的物價上漲跟實施加值稅有關嗎？

編者先生：承一再電話索稿，不得已，乃以所存舊稿一件謄錄以應。

此稿乃本（六七）年四月十六日所寫，此時正當我財稅十要員奉派赴韓考察其實施加值稅後，對於社會經濟生活，尤其是物價的影響，此稿便是我依據手邊資料分析這個問題，表達我的看法，是一夜之間寫成的。但是送到「××」後，這本以稅務同仁刊物自許，又以稅務輿論重鎮自期的刊物，居然以「違反其一向堅持之反對加值稅的言論立場」而擱置。我探悉眞像後，乃撤回此稿。不想半年之後，能在　貴刊與讀者見面，是此稿之幸歟？抑我開放社會中，稅政輿論界之幸歟。

此一附箋，請置諸文首，一併發表，以公諸社會，以見我國所謂「社會公器」之眞面目。

敬頌

撰安

楊道淮拜啓

我們倡議、鼓吹、準備達八九年之久的「加值稅」，竟然讓韓國着了先鞭，她（大韓民國）不聲不響，說幹就幹，花了不到三年的考察、研擬、設計時間，便搶先在去年（一九七七）七月一日實施了這一新的稅制。眞讓我們稅政從業人員的臉上有些掛不住！但這該怪誰呢？老實說，不要說稅政從業人員不能獨負其咎，就是整個政府，也不該負責，因爲自從這個新型的消費稅被介紹來我國之日起，它就一直面對著來自四面八方的疑懼、排斥、責難，甚至敵視的眼光！處身在我們這個民主得過了格（有些地方卻又不及！）的社會，誰又敢冒這個天下之大不諱，挺身而出，斷然實施？老實說，有這樣膽識的人，未必有那樣的權柄與地位，反之亦然。所以說，要論營業加值稅之遲遲不獲實施的責任，「容我坦率以道」，我們的財經與論界、財經學術界、工商企業界，都該分擔相當份量的責任。不過，有些來自政府內部，甚至稅政同仁間的反對聲浪，則是主事當局的慮事不深，宣導不力，祛疑、譬解之不得其法所至，是責難旁貸的。

去年七月一日，大韓民國實施營業加值稅後，我們這裡有不少人，驚異之餘，竟然自我解嘲地，有意無意地表示，韓國這一着險棋，可能給她帶來惡果，甚至拖垮了她正在奇迹似的茁長中的經濟。可是九個月過去了，這種看笑話，等待笑話出現的論調，竟不幸而沒有言中！於是乃移花接木，找出韓國自二月間開始逐漸在升高的物價上漲的事實，便張冠李戴地指稱：「這就是營業加值稅害的！」這個說法，是天衣無縫，而又其來有自的，不由人不信，也不由人不重視。因爲　蔣總統就曾一再曉諭、提示過，任何重大財經措施，都要優先考慮維持物價的安定，以照顧低收入者的生活。如果營業加值稅的實施眞會帶來物價高漲的惡果，這個大不諱，誰還敢冒？本來因韓國實施營業加值稅這一外來的刺激而興奮、振作的主事當局，正在日夜工作，全力推動加值稅實施的籌劃。原也打算在第六任總統就職後的一連串新政中，扮演一角，以爲新時代的來臨，略盡財稅同仁報效國家、擁戴領袖的棉薄。韓國這一例示，何啻一盆冷水，澆得大家不免徬徨失措，進退兩難，於是乃有上週末十位財稅要員赴韓考察的行動。其實，這實在是莫須有的事，不要說加值稅的實施，祇要不增加稅收總額，理論上不會導致物價上漲，即使個別物資由於稅負的增減而有所漲落，那也祇是過渡期間的物價互相調整，等調整到一個新的相互關係平衡水準後，自然會穩定下來。何況韓國的實施加值稅，已經九個多月，如果眞有這樣升高物價難以避免的事實，也早該出現了。依據筆者蒐羅所得資料顯示，目前韓國的物價漲風，主要是其經濟發展到達現階段的必然現象，其次則是受了外來的國際物價的影響，與實施加值稅無關。因爲一個經濟社會的有效需求，是有層次的，是按其所得的多少，決定其消費的偏好。當其國民所得在平均每人五百美元以下的階段時，其國民消費傾向，是在滿足其基本生理需要的物質層面，如食物、衣着、服飾等。超過了這一所得水準，其消費傾向便逐漸移向住宅與車輛。如所得再次升高，其消費水準也隨之升高，並逐漸傾向於文化、精神、心靈等方面慾望的取得與滿足。（見附表㈠、㈡）只不過在五百元這一水準時，其變動較爲顯著而已（註一）。這五百美元的說法是五、六年以前的水準，由於美元的不斷貶值，如今這項水準可能要作相當幅度的調整。其實，這個水準也不是放諸四海而皆準的，它是因經濟結構、物資條件，生活習俗之不同而變動的。但不論是什麼經濟社會，總有這麼一個水準存在。韓國近年來的經濟成長快速，國際貿易突飛猛進，勞務輸出也成績驚人，於是國人誤以爲她的國際貿易值已超越我國，其國民所得也在我國之上。殊不知韓國人口約三千五百八十萬，遠較我國（臺灣地區）爲多，所以她的國民平均所得，仍在我國之後，她去年的平均國民所得是六七〇美元，相當於我國（臺灣地區）六十二、三年的水準，（我國民國六十二年是五一二美元，民國六十三年六九七美元。）到達了這一水準，正是其國民消費傾向急劇轉變的階段，韓國今天的現象，正該作如是觀。以上是理論的分析，讀者諸君，且看下面的陳述，以瞭解發生在韓國的具體事象：

一、韓國在一九七七年，承包海外工程數量激增，使勞務收入高達三十億美元，較預期的二十億美元，超出二分之一，以致該年度的貨幣供給額激增了四一．四%。（最高時，到達四三．七%）這比我國（臺灣地區）近十五年來的貨幣供給額百分廿一．四四，高出幾達一倍，與我國六十二年通貨膨脹到達顛峯時期的十至十二月之四二．四一%相彷彿（按該年度，我國的貨幣供給額增加率平均值是卅八．卅二%（註二），這筆龐大的資金，流入韓國，當然會刺激需求、造成物價高漲。

二、一九七七年，韓國的薪資平均上升了廿%以上，因此中上所得階層的人士，都競相購買住宅公寓、轎車，造成了五金齊揚，水泥建築飛漲的現象，亦如我們在六十二、三年中所見所聞。其中有不願或不能買房置車的人，就去享受高貴的餐飲和娛樂，或者搶購黃金，以圖保值。所以韓國金價已激升到空前的高峯，至於低所得的產業工人，則以轉換工作爲手段，要求增加工資。增加了的工資所得，便又轉成有效需求，再回過頭來刺激物價上漲。

三、韓國的石油工業是民營的，不似我國的中油公司可以爲配合國策而犧牲利潤，所以韓國在一九七七年五月，以及今年元月，兩次調整石油價格，漲價幅度，平均都在四．二%左右。當

附表一　平均每人所得

金額單位：新臺幣元

年度 按60年固定價格計算	民國四十二年	民國五十二年	民國六十二年
按要素所得計算	6,078	8,335	16,088
按市價計算	6,814	9,612	19,078

說明：附表一、二，係依據行政院主計處編印之『中華民國國民所得』及「註一」陸、李倆先生論文中之資料。

附表二　民間消費結構表（百分比）

單位：%

名稱	民國42年	民國52年	民國62年
基本生活費(食、衣)	62.38	56.49	49.00
居住費用	18.81	20.16	24.71
嗜品及保健費	8.30	11.52	10.21
娛樂及消遣費	2.52	2.48	3.51
其他費用	7.99	9.35	12.57
合計	100.00	100.00	100.00

然石油的漲價和工資上升一樣，增加了工業生產的成本，間接的加強了物價的上升。

四、韓國在去年一年間，激增了十三億五千萬美元的外滙存底，使這項存底高達四十三億二千萬美元，形成貨幣供給額無法消滅的贅疣。

有了以上具體事實，我們可以淸楚的看出，韓國目前的物價問題，是由下列三項原因所造成：

第一、經濟發展到現階段，因經濟成長的分配效果，所必然發生的物價上漲。

第二、由於分銷擴張過速，國民所得增加太快，這增加的所得，不能爲其經濟體系所吸收銷納，政府與民間的所得，沒有適當的出路所造成。

第三、外來的影響，如石油的漲價。

這些原因都與營業加值稅扯不上關係，似乎不待親履斯土，便可曉然。

註一：參閱中央研究院經濟研究所六十二年十二月出版之當前臺灣物價問題研討會專集。陸民仁先生論文「由經濟成長的分配效果論物價水準的長期上漲」，及民國六十三年九月出版之第二卷第二期經濟論文集，李庸三、黃國樞論文「臺灣民間消費型態之預測」。

註二：資料來自中央研究院經濟研究所臺灣經濟預測第五卷「臺灣經濟最近趨向」。

刋于民國六十七年十一月一日財稅雜誌第一一五六期

從省議會的財稅質詢談起

提供一個稅際整合的新構想

壹

月前，臺灣省議會省政質詢中，有多項關於稅務的精彩議論，依據報章披露的內容，大致是這樣的：

『省議員洪振宗九月廿一日建議政府將「免徵田賦」作爲提高農民所得的急要措施，以改善農民生活。

洪議員指出，本省過去採「以農業培植工業」措施，導致今日工商業蓬勃繁盛，農民殊有貢獻。然而農民生產環境如今受到種種不利影響，如天然病蟲害、運銷體系不健全、糧價偏低等，造成農村凋敝的現象。

洪議員說，目前農民與非農民的收入相差懸殊，中央有關部會成立專案小組研討當前農民收益偏低問題，所提改進方案極多，但倘能將「免徵田賦」作爲急要措施，可收立竿見影之效，請省府轉請中央採納，並請自本期起正式公佈實施，以顯示政府輕賦薄稅之仁政。

同日省議員藍榮祥先生等建議省府有關單位，廢止或修正擾民、苛民的稅收項目，維護人民權益，並藉稅目的簡化，以杜絕逃漏稅……。

蘇洪月嬌議員接著指出，目前的屠宰稅、娛樂稅、筵席稅，不但制度落伍，並且稽征也容易發生流弊。她舉例說，在餐廳喝咖啡付帳時，如果顧客索取發票，須得加課百分之二十三的娛樂稅，因此，大多數顧客爲貪圖便宜，便形成自然逃稅的情形。蘇洪議員建議政府，廢止這項稅收。

施金協議員亦爲農民稅賦過重表示異議。他說，在小農制無法廢止，農民所得無法大幅增加的情形下，政府不應將田賦視爲稅收來源之一，只能逐年的降低田賦，以至於廢止。施議員希望財政廳，在維護農民收益的前提下，愼重考慮減免田賦。

省議員高龍雄也在財政質詢中說，現行筵席稅的代徵制度是一種落伍辦法，造成十個人有九個半逃稅，也使主辦筵席稅的工作成了肥缺，業者怨聲載道，希望財政廳趕快設法取消。

高議員說：「依據六十六年的統計，台灣省共有飲食業者九千六百五十六家，這是登記有案的。同年共計徵起筵席稅二億六千萬元，如以飲食業者一萬家計算，每年每家的營業額爲二十六萬元，亦等於每天每家做了七百二十元生意。筵席稅的稽征率是百分之十，也就是說，六十六年全省的飲食業者之營業額只有二十六億元。但是照他個人保守的估計，將一萬家飲食業者分爲大、中、小三類，大的每天營業額三萬元，以百分之十計算，爲一千家，計三千萬元，全年合計爲一百零九億元；中等的以百分之七十計算，每家每天營業額一萬元，七千家等於七千萬元，全年合計爲二百五十五億元，小的爲百分之二十，計二千家，每家以二千元計算，全年合計等於十四億元。這大、中、小三類餐廳的營業額全部加起來，共計有三千七百多億元營業額，非稅務局查定的二十六億元。

目前，筵席稅的稽征，採兩種途徑，一爲來自統一發票代徵，一爲逕行核定，由於這種稅法的規定不合理，造成稅務員不相信業者，找盡麻煩，其結果，逼使業者走後門，通關節，希望能減少稅課及麻煩，便使主辦筵席稅的工作成了肥缺，毛病百出……云云。

省議員洪振宗先生九月四日在省議會呼籲，政府應儘速停征屠宰稅。洪議員認爲，廢除屠宰稅，除了涉及實質的財稅問題外，最重要的意義，乃是剷除日據時代的「殖民地稅」。他說，撤銷屠宰稅的效益有四：

一、平均每人一年可減少二百十七元的屠宰稅及教育捐負擔。

二、可使肉價下降，照顧一般消費大衆，改善中低收入戶的營養。

三、人工色素稅印，有礙健康。

四、有效推動屠體剝皮，發展國內皮革工業，節省進口鹽猪皮的外滙。

他呼籲決策當局，早日公佈廢除屠宰稅，並希望省政府據理力爭，向中央陳情。省財政廳長徐立德表示，屠宰稅是消費稅，影響地方稅收，目前在無其他抵補稅源之前，仍須研究再作決定……云云』。

這些都是極有見地的看法，在我臺灣地區政治、文化、社會各方面，尤其是經濟、財稅部門，飛躍進步的今天，卽使置諸世界第一流先進國家行列，也毫不遜色的。此地此時，何以仍然要容忍這些落後的、苛擾的、不科學的、不合理的稅賦存在？實在叫人不能無憾。那麼，到底是爲什麼呢？當然不會是爲了發展經濟的目的，也不會是爲了社會正義的目的（其說見後），唯一可以作爲藉口的，只有說是：「爲了維持地方財政平衡，不得不暫時容忍其繼續存在。」其實這種說法，也是似是而非的。君不見，近十五年來，年年都有巨額的歲計賸餘，累積在國庫決算帳上嗎？我們知道，自政府遷臺後，便一再申釋過，三級財政、統籌支應的財政原則，那麼中央有餘，又爲什麼不能支援縣市的不足呢？話扯遠了，我們再回過頭來，討論本題。就算這些劣稅的存在，是地方財政所需，那麼，現成的有一項絕好的稅目，具有罕見的優良品質，足可替補田賦、筵席、屠宰等稅的收入而無虞，政府何以置而不用呢？這項稅目，就是證券交易稅，它征收簡便，成本低廉，既可配合經濟政策，又可因應財政需求，多取之而無傷，重課之而不擾。讀者不要以爲我故神其說，我說的實在都是平平實實的話，請看看我以下的分析：

貳

證券交易稅，是現代經濟發展下的產物，在農業社會時代，沒有證券交易，當然不會有這個稅。

由於近年來，臺灣地區經濟情況的快速發展，資本市場才逐漸建立起來，證券交易日趨發達，才有證券交易稅（以下簡稱證交稅），這項最具現代意義的租稅誕生。

證券市場的榮枯，是經濟景氣的表徵，經濟發展，工商繁榮，證券市場當然就逐漸壯大興旺，自是必然的，根據臺灣證券交易所發表的股價指數，以民國五十五年爲基期，到目前已高達六百七十幾百分點了。十七年來上升了六倍餘，成交值也躍升到目前每日平均十七億元左右，證交稅之稅收，也跟著水漲船高，預計六十七年全年可以收到四億六千萬。

證交稅目前的稅收，佔全國稅課收入百分比並不高，那是因爲它未被正視，未被重用之故，有朝一日，它如能脫穎而出，必將光芒萬丈，傲視羣儕。

證交稅具備了那些優點呢？可以說它完全是亞當斯密理想的化身，它完全符合公平、便利、節約、確實等理想租稅的四大原則，是一種難得一見的優良租稅，環視現行各稅，能具備上述四大優點的，可說絕無僅有。

一、公平性：證交稅是對於證券交易者課稅，購買證券，理論上，是一種投資行爲，有能力投資的人，當然是財力有餘的人。對財力尚有餘裕的人課稅，符合量能課稅的優點。更重要的一點是：購買證券，不管投資也好，投機也好，都是出於自願，並無強迫性，所以這項稅負的有無，完全是自由的，所謂願者上鈎是也。對於生活影響如何，完全取決於個人的判斷、取捨，所以是符合公平原則的。

二、便利性：一種租稅，是否合乎良稅的標準，「便民利課」，應該是最佳的衡量尺度。證交稅採用自動報繳方式，場內交易者由證券商代繳，手續簡單便捷，稅負計算容易，按成交價格征收千分之一、五（已自十一月二十九日起，經由法定程序，修定提高爲千分之三），較之其他各稅，其便利性，無出其右。

三、節約性：目前證交稅之征收，是委由各證券商（包括承銷商與經紀人）及證券受讓人代繳稅款，並自動報繳，至於稽征人力的配置，臺灣地區僅臺北市國稅局設有證交稅股，臺灣省各縣市稅捐處尚無此編制，多由其他稅目承辦人員兼理，所以實際稽征成本，僅有極少的用人費用與給予證券商代征稅額百分之一的代征費用（或稱獎金）而已。目前與證交稅額相當的，有：遺產贈與稅、筵席稅、屠宰稅等，各縣市爲了征收田賦筵席稅所使用的人力百倍於此，其稽征成本的奢儉，簡直不可同日而語。

四、確實性：證交稅是以實際交易額爲課征基礎，只要知道成交額多少，稅額馬上便可以確定。根據六十六年度資料顯示，場內交易之證券比率佔九二·九%，場外僅七·一%，因此，只要臺灣證券交易所每天公佈成交總值，就可以立卽知道全國九二·九%證交稅額，進而估計出全部證交稅額了。尤其是稅源控制簡易而確實，又無免稅規定，稅負多少，一目了然，征納雙方幾乎沒有爭執、辯難的機會，還有任何稅目，具有這樣良好的品質？

叁

一、田賦是我國古老的稅制，也是帝王時代農業社會最主要的財政收入來源，因爲農耕是唯一的生產事業，所以征收田賦是理所當然的，也是必需的。但在今日的臺灣地區，工商業如此發達，工廠、商店、民宅的起造，如雨後春筍，農地日益削減，政府爲保護耕地，不惜下令禁建，而仍難免田賦之稅額的逐年萎縮，日漸式微，這是經濟發展的必然趨勢，社會進步的結果，毫不足異。

可是以現代稅賦的觀點來看，田賦征收實在違背了便利、節約、確實的原則。首先是：農民要以實物繳賦，仍須翻山涉水，載運至指定地點，交付檢驗，而驗收又無客觀明顯確定的標準，每因經收人員的挑剔、刁難，如水份太高，純度不够，以致怨聲載道，構怨政府。其次是稽征機關爲徵收田賦，須會同糧政單位，出動大批人力，分別負責稱量、運儲等技術上之處理，所費已極可觀，加以近年來，糧倉不敷，租借翻晾，稽征成本，益形高漲，可能是目前最昂貴的賦稅之一，況且農民收益不高，政府早有提高農民所得之德意，廢除田賦，實在是惠多而費少的善政，且將在我國租稅史上留下輝煌燦爛而又具有劃時代意義的一頁。

根據資料，六十八年度田賦預算數爲九億三千萬元，而同年度，證交稅的預算數爲七億二千六百萬元，如稅率提高一倍，再加上股市自然成長所增加的稅收，想來足可塡補停征田賦所留下的預算差額。也許會有人提到田賦征實，是政府掌握食糧作爲公教配給、軍糈民食的重要物資的手段，實則以今日臺灣糧產的富饒，交通的便捷，公教配糧，早已不合時宜，沒有存在的價值了，徒然因而留下不必要的人員，增加政府開支而已。公教人員絲毫不曾受惠，受惠的不過是糧商與辦理配給的機構與人員罷了，不信可以作一次全面的問卷調查，敢說支持配給制度的公教人員，不會超過十分之一，而此極小部分的支持者，也只是留戀舊制，未加深思之流，一個明瞭現代化經濟活動的人，在此時此地絕對會摒棄這項制度的。

還有一項最不合乎現代精神的便是田賦的征收，到現在還是沿用多少世代以前的「等則」與「賦額(元)」，這種課征標準早已與土地的良窳，收獲的豐歉脫了節。

二、屠宰稅和田賦一樣，都是農業社會的產物，雖然具有歷史價值，但就制度言，顯已不合存在於今日的經濟社會，所以取消農業經濟的舊稅，建立工業經濟的新稅，乃是今後稅制更新的必然趨勢。

屠宰稅的重大缺點有三：第一：現代人類的生活，已視肉類爲生活的必需品，爲維護健康生活的主要食物，對牲畜屠體課稅，增加其銷售價格，違反社會保健的需要，違反政府改善民生的政策。第二：稅務機關爲防止漏稅，保護合法屠商，必需在每具屠體上加蓋稅印，此項稅印所用色素，不可食用，必需淸洗盡淨，否則將積漸爲病，嚴重戕賊民族健康。第三：屠體分割出售時，爲了保留稅印，以資辨認，故須連皮切割，故不能剝下整皮製革，轉作工業原料使用，以至每年向日本購入猪皮八十萬張，增加了對日貿易的逆差，也浪費了有用的外滙，以每年屠宰猪隻六百萬頭計，此六百萬張猪皮，如製成皮革，可加工縫製皮衣外銷，則可獲六千萬美元以上的外滙收入，而且這項外滙收入，其價值完全是自力創造的，並非附加於源自他國進口的原料，卽此一項，其經濟價值爲如何，已可思過半矣。是故，近年來，取消屠宰稅的呼聲，時有所聞，政府所以遲遲不見諸行動者，又是稅收的替補問題，這項稅收全年是二十四億元，以稅率提高後的證交稅言，全年可收十三億元左右，按最近三年股市平均成長率四八・三％計，（六十五年度成長率七五％，六十六年度負三％，六十七年度七三％）明年度可征達二十億元，用以替補停征屠宰稅所發生的庫收缺額，雖尚不足，但因停征屠宰稅而衍生的經濟利益，如猪皮之利用……等，對於整個社會經濟來說，是絕對值得我們作這樣的抉擇的。

三、筵席稅：原爲行爲取締稅，亦卽對於奢侈的消費行爲所課征的租稅，含有「寓禁於征」的意思。但演變至今，不但未能達到「行爲取締」的目的，反而造成了對社會生活的苛擾。又因爲課征的方式，是假手於營業人代征，控制難以周密，所以稅收雖年有增加，但其中飽逃稅數額可能遠超過其繳庫額。筵席稅深受社會責難與非議，其故在於：

㈠過份重視營業性的消費場所，而忽視了非營業性的或半營業性的消費場所，使本末倒置，輕重易位，如豪商大賈經常在他的離莊、別館，或稱「×園」、或稱「×莊」、或稱「招待所」、「俱樂部」的地方，大張盛筵，一擲萬金，較諸小市民的三菜一湯，數人客飯的情形，懸殊可見，但前者十、九不課稅，而後者則十、九課了稅，其不公平又如何？稽征機關對此迄無良策，形成了筵席稅稽征的死角，一直被社會譏評「漏掉大魚，儘吃小魚」，實在亦無詞以對！

㈡筵席稅由餐飲業代徵，因利害關係一致，容易促其與顧客串同逃漏，甚且由代征人侵佔稅款，亦難予根究，形成商人的超額利潤，國家損失了巨額的稅收事小，斲喪了國民的納稅道德事大，而且其遺患是難以補救的。

筵席稅的缺點，已約如上述，可是又找不出改進的良方，簡直可以說除廢棄停征外，別無他途可尋。但一談到停征，面臨到的難題，又是歲入差額的如何彌補，好在此稅比重不大，年收入不過六億餘元，如果我們把短線交易的證交稅率，提高爲千分之四，這增收的千分之一，全年可達三億五千萬元左右，下一年度便可達到五億三千萬元左右，所差也就無幾了。

何以想到要加征短線交易的證交稅呢？理由是這樣的：證券市場對於現代經濟社會的最大貢獻，便是將社會的游散資金，導向生產的正途，集少成多，蔚爲大用。近代經濟的特色，便是企業經營所需的營運資金，並非完全出諸企業本身的自備，企業的營運資金，除了透過銀行的借貸來週轉調度外，就是靠資本市場，吸收社會大衆的游散資金。因此，爲了鼓勵投資活動，促進經濟持續發展，活潑證券市場的功能，政府乃有停征證券交易所得稅之舉。而證券交易稅，非但不影響投資意願，且對防止投機，導游資趨於正常投資之路，具有促成的作用。

肆

茲以目前證券市場所存在的流弊，來說明靈活運用證交稅之必要性及重要性。

一、證券市場短線交易所佔比率過高，亦卽投機行爲大於投資交易，根據非正式的統計，分別以當天，一個月，半年爲期之冲銷交易比率，計算如下表：

從上表可看出，當天冲銷交易，亦卽所謂「搶帽子」之投機活動，所佔比率約十二%～十五%，半年爲期買賣者，佔七十%～九十%。半年內冲銷交易者，仍應算短線交易，而其佔證交市場交易比率之高，已成畸形現象。目前股市之漲跌，常有不按牌理出牌，該漲不漲，該跌不跌，甚且該漲反跌，該跌反漲的怪現象。均有害股市的健全發展，而形成這種怪現象的禍首，可以說就是這種短線交易，而能夠抑制這些短線交易的「尙方寶劍」，非證交稅莫屬。因證交所得

證券商	當天冲銷交易	一個月爲期	半年爲期
甲	12～15%		
乙	15～20%	30%	70%
丙	8～10%	20%	70～80%
丁	20%		
戊	20%	60%	90%

稅，不但緩不濟急，而且是不分良窳，一視同仁，不論投機、投資，盡在其網罟之內！證交稅則可以依其持有時間之短長，課以不同稅率，以抑制投機，奬勵投資。

二、以個別股票的「交易週轉率」來分析，週轉率也失之過高，長期持有股票者少，短期買賣者衆，也說明了投機氣氛的濃厚，均有害於股市的正常發展。

根據稅務旬刊第九七四期第十五頁的報導，一位股市專家估計：以今年九月份各股票的成交量來分析本年度個別股票的「交易週轉率」如下：

新光人纖股一年之內全部股票要轉手一三·二三次，國泰塑膠一一·九七次，臺紙一一·六七次，中纖九、七次，華新麗華八·五七次，國泰建設七·七次，中紡六·九五次。

因此，導引股市走向健全發展的資本市場之路，是我大有爲政府無可旁貸的責任，那麼最爲簡便有效的妙方，莫過於證券交易稅。其運用的方式，可施以差別稅率，比如：對於長期持有的投資者，給予免稅的優待；對於中期持有者輕稅；而對於短期持有的投機者，課以重稅，爲配合特殊的經濟情況，有時也不妨分別向買賣雙方課稅。

總之，證交稅只要在課征方式上加以改進變化，對於建立強有力的資本市場是有相當作用的。談到免稅，我必須在此略加說明，目前的規定是二年期以上儲蓄存款之利息免稅，那麼證券投資者，如持有在兩年以上，與儲蓄何異，其交易稅亦宜豁免。所以，以證交稅代替證交所得稅而加強其運用，不但可行，並且非常合理。從以上兩種分析可以看出，目前證券市場，彌漫著濃厚的投機歪風，非正常發展之道，不容再讓它的病態長此下去。

伍

我一口氣檢討了三種品質低劣、口碑不良的稅，都一律主張應廢棄停征，可是這三項稅目，總共約有四十億之歲入，絕非證券交易稅單獨可以替補的，這便接觸到政府主管部門的政策與態度了，要痛快淋漓面目一新嘛，就得有點擔當，拿出些魄力來，一舉廓清這些非其時宜，無法辦好，又陳舊落伍的稅制；要審愼穩健嘛，也可以相度機宜、權衡收支，逐步更新。

不過，依筆者看，政府是可以一舉予以廓清的，且不說政府自五十三年以來連續十五年來累積滾存在國庫的歲計賸餘，已高達數百億元，以之挹注，毫無窒礙，卽令以國庫券，或短期公債做金融性的調度，以待三稅廢征後，經濟效益的顯現，以資彌補，亦未嘗不可。不過，卽令眞能一如筆者所想望的境界，全盤實現，可仍有一個問題存在，必須籌謀解決，那就是地方政府歲計的平衡問題。因爲這三種稅都是地方政府的稅，地方政府的財政，多年來一直處於艱窘的境地，欲振無力！如今再剔減其主要財源，豈非火上加油，益增其烈？因此筆者爲我財政主管部門，設想到一個可收多項功能於一著的作法：㈠可以充裕地方政府的歲收；㈡可以廢止上述三項劣稅；㈢可以不修改財政收入劃分法；㈣可以再裁併一種劣稅——印花稅。這個法子就是把現已名存實亡的印花稅併入營業稅，兼併後的營業稅率如左表：

類別	營業稅率	印花稅課稅憑證	印花稅率	合併後應征之稅率	備考
買賣業	六～一〇‰	營業發票	四‰	一〇～一五‰	
	七～一五‰	承攬契據	一‰	一〇～一七‰	
		典賣讓受及分劃財產契據	一‰		
娛樂業	七～一五‰	娛樂票券	五%	五七～六五‰	
銀行業	三．五～六%	銀錢收據	四‰	三九～六四‰	

這樣一來，新的營業稅將可增加六十餘億元，足可彌補因田賦、屠宰、筵席三稅停征的缺額而有餘。營業稅是地方稅，正好藉此裁併以增益地方政府的財源。

印花稅淵源甚久，是一項原先具有公證作用的老稅，目前稽征情況良好，並無前述三稅的劣點，稅源豐富而穩定，無奈它經由多年來的簡化稽征，已逐漸淪爲營業稅的附加性質，除了財源的劃分外，實在已沒有獨立存在的意義了。尤其是今年七月間修正後的印花稅，百分之九十以上來自「總繳」（彙總繳稅，不貼印花），總繳者，沒有印花的印花稅是也。這「總繳」中，又以附同營業稅繳款書一併繳納的佔百分之七十六（如附表）。

試想這般型態的印花稅，除了財源的分配或區分意義外，還有什麼單獨存在的理由？所以爲了徹底革新租稅結構，全面調整財源配置，裁撤印花稅，而併入營業稅課征，實在是十分恰當的

類別／稅目	實征數 1月～10月	估計全年數	百分比%	能否藉營業稅以存續
合計	1,099,279,736	7,328,531,574	100%	
使用統一發票自動報繳	835,053,082	5,567,020,547	75.96%	能
一般總繳	141,265,836	941,772,240	12.85%	否
娛樂票券總繳票	18,808,950	125,393,000	1.71%	能
出售印花稅	104,151,868	694,345,787	9.48%	否

構想。願我賢明的財稅當軸，能夠欣然察納，毅然採行。那麼一幅嶄新的，無忝於現代化工業社會型態的租稅面貌，將展現在大有爲政府的中興庶政之前。

陸

寫到這裏，我想讀者可能又會興起一個意念，那就是使用統一發票部份的印花稅，雖可併入營業稅而使庫收無損，但另外無法併入營業稅課征的二二．三%印花稅，豈不是平白的損失了？從政府整體稅收來看，仍然是短少了廿四億元左右的稅收，筆者本不贊成在從事大政興革之際，斤斤計較收支得失。但大多數財政首長難免會關切這一敏感的問題，因此我仍不得不再加說明，以爲澄清。不錯，專從印花稅停征來看，是有這項差異；但若從營業稅調整稅率的角度來看，這項差異就不存在了。因爲營業稅中，原有相當大的一部份，是不使用統一發票的營業，營業稅率一旦提高，這部份營業所增加的稅收，足可彌補這一缺額且有餘。單就免用統一發票的小規模營業單位言，其全年營業稅收，依據實數推算，約爲三八七、九六八萬元，以印花稅率換算，應爲二五八、六四五萬元，幾乎恰與印花稅停征後，未能藉營業稅以存續的稅額相等。

這樣一說，也許又有人認爲是增加了小規模營業單位的稅負，不公平。其實，剛好相反，這樣一來，正好糾正了現在的不公平。因爲現行的制度，是小規模營利事業特准免用統一發票，因此，他們既可享受免納印花稅的優待，又可免除保留營業成本與費用憑證的責任，以及記帳……等的人力、物力的負荷。就因爲小規模營利事業有這許多好處，構成了擴大推行統一發票使用範圍的阻力。對使用統一發票的營業單位言，也形成了嚴重的不公平。所以我說裁併印花稅後，不分使用統一發票與否，一律課以相同的營業稅率，非但正確的糾正了這一不公平，同時還對推展統一發票制度大有助益。

刊于民國六十七年十二月十日財稅雜誌第一一五八期

用電腦處理外銷品冲退內地稅工作之商榷

經濟越繁榮，經濟活動就越多樣化，越複雜化，稅務工作是伴隨著經濟活動而操作活動的，有人說今天是知識爆炸的時代，我們也可以說，今天是資料爆炸的時代，去年一年，我們臺灣地區每人使用紙張五十二公斤，據推估今年可能達到每人七十公斤。紙張耗用如此之多，與資料之爆炸，不無關係，稅務資料不僅不會例外，恐怕還會在衆多資料中居於領先地位。

如何來處理、運用這樣龐大的稅務資料，使成為課稅的有力依據？惟有廣泛的使用電腦，所以資訊時代必然伴隨著電腦時代同時來臨。這也正是現代化社會的特色。就如同人口向都市集中，高樓大廈乃應運而生，於是快速升降機與空氣調節裝置乃聯袂而至一樣，是不可抗逆的必然大勢，這就是所謂的「潮流」。因此對於多年來先後困擾海關及內地稅稽征機關的外銷貨物冲退稅資料（一度據說高達六百萬件一年）之運用處理，為何不借重電腦？以釋出大量稽征人力，作更有效的運用呢？因此筆者乃有這樣一個小小的研究，就是用電腦處理外銷品冲退稅工作，現在分段說明我的意見如下：

一、現況檢討

外銷品原料稅捐的征免與冲退，關係廠商的資金運用和生產成本，同時這項業務也久已成爲稅捐稽征機關的一大包袱。誠如財政部部長張公繼正本(六十八)年一月十日提出的財政工作報告中所指出的「今後財政工作努力的重點是——完善的賦稅制度，仍需直接稅與間接稅配合採行，才能兼顧財源籌措與稅負公平分配的雙重目的。但間接稅有容易形成重複課征加重成本的缺點，出口退稅更是稅務行政上的繁重負擔。因此，將在根本上改革現行貨物、營業、印花稅，並對稽征困難易生弊端的內地稅，謀求澈底改革」。而今所謂間接稅的澈底改革未見動靜，但冲退稅業務所帶來的困擾卻日益顯著。儘管冲退稅辦法經多次修訂，出口副報單的核發方式，也經過多次的修改，但以目前情況言，對於數百萬張的出口副報單及繁雜冗長的冲退手續，站在便民利課的立場言，吾人認爲在基本上應廢除原料貨物稅的課征。假如在政府財政目的的要求下，不能免除基本原料貨物稅，亦宜改按內銷比率課稅，不再辦理冲退稅爲上策。如果兩者都不能遽付實施，亦應以直接出口廠商退稅，以減少出口副報單的核發份數，同時以電子計算機處理，一方面增進冲退稅速度，減輕廠商利息及影印費用支出，同時減少稅捐機關的業務負荷，便利征納雙方。

我們知道以電子計算機處理行政業務是行政改革的趨勢，因爲政府處理的事務，隨時代的需要而增加，業務量也隨之膨脹，使行政機關不得不以增加員額來適應，但囿於編制、預算等限制，對於一些較固定的工作，往往祇能以非正式編制人員擔任，不但增加人事費用，而且造成更多的錯誤。自六十七年一月一日起，出口副報單影本之核發，改由稅捐機關辦理後，其造成重複退稅情形，已日趨嚴重，察其原因，就是由於出口副報單數量太多，廠商不熟諳作業程序，和稅捐機關人手不足，無法一一登記查核所致。吾人認爲面對這種數量龐大的出口副報單，和多達幾萬種的核退標準，想減少錯誤和縮短辦理時間，根本之道便是改以電子計算機處理。

二、實施電子計算機作業的準備工作

即將現行作業有關資訊，譯成電腦語言，以便利資料的輸入，其要點如下：

㈠建立冲退稅廠商資料主檔，凡原料供應廠商、加工廠商、出口廠商（貿易商）均賦予統一編號，以現況而言，可以營利事業統一編號或貨物稅廠商統一編號代之，如果修改現行冲退稅有關規定，僅由直接出口廠商申請退稅，則加工廠商可以免建立資料主檔（須加工廠商不是出口廠商）。

㈡課稅資料的歸戶，各類外銷品原料之名稱、規格、重量、完稅價格、稅率、完稅日期（出廠日或海關放行日）、核退標準、原料供應廠商、報單號碼、冲退稅案件申請期限（進口原料以海關放行之翌日起算，國產原料以出廠之翌日起算十八個月內）等資料的輸入查對，以及有無出口在先，完稅在後情形的查核。

㈢在實驗的初期，仍有部份工作，須假手人工，例如由出口副報單上找出外銷品所使用原料的數量規格、完稅價格、稅率等資料，一併填入有一定格式的卡片中，並查對原料供應廠商是否正確？有無稅捐機關加蓋的核對章和騎縫章，以及該副報單用途的記載。

㈣將填入卡片之資料，交由財稅資料中心輸入電腦，據以計算退稅款及業務費。

㈤稽征機關應與資料中心，就下列幾項情形，進行探究，以明瞭其發生原因，並商決處理的方式：

(1)歸戶錯誤。

(2)復運進口報單。

(3)短退或溢退等不正常案件。

㈥輸入單元的標準，即集多少數量的副報單（按廠商別區分）方予處理，營業稅、印花稅部份是否同時一併處理抑或分批分步處理，這要看實際情形（包括機器容量、程式設計、登打人員操作的訓練）先行斟酌。

㈦輸出單元：廠商銀行帳號的建檔，以及解除授信機構保證責任的處理。

三、電子計算機處理外銷品原料貨物稅沖退稅業務配合措施有下列幾項

(一)實施全面退繳分離，即於買進原料時，一律由進貨廠商繳清稅款；成品出口時，海關只須核發出口副報單乙份，交由該出口廠商申請退還已繳各項稅捐。對於原料買進後之分合轉手過程不予過問。至於退稅計算，視貨物性質分別訂定「定率」、「定額」退稅標準，不必錙銖必較。

(二)修改現行作業有關規定以資配合——為配合退繳分離，規定由直接出口廠商申請沖退稅，而不再交由原料供應廠商沖退稅（原料供應廠商本身為出口廠商者例外），並放寬授信額度，以解決原料供應商先行繳稅之資金周轉困難與利息負擔。

(三)擴大實施按內銷比率課稅，擇適合實施按內銷比率課稅稅目實施，尤以佔外銷品輸出總值大宗之貨物為優先，以減少辦理沖退稅之業務量。

(四)實施單一退稅率及多多採用通案核退標準。

(五)報單核發方式仍改由海關統一辦理，僅發一份報單交由廠商辦理即可。

(六)分段實施並派員接受短期訓練，以減少錯誤或以辦理結案之已沖退稅案件為實驗教材。

(七)如果直接出口廠商所在地稅捐機關並非原課征機關，則受理沖退稅捐機關沖退後，其稅款歸

屬劃分問題，須先取得協調。

(八)如果試行結果良好，且達相當穩定程度後，則廠商於申請冲退稅時免再送出口副報單（影本），由電子計算機直接就存儲之資訊與報單號碼予以配對勾稽運用。

四、外銷品冲退原料稅捐改以電子計算機處理的成本效益分析

(一)五月三十一日新修訂貨物稅條例實施後，紗絲類貨物稅全免，塑膠類之不飽和聚脂類亦免征貨物稅，則冲退稅業務量約可減少二分之一，甚至三分之二，在數量上，似乎已無以往需用電腦處理之急迫，但基於稅政現代化立場，以電腦處理機械性工作，其效率較人工顯著爲佳的理由，以電腦處理外銷品原料冲退稅案件，仍然有其必要。在此人力、物力維艱的國難時期，能充分利用現有電腦能量，來節省大批人力物力，以從事他項業務，仍不失爲極有價值的構想。

(二)改由電腦作業後，暫由人工塡卡部份所使用卡片之成本，及用電腦處理所須之一切有關成本，將部份抵消節省之成本，但是對於現有電腦能量之充分利用，豈不也是對於電腦成本的最經濟使用？

(三)於實行初期，由於人工和電腦同時作業，且因程式設計尚未達正確穩定階段，比較起來，用電腦處理所需時間或許將較人工處理爲多，但等上軌道後，電腦處理在時間方面的大量節

省，就會顯著的出現。

㈣另一方面將可減少核發出口副報單份量，如採由直接出口廠商退稅時，則現有影印本可全部免除，此項免除將可減少現行出口副報單數量百分之八十以上，亦卽年約四百萬張，以每張影印本成本二・五元計算，可節省約一千萬元。

㈤若副報單於海關核發後，免再由各稅捐機關辦理核發影印本，則原有此項業務人員可移轉於他項業務，將可促進提高其他稽征工作的品質，或使之擔負更有意義、更有價值的工作。

㈥減少錯誤，並可避免重複冲退稅情形的發生。

稅務工作之逐步電腦化，不祇是稅務工作現代化的必經之道，也是其必然的結果。我們必須借重它迅捷的計算能力，與完全不受干擾的邏輯運用，如比較、分析、選擇、配合、比對…等，去完成日趨繁什的稅務稽征作業，才能不斷的提高稽征的品質，因爲我們絕對不可能隨其稅務資料的膨脹而無限制的擴充人力，所以稅務同仁必須本著虛心求益的心情，與電腦操作單位切磋、合作，爲財稅工作的團體榮譽、互礪、互勉，精誠以赴。這篇小文，祇是一得之見，拋磚引玉而已。

刊于民國六十八年八月十日稅務旬刊第一〇〇三期

從消費稅觀點談特殊型式車輛課征貨物稅問題

車輛課征貨物稅之現狀

車輛在我國課征貨物稅之歷史尚淺，迄今不過十一年，其開征係自民國五十七年六月十四日修正貨物稅條例，始行增列此一課稅項目，當時財政部審察國內生產情形，國民經濟負擔能力，認爲車輛類之汽車、機車屬於機製大宗產品，由於國民所得日增，消費將日趨普遍，稅負潛力很大，因此開征汽車、機車之車輛類貨物稅。

車輛類貨物稅開征之後，因汽車種類繁多，價格高低懸殊，如水泥攪拌車、水泥散裝車、混凝土壓送車、貯乳槽半拖車、油罐半拖車、平板車、液化瓦斯輸送車、挖土機汽車、起重機汽車……由於其裝置複雜，卽使同一形式，同一用途，由於施工之精粗，用料之良劣之不同，其價格本身，原卽千差萬別，其完稅價格更不易確定。因此，財政部乃規定；特殊型式車輛，須逐案檢附有關成本規定表，經基層稽征單位查核認定後，層報財政部核定，但油罐車、汽水運輸車、拖車等三種；不在逐案核價範圍，可免於層報財政部核定。

綜上所述，我國目前貨物稅，對汽車類稅目的課稅方式，可分三種：卽一般乘客載貨的汽車，採統一核價方式課稅；對於特殊型式的汽車，則採逐案核定稅價方式和核定最低稅價方式兩種，分別適用這兩類課稅方式的，就是所謂特殊型式汽車，本文所要討論的，就是這種特殊式汽車的課征貨物稅問題。

特殊型式車輛係屬生財工具應免除貨物稅

租稅之課征，視對象之不同，而有多種分類之說。通常有三分法與五分法兩說。採五分法者；其分類爲：消費稅、財產稅、流通稅、收益稅、所得稅等五種。採三分法者，其分類爲：消費稅、財產稅、所得稅三種，兩說以後者爲通說，筆者卽宗此說。從此一分類學的觀點來看貨物稅，很清楚的，它是屬於消費稅性質。消費稅的特色，是「稅附於物」，誰消費了物，誰就該負擔此物的稅。消費一詞，從語意學的訓釋，是含有享用的意義。所以開征車輛貨物稅，而將其完稅價格之內含，擴及車上之一切裝置與設備，是不錯的。原則上是無可抨議的。因爲如此課征才能符合消費稅的原則，因爲他（車輛使用人）消費（或享用）了它們（裝置與設備）如冷氣，音響、電話、電視……等，所以他應該付出「它們」的消費稅，這不是天經地義的嗎？誰曰不宜？但是，拿這一原則來衡量今天課征貨物稅的特殊型式車輛，那就大有商榷之處了。因爲今茲所謂特殊型式車輛者，實在不是應該課征消費稅的貨物，因爲它們是經濟學上的生產財，而非消費財（從俗沿用日本譯詞）。認眞的說，它們似乎比較合於免征消費性貨物稅的條件。即使從權從變（也可說從苛），也祇能課到車底盤稅爲止，其底盤上的附著物（裝置物），是生產工具或準生產工具，絕不該在課稅之列。所以筆者認爲；車輛類貨物稅，最好能排除這些生產財的工具車的稅負。如果辦不到，則其核定稅價的方式，也該作大幅度的簡化。淺申吾說於次：

現行核價方式

財政部對於特殊型式車輛完稅價格之核定，向極審愼。廠商申報之後，從各縣市彙總層報至財政部賦稅署貨物稅評價委員會，由評價會調查科審核，擬具審查意見，及完稅價格，然後由財政部邀集有關機關首長開會評定，如獲通過或評定稅價，再簽報財政部部長最後核定後，函轉管轄稽征機關實施。現行之核價方式，旣須勞動衆多首長，花費衆多精力，互相磋商研討，始能獲得評定。而所評定之案件，又非大宗，而爲個案。每一個案，其車輛數量僅是一輛或二輛，稅收甚少，是否値得花費地方與中央如此重大人力？頗堪檢討。例如打造一部水肥車，申報車身打造價格若爲五萬元，貨物稅稅率百分之十五，所應繳之貨物稅額僅七千五百元，似此區區稅收，可能連支付給出席開會人員所應支用的車資薪水都不够。以民國六十六年度爲例，財政部賦稅署貨物稅評價會全年共審查評議了特殊裝置車輛六十一案，合計車輛六十四輛，稅收不過六百八十二萬餘元（詳見下頁附表），浪費重要稽征人力可以想見。因此，此一個案評定方式，是否應該存在？著實令人懷疑。

特殊型式車輛中、拖車、油罐車、汽水運輸車等三種車輛，在民國六十二年及六十三年分別由財政部訂頒了最低完稅價格表，廠商申報之完稅價格，高於部頒最低完稅價格表之標準者，即照廠商申報價額認定，依率課稅。廠商申報之完稅價格低於此一部頒之最低完稅價格標準者，即按訂頒之最低完稅價格表之價格計稅，無須逐案層報財政部開評價會核定，稽征手續尚稱簡便，因此筆者認爲所有特殊型式之車輛若不能免征貨物稅，則建議比照上列三種車輛，訂頒最低完稅價格表之方式，計征貨物稅，如此非但撙節評價會之人力甚鉅，亦可節約核價時間，迅速定案。

除了改用全部制定最低完稅價格表之外，亦可比照中央系統冷暖氣機貨物稅；按主機加成仲算之方式課稅，同樣可以達到免除逐案層報財政部核定的簡化要求。課征貨物稅貨物的中央系統冷暖氣機，以往課稅價格之計算核定，亦相當複雜，如管料費多少？工資多少？每筆費用均須調集憑證，審核單價，分攤用量，而一案涉及兩家以上廠商會計記錄，而須予以析離分配，再集合分攤，彙總合計者，殊非少見。其調查核定程序之繁，耗用稽征人力之大，不下於一家中等規模廠商的年度查帳案件。因此中央系統冷暖氣機乃改按主機加成課稅，無須逐案報部核定，以資適

附表：財政部貨物稅評價會特殊裝置車輛評價案件統計表

開會時間	送會評議		評議結果車輛數（輛）			完稅價格總額（元）		
	案件數	車輛數	照案通過	變更通過	發還稽征機關再查	稽征機關擬定	評價會決議	調整差額
民國66年 1月	9	9	7		2	1,987,652	1,987,652	
2月	—	—				—	—	
	（未開會）							
3月	—	—				—	—	
4月	3	6	6			1,043,242	1,043,242	
5月	4	4	4			909,348	909,348	
6月	8	8	8			6,092,888	6,092,888	
7月	11	11	9	2		3,445,160	3,431,344	—13,816註
8月	4	4	4			1,712,303	1,712,303	
9月	2	2	2			1,659,533	1,659,533	
10月	4	4	4			2,561,994	2,561,994	
11月	6	6	6			3,803,410	3,803,410	
12月	10	10	10			2,275,518	2,275,518	
合計	61	64	60	2	2	25,491,048	25,477,232	—13,816
稅率						15%	15%	
稅額						3,823,657	3,821,585	— 2,072

註：7月份評議調整提高一輛，因稽征機關擬定完稅價格30,500元，評議按51,084元決定，提高完稅價格20,584元。另違章車輛一輛稽征機關擬定完稅價格84,400元，評議按50,000元決定，降低完格價格34,400元。上列二者相抵後，完稅價格淨減13,816元，稅率15%．淨減稅額2,072元。

應。於是稽征程序倏形簡化，征納雙方，額手簡便。

附帶的問題——打造舊車的稅價

有人認爲打造舊車與打造新車，不分別按其使用新、舊材料價格核算，會形成稅負不公平……云云，這又是貨物稅是從價稅的教條主義論調！我認爲貨物稅對於車輛之打造，應以鼓勵新車爲宜，因爲無論從安全觀點或課征技術觀點看，均應以新品打造新車之價格爲準。舊車之使用，必然增加公共安全之危害性，如道路交通、環境清潔、空氣污染……等，均所不宜。故舊車打造絕不應鼓勵，況舊品舊料，其程度價格之鑒定認定，均極困難，爲了求虛幻的負擔公平，而犧牲了社會的現實利益，又爲自身招致無窮困擾，實在是智者所不爲的。因此，筆者主張，稅價一律按新品新造之價格從權核定稅價，在稅負相同的情形下，業者當多從事新車打造，而揚棄打造舊車，對於公共安寧、大衆健康、安全均有助益。

結　論

一個現代化的社會，其租稅之課征，首在依法，亦即時下流行的所謂「租稅法律主義」。但在立法不够詳備明確時，對於稅目的解釋，尤其是課稅範圍與對象的認定，必須遵循：租稅學說理論、國家政策目標；依據：社會需要、稽征技術，而作適切的詮釋。如果這一步不曾或不能做到，那麼在今天這個工商業繁雜而又人力費用昂貴的時代，其於便民、迅速、利課的要求，簡化稽征手續，乃是十分必要的。財政部主管全國財政，對於國家財政大計的策訂，應興應革的地方太多，實無須爲此區區一二輛打造車身或其工作物案件而勞師動衆。因之，特殊型式車輛貨物稅之課征，或免或簡，應該是到了應作決定的時候了。

（刊於民國六十八年九月十日稅務旬刊第一〇〇六期）

貨物稅查定稅價作業改革芻議——貨物稅功能分工的新構想

在貨物稅稽征工作中，完稅價格的查報、採認、核定是最關重要的一個環節，因爲納稅義務人稅負的輕重、稅額的多寡，胥由是而定。在從價課稅觀念支配下的貨物稅，其關鍵性的地位，直與所得稅的所得額之核定相等。所以完稅價格的認定與查報，關係納稅人的權益，其重要可想而知。

目前對於這項重要工作的作業體系，與作業原則，是這樣的：

貨物稅核定稅價作業，是由財政部貨物稅評價委員會總其成，而由臺灣省財政廳、臺北市國稅局、高雄市國稅局和財稅資料中心，分段負責辦理。所謂分段負責辦理，便是將貨物稅新產品的暫行核定稅價，與首次核定稅價，授權省市主管國稅稽征機關辦理；而將上市行銷後的已正式核定稅價產品的每月核定價格工作，集中貨物稅評價委員會辦理。茲分別說明於下：

甲、省市主管國稅稽征機關負責部分

前面說過，這一階段負責的稅價，是新產品首次出廠的「暫行核定稅價」（貨物稅同仁間簡稱爲「暫核」），和行銷市面後依據查得資料第一次核定的正式完稅價格。這一階段作業的方式分別簡述如下：

一、暫行核定稅價，這是對於尙無市價可查的新產品而言。其核定，是依據廠商自行申報的出廠價格和產品登記表下方塡載的「原料成本」「包裝成本」兩欄，予以核實、驗算，再參照其以往產品，以及其他廠商同類同級產品已正式核定的稅價，作分析、比較，而後核定其稅價。這個稅價，所以名曰「暫核」，是說它祇是暫時的，不能算數，要等它行銷市面後，查得了眞實市價，才再行核定稅價。

二、首次核定（或稱初核）稅價，是新產品出廠後第一次正式核定稅價。這次的核定，不加「暫行」兩字，表示是正式的核定，所有以前「暫核」期間出廠的貨物，都要依據這次核定的稅價計算應納稅額，多退少補。所以這次核定關係較大，其作業原則是：負責單位必須切實依據、掌握、查報的該產品市價資料，瞭解研判其價格眞象，而作公平、允當的核定。不過查報的市價資料，來自省市各地稅務機關，所以「依據」易，「掌握」難，而「瞭解」「研判」更難！

乙、財政部貨物稅評價委員會負責部分

前面說過，這一階段的稅價，是已經初次核定稅價的產品，每月依據最新查得的市價，例行的核定或調整。其依據是省市各稅務稽征機關查報的市價資料，與「初核」大致相同。所以「初核」階段的困難，在此一階段亦同樣存在。但有一點不同，就是「評價會」依規定可指示再查，亦可派員調查。這項權力，可以有效的解除了市價資料「掌握」與「瞭解」的困難。貨物稅完稅價格核定工作，以此一階段最爲重要：

第一、它要配合經濟情況與當前政策的需要，來權衡某些物品的稅價，應否提高抑降低？或維持不變？

第二、要盱衡全局，確保省市間不同廠牌而質料相同、性能相若、以及類似產品間稅價的相對平等，以維持貨物稅在應稅產品羣商業競爭間的中立地位。

第三、要力求矯正省市主管國稅稽征機關初次核定稅價的缺失，杜絕不肖廠商的欺罔技倆。

其作業方式，亦可分別爲三項來說明：

第一、是政策性的核定稅價，這是對於產品量集中，消費普及全民，對物價影響深巨的產品，如糖、水泥……等。這部份產品的核價，完全是由委員諸公本於其所瞭解的物價政策、經濟政策來下決定，此處不贅。第二、是統一核價，凡大量生產之各種廠牌之同類產品，而其品質、

價格，相差不甚懸殊的，其完稅價格以分類統一核定爲原則。如對橡膠輪胎之核價方式。第三、逐牌核價，是對於各種廠牌產品，其商譽、品質、售價相差較大者，其完稅價格，以逐牌核定爲原則，如化粧品之核價方式便是。

各種產品在辦理登記，經過暫核，初次正式核定後，即進入每月之例行查價核價作業。根據資料，截至九月份爲止，經正式登記有案的貨物，省市合計已有七、九八〇種，臺北市有一、六七八種，所以要每月一一查到報全，所需要的人力、時間，是極爲可觀的，亦可以說是現有人力所不能負荷的。以臺北市國稅局爲例，十一名承辦人員中，有七名從事每月之例行調查市價工作，有二名從事資料整理通報工作，有三名從事經常性的暫行核價工作，而每月上半月之工作，幾乎全爲查價，其非時限急迫，或例行處理之日常工作，均告停頓。此外還要另加一、二名擔任抄繕、登記工作的約雇人員或工讀生，可見所費人力之多。無可諱言的，完稅價格是課稅的依據，但目前的作業方式、體制，其成效是值得討論的。就以統一核價部份來說吧，目前省、市共有統一核價貨物一、一九八種，其中橡膠輪胎佔一、〇一七種，而輪胎之經銷制度特殊，常見的情形是：經銷價低於出廠價，若以市場學理論觀點看，這些經銷商都要喝西北風了，其實不然，其中有利息、回扣、獎金……等非價格因素；以及付款方式、經銷資格、市場分割、資本結構、特殊背景……等條件之影響變化，要想探究其眞實價格，倒眞是莫名其妙了。所以，對於橡膠輪胎之每月核價，是否有必要調查其經銷價格，確有檢討餘地。況且據從事查價業務人員表示，輪胎之種類特多，售價有時差距甚大，故稍一不愼，即有錯誤之發生，其中尤以統一編號及檢查號碼之錯誤比率最大。錯誤之原因，據瞭解，大多是抄寫之筆誤，如誤3爲8，如鄰數倒置，如上下易位……，但一字之差，相異千里；雖情有可諒而出入甚大。故針對此種特殊經銷制度的貨物（除輪胎外，尙有調味粉、電器產品）亟應予以改進，以撙節人力之浪費。其辦法，似可停止查報經銷價格，逕以出廠價作爲計算完稅價格之依據。

統一核價方式是一項值得贊美與推廣的方式，但有一個缺點，即偶而會因某一產品售價的升降，或某一廠牌產品之報價變動，即行調整其稅級與完稅價格，而禍延全體，這一缺點，是統一核價方式所應力求避免的。逐牌核價方式是目前問題最多的部門，其中以化粧品和新開征貨物稅之音響類爲最。因化粧品之售價與其知名度關係甚大，縱爲同品質之產品，換上知名度較大之廠牌包裝，其售價即不可同日而語。但知名度是一種無從具體測量之商品價值，所以在核定完稅價格的比較上，即難有準據。故除了以各廠所標示的售價作爲比較標準外，別無良法。但目前除蜜絲佛陀、資生堂、奇士美、美爽爽、豐姿、佳麗寶、蘭麗、三美、美吾髮、必治妥等廠牌產品在百貨公司有標價外，其餘均無標準價格資料可查，大百貨公司亦然。對於查價人員是個極大的困惱，尤其是當櫃枱人員知爲稅務人員查價時，即設詞搪塞、規避、或胡亂答覆。最普通的現象，是在新產品登記時報價特低，勉強比照類似產品，核定稅價後，則苦於無法查得其眞實售價!!經百折千尋，一旦查得，往往較暫核稅級高出甚多，竟有達十級以上的。然一經調整提高後，該產品亦即申請註銷，停止產製！稍隔時日，再行改頭換面，又以新產品姿態辦理登記。故化粧品種類多達四、五〇八種，佔已登記產品之二分之一，推其原因，雖時尚崇新有以致之，而規避稅負亦屬主要造因。

現行作業要點規定，化粧品經正式核定稅價行銷後，每月例行之查價工作，批發價是由臺北市、高雄市國稅局、臺中市、嘉義縣等稅捐處負責，其零售價之調查，遍及省市各地稅捐稽征機關，各該機關雖每月皆投入大量人力之稽征成本，但所能達成「核實稽征」之效果，卻極微小；以化粧品類稅收佔貨物稅總稅收比例言，不過百分之一·九六，歲收不過六億四千萬餘元，但爲捕捉追尋查報其眞實貨價，而建立稅籍檔案之多，以及給予稅務行政帶來困擾之大，眞正是得不償失。或言可輔以全面之查緝，須知全面而持久之查緝，衡之以人力與績效，仍屬得不償失。每有奔波鎭日，所獲寥寥之實例！因貨物稅無搜索權，商店之公然陳列者，原不過寥寥數瓶而已！是故，澈序普查，必影響其他業務，不澈查又影響政府信譽，對守法廠商亦爲不公，有違公平負擔之租稅原則。故根本解決化粧品查價困擾之道，即爲免除化粧品貨物稅。否則便須從新檢討其查價核價方式，放棄從價，改爲從量課稅，庶可減少人力、物力之浪費。

以上是目前貨物稅查核稅價作業之體系、方式及其困擾現象與原由之大要，以下再來討論如何針對這些缺點加以改善的課題，亦即本文的主題「貨物稅查定稅價作業的改革意見」。前面說過，調查稅價作業之不能發揮應有效率的第一個原因，是：稽征人力不足，由於這一原因，而派生出的第二個原因，便是查價工作乃歷史的、普遍的、固定的是由稽征工作者所兼辦，因此其重要性，被「兼辦」的慣性觀念輕忽了，淪爲次要了！以致這一工作，欠缺了責任觀、全面觀、永續觀，對於這樣一個絕頂重要的問題，而出諸這樣的辦理方式，毋怪其結果是表象所顯現的：零亂紛歧、錯誤百出、記錄湮佚，莫可詰究。解決之道，愚見認爲，應卽成立貨物稅查價中心，分別在臺北市、高雄市及臺灣省稅務局，設置專業性的專責性的查價組織，獨立於貨物稅稽征體系之外，直接和財政部貨物稅評價會、財稅資料中心連繫。統一辦理核價、查價業務，一舉廓清兼辦的散漫無力、敷衍草率……等弊疣、調查價格的方式，除依據廠商報價外，同時直接派員主動查詢市面同類級產品之售價，對於新產品之暫行完稅價格，准比照已行銷市面知名度較高的產品的稅價，降低若干後，核定出廠，以扶植新興工廠，培養稅源。俟行銷後，再於二個月內查報市價，完成正式核價工作。卽令「暫核」偏差，亦可迅速補救。如此辦理，既能防杜奸巧者以朦混手法，玩法圖利；亦可保護正直守法廠商，袪除因守法與誠實，反蒙損失的嚴重而可怕的偏差。也就是說，爲了扶植新興廠商，和培養新產品稅源，對於暫核稅價的方式，確有重新檢討，翻然改革的必要，以減少租稅實務教育的惡劣示例，以促進新廠和新產品之正常發展與成長。

設置獨立於貨物稅稽征體系之外的查價工作組織，非但可以收到專業分工的實效，增進查價效率，還可以體現時下被重視被積極推進中的功能分工的理想。同時還可以彌補現行作業的缺點，如稅籍資料不足（有產品而無稅籍），資訊通報之不健全（有稅籍而無產品）。

行文至此，原可結束，但仍覺有不能已於言者，如骨鯁在喉，不吐不快，因乃再爲附言一頁，皆掬諸至誠，出乎肺腑之言，祈望有力者鑒而納之：

一、修正絕對的從價課稅主張，試行化粧品從量課稅，一定會利多弊少。

二、擴大實施政策性核價，與統一核價的範圍，越大越好。

三、百貨公司的標價，不能代表其眞實售價，因爲在百貨公司出售的部份，祇是其銷售額的百分之幾，非其全貌也。

四、飲料品扣除容器價格，及出廠價加計一〇％運費以核算完稅價格兩點，宜儘早廢除，以資簡明。

刊於民國六十八年十月二十日稅物旬刊第一〇一〇期

滄海叢刊書目(二)

國學類

先秦諸子繫年	錢穆 著
朱子學提綱	錢穆 著
莊子纂箋	錢穆 著
論語新解	錢穆 著
周官之成書及其反映的文化與時代新考	金春峯 著
尚書學術(上)、(下)	李振興 著

哲學類

哲學十大問題	鄔昆如 著
哲學淺論	張康 譯
哲學智慧的尋求	何秀煌 著
哲學的智慧與歷史的聰明	何秀煌 著
文化、哲學與方法	何秀煌 著
人性記號與文明—語言·邏輯與記號世界	何秀煌 著
邏輯與設基法	劉福增 著
知識·邏輯·科學哲學	林正弘 著
現代藝術哲學	孫旗 譯
現代美學及其他	趙天儀 著
中國現代化的哲學省思—「傳統」與「現代」理性結合	成中英 著
不以規矩不能成方圓	劉君燦 著
恕道與大同	張起鈞 著
現代存在思想家	項退結 著
中國思想通俗講話	錢穆 著
中國哲學史話	吳怡、張起鈞 著
中國百位哲學家	黎建球 著
中國人的路	項退結 著
中國哲學之路	項退結 著
中國人性論	臺大哲學系主編
中國管理哲學	曾仕強 著
孔子學說探微	林義正 著
心學的現代詮釋	姜允明 著

中庸誠的哲學	吳　怡　著
中庸形上思想	高柏園　著
儒學的常與變	蔡仁厚　著
智慧的老子	張起鈞　著
老子的哲學	王邦雄　著
當代西方哲學與方法論	臺大哲學系主編
人性尊嚴的存在背景	項退結編著
理解的命運	殷　鼎　著
馬克斯・謝勒三論	阿弗德・休慈原著、江日新　譯
懷海德哲學	楊士毅　著
洛克悟性哲學	蔡信安　著
伽利略・波柏・科學說明	林正弘　著
儒家與現代中國	韋政通　著
思想的貧困	韋政通　著
近代思想史散論	龔鵬程　著
魏晋清談	唐翼明　著
中國哲學的生命和方法	吳　怡　著
孟學的現代意義	王支洪　著
孟學思想史論(卷一)	黃俊傑　著
莊老通辨	錢　穆　著
墨家哲學	蔡仁厚　著
柏拉圖三論	程石泉　著
倫理學釋論	陳　特　著
儒道論集	吳　光　著

宗教類

佛教思想發展史論	楊惠南　著
圓滿生命的實現（布施波羅密）	陳柏達　著
薝蔔林・外集	陳慧劍　著
維摩詰經今譯	陳慧劍譯註
龍樹與中觀哲學	楊惠南　著
公案禪語	吳　怡　著
禪學講話	芝峯法師　譯
禪骨詩心集	巴壺天　著
中國禪宗史	關世謙　著
魏晉南北朝時期的道教	湯一介　著

佛學論著	周中一 著
當代佛教思想展望	楊惠南 著
臺灣佛教文化的新動向	江燦騰 著
釋迦牟尼與原始佛教	于凌波 著
唯識學綱要	于凌波 著

社會科學類

中華文化十二講	錢　穆 著
民族與文化	錢　穆 著
楚文化研究	文崇一 著
中國古文化	文崇一 著
社會、文化和知識分子	葉啓政 著
儒學傳統與文化創新	黃俊傑 著
歷史轉捩點上的反思	韋政通 著
中國人的價值觀	文崇一 著
紅樓夢與中國舊家庭	薩孟武 著
社會學與中國研究	蔡文輝 著
比較社會學	蔡文輝 著
我國社會的變遷與發展	朱岑樓主編
三十年來我國人文社會科學之回顧與展望	賴澤涵 編
社會學的滋味	蕭新煌 著
臺灣的社區權力結構	文崇一 著
臺灣居民的休閒生活	文崇一 著
臺灣的工業化與社會變遷	文崇一 著
臺灣社會的變遷與秩序(政治篇)(社會文化篇)	文崇一 著
鄉村發展的理論與實際	蔡宏進 著
臺灣的社會發展	席汝楫 著
透視大陸	政治大學新聞研究所主編
憲法論衡	荊知仁 著
周禮的政治思想	周世輔、周文湘 著
儒家政論衍義	薩孟武 著
制度化的社會邏輯	葉啓政 著
臺灣社會的人文迷思	葉啓政 著
臺灣與美國的社會問題	蔡文輝、蕭新煌主編
自由憲政與民主轉型	周陽山 著

蘇東巨變與兩岸互動	周陽山 著
教育叢談	上官業佑 著
不疑不懼	王洪鈞 著
戰後臺灣的教育與思想	黃俊傑 著

史地類

國史新論	錢穆 著
秦漢史	錢穆 著
秦漢史論稿	邢義田 著
宋史論集	陳學霖 著
中國人的故事	夏雨人 著
明朝酒文化	王春瑜 著
歷史圈外	朱桂 著
當代佛門人物	陳慧劍編著
弘一大師傳	陳慧劍 著
杜魚庵學佛荒史	陳慧劍 著
蘇曼殊大師新傳	劉心皇 著
近代中國人物漫譚	王覺源 著
近代中國人物漫譚續集	王覺源 著
魯迅這個人	劉心皇 著
沈從文傳	凌宇 著
三十年代作家論	姜穆 著
三十年代作家論續集	姜穆 著
當代臺灣作家論	何欣 著
師友風義	鄭彥棻 著
見賢集	鄭彥棻 著
思齊集	鄭彥棻 著
懷聖集	鄭彥棻 著
周世輔回憶錄	周世輔 著
三生有幸	吳相湘 著
孤兒心影錄	張國柱 著
我這半生	毛振翔 著
我是依然苦鬥人	毛振翔 著
八十憶雙親、師友雜憶(合刊)	錢穆 著

語文類

訓詁通論	吳孟復 著
入聲字箋論	陳慧劍 著
翻譯偶語	黃文範 著
翻譯新語	黃文範 著
中文排列方式析論	司琦 著
杜詩品評	楊慧傑 著
詩中的李白	楊慧傑 著
寒山子研究	陳慧劍 著
司空圖新論	王潤華 著
詩情與幽境——唐代文人的園林生活	侯迺慧 著
歐陽修詩本義研究	裴普賢 著
品詩吟詩	邱燮友 著
談詩錄	方祖粲 著
情趣詩話	楊光治 著
歌鼓湘靈——楚詩詞藝術欣賞	李元洛 著
中國文學鑑賞舉隅	黃慶萱、許家鶯 著
中國文學縱橫論	黃維樑 著
漢賦史論	簡宗梧 著
古典今論	唐翼明 著
亭林詩考索	潘重規 著
浮士德研究	李辰冬 譯
蘇忍尼辛選集	劉安雲 譯
文學欣賞的靈魂	劉述先 著
小說創作論	羅盤 著
借鏡與類比	何冠驥 著
情愛與文學	周伯乃 著
鏡花水月	陳國球 著
文學因緣	鄭樹森 著
解構批評論集	廖炳惠 著
世界短篇文學名著欣賞	蕭傳文 著
細讀現代小說	張素貞 著
續讀現代小說	張素貞 著
現代詩學	蕭蕭 著
詩美學	李元洛 著

詩人之燈——詩的欣賞與評論	羅　青　著
詩學析論	張春榮　著
修辭散步	張春榮　著
橫看成嶺側成峯	文曉村　著
大陸文藝新探	周玉山　著
大陸文藝論衡	周玉山　著
大陸當代文學掃描	葉穉英　著
走出傷痕——大陸新時期小說探論	張子樟　著
大陸新時期小說論	張　放　著
兒童文學	葉詠琍　著
兒童成長與文學	葉詠琍　著
累廬聲氣集	姜超嶽　著
林下生涯	姜超嶽　著
青　春	葉蟬貞　著
牧場的情思	張媛媛　著
萍踪憶語	賴景瑚　著
現實的探索	陳銘磻　編
一縷新綠	柴　扉　著
金排附	鍾延豪　著
放　鷹	吳錦發　著
黃巢殺人八百萬	宋澤萊　著
泥土的香味	彭瑞金　著
燈下燈	蕭　蕭　著
陽關千唱	陳　煌　著
種籽	向　陽　著
無緣廟	陳艷秋　著
鄉　事	林清玄　著
余忠雄的春天	鍾鐵民　著
吳煦斌小說集	吳煦斌　著
卡薩爾斯之琴	葉石濤　著
青囊夜燈	許振江　著
我永遠年輕	唐文標　著
思想起	陌上塵　著
心酸記	李　喬　著
孤獨園	林蒼鬱　著
離　訣	林蒼鬱　著

托塔少年	林文欽 編
北美情逅	卜貴美 著
日本歷史之旅	李希聖 著
孤寂中的廻響	洛 夫 著
火天使	趙衛民 著
無塵的鏡子	張 默 著
關心茶——中國哲學的心	吳 怡 著
放眼天下	陳新雄 著
生活健康	卜鍾元 著
文化的春天	王保雲 著
思光詩選	勞思光 著
靜思手札	黑 野 著
狡兔歲月	黃和英 著
老樹春深更著花	畢 璞 著
列寧格勒十日記	潘重規 著
文學與歷史——胡秋原選集第一卷	胡秋原 著
忘機隨筆——卷三・卷四	王覺源 著
晚學齋文集	黃錦鋐 著
古代文學探驪集	郭 丹 著
山水的約定	葉維廉 著
在天願作比翼鳥——歷代文人愛情詩詞曲三百首	李元洛 輯注

美術類

音樂與我	趙 琴 著
爐邊閒話	李抱忱 著
琴臺碎語	黃友棣 著
音樂隨筆	趙 琴 著
樂林蓽露	黃友棣 著
樂谷鳴泉	黃友棣 著
樂韻飄香	黃友棣 著
弘一大師歌曲集	錢仁康 著
立體造型基本設計	張長傑 著
工藝材料	李鈞棫 著
裝飾工藝	張長傑 著

人體工學與安全　劉其偉 著
現代工藝概論　張長傑 著
藤竹工　張長傑 著
石膏工藝　李鈞棫 著
色彩基礎　何耀宗 著
當代藝術采風　王保雲 著
都市計劃概論　王紀鯤 著
建築設計方法　陳政雄 著
建築鋼屋架結構設計　王萬雄 著
古典與象徵的界限——象徵主義畫家莫侯及其詩人寓意畫　李明明 著

滄海美術叢書

五月與東方——中國美術現代化運動在戰後臺灣之發展(1945～1970)　蕭瓊瑞 著
中國繪畫思想史　高木森 著
藝術史學的基礎　曾堉、葉劉天增 譯
唐畫詩中看　王伯敏 著